JN409259

펜 팔

Pan Pal

박원배 지음

도서출판 채운재

<머리말>

10원짜리 동전

철학개론 시간이었다. 강의실이 학생들로 가득 찼다. 발 디딜 틈도 없었다. 새 학년 새 학기 개강 후, 첫 번째 강의였기 때문 같았다. 철학과목이 고등학교에서는 냄새도 맡을 수 없었던 과목이었기 때문이었는지도 모른다. 대농이도 철학강의를 듣고 싶어, 수강신청 후 오늘을 학수고대鶴首苦待 했었다. 박 교수님은, 손수 저작한 '철학개론' 을 소개하시고 강의를 시작했다. 그날 강의 내용은 "조금 모자라게 살자." 라는 제목이었다. 교수님의 강의 요지는 다음과 같았다.

옛날 그리스 수도 아테네에 '철학자거리'가 있었다. 철학자들이 집시Gipsy들처럼 길가에 모여 철학을 논하는 '철학자거리'에는 '바보철학자'도 있었다. 그의 이름에 '바보'라는 단어를 얹어 준 사람은, 다름도 아닌 바로 그 거리의 동료 철학자들이었다. 바보철학자가 매일 바보 행동을 했기 때문이었다. 그가 매일 행하는 바보행동은, 돈의 가치를 모르는 행동이었다. 철학거리를 지나는 행인들이, 손바닥에 100원짜리 동전과 10원짜리 동전을 함께 놓고, 어느 동전이든 하나만 집어가라고 하면, 바보철학자는 꼭 10원짜리 동전을 가져가곤 했다.

그럴 때마다 동료들의 폭소는, 철학거리에 메아리 쳤다. 그러나 바보철학자의 철학실력은 대단했다. 동료철학자들에게도 그의 철학실력이 회자膾炙되는 아까운 사람이었다. 동료들은 바보철학자가 정신이상 증세를 보이고 있다고 여겼다. 이런 소문은 아테네 국민들에게 널리 퍼져, 철학자거리는 매일 문전성시門前成市였다. 철학자들의 수입도 매일 늘어갔다. 얼마 후 이 소문은 황제에게 보고되었다. 황제는 부하들에게 그 바보철학자를 궁궐로 모셔오라고 명령했다. 바보철학자는 황제 부하들의 명령에 응하지 않았다.

추운 겨울이 되었다. 그리스 황제는 부하들을 거느리고 철학거리로 행차했다. 황제는 바보철학자 앞에서 10원짜리 동전과 100원짜리 동전을 손바닥에 올려놓고 하나만 가져가라고 말했다. 바보철학자는 이번에도 어김없이 10짜리 동전을 취했다. 황제는 10원짜리 동전만 취하는 이유를 물었다. 바보철학자는

"소생이 10원짜리 동전을 취하니, 여러 국민들이 그 걸 보려고 자주 은혜를 베푸는 것이지, 100원짜리 동전을 취하면 국민들이 자주 돈을 주겠습니까?"

라고 대답했다. 바보철학자의 말에 감명을 받은 황제는 그에게 입궐入闕을 권했다. 무슨 직위職位라도 줄 터이니 말만하라고 명령했다. 바보철학자는 벼슬도 거절했다. 황제는 다시 물었다.

"마지막으로 묻겠노라. 그대의 소원을 말해 보라. 황실 높은 자리도 줄 수 있다!"

바보철학자는 대답했다.

"아테네의 겨울 추위가 만만치 않으니, 황제께서 옆으로 한 발짝만 이동해 주십시오. 그러면 소생도 따듯한 햇볕을 쏘일 수 있습니다."

누구나 한평생을 살다보면 기발한 '아이디어' 가 필요할 때가 많다. 요즘 세상에선 '아이디어'가 경제발전의 원동력이 되기도 한다. 과학문명도 발달시키고, 국격國格을 높이는 요인으로도 작용한다. 그러나 인류사회는 동물의 세계처럼, 항상 각축角逐하며 역사를 쓰고 있다. 그런 대가代價인지 지구地球도 엄청난 시련을 인류에게 던지기 시작했다. 이제 우리 인류는 구각舊殼을 벋고, 바보철학자 처럼 "조금 모자라게 살아야 한다." 그래야 남을 위해 희생할 수 있고, 사리사욕도 버릴 수 있다. 그런 청빈한 자세로, 이제 인류는 지구촌 새마을운동에 동참해야 한다. 끝.

2011. 6. 20

작가 **박 원 배** 드림

차 례

제 1부 : 중편소설 마당

제 2부 : 수필 마당

제 3부 : 생활수기 마당

제 4부 :부록 (사건별 연대표)

제 1부 : 중편소설 마당

펜팔 (Pen Pal)

<중편소설 >

펜 팔 (Pan Pal)

박대농은 대한민국 육군 중위이다. ROTC 출신 장교다. 박 중위는, 사점이인치포(4.2인치포) 소대장이며, 일반전초지역 산기슭에서 근무한다. '4.2인치포' 는, '4.2인치박격포迫擊砲'의 준말이며, 길고 둥근 포열 구멍의 지름이 4.2인치(약106.7mm) 라는 뜻이다. 포砲는 대포大砲의 약자이고, 포대砲隊란, 대포를 쏘는 포부대砲部隊의 약칭이다.

박 중위는 1968년 이월 어느 일요일 오후, 편지에 사진 두 장을 동봉했다. 박 중위가 4.2인치 포대를 '사격지휘' 하는 사진과, 전투사격을 위해 박 중위 포대가 '총 출동' 하는 모습이 담긴 사진이었다. 박 중위는 '미찌꼬' 가 편지와 사진을 보고, 박 중위의 힘든 일과를 이해하여 주기를 바랐다. 박 중위는 일본 여자친구 '미찌꼬'에게, 자신이 한국 전방 일반전초지역에서 종종 북한군과 전투를 하는 입장임을 알리고, 북한군들의 만행을 규탄해 주기를 기대했다.

박 중위가 '사격지휘'를 하는 사진의 배경은, 한국전방 일반전초지역에 위치한 포진지砲陣地였다. 포진지는 포사격을 위해 모든 준비를 끝낸 요새要塞다. 박 중위가 지휘하는 포대 장병들이, 산기슭에 토굴을 파고 숙식하는 모습과, 여덟 문의 4·2인치포가, 좌우로 네 문씩 나란히 설치되어 있는 장면이었다. 포들은 위장막이 처져 있어, 적의 항공기가 식별하기 어려운 모습이었다. 박 중위의 모습은, 전투복장에 철모를 쓰고, 지휘봉으로 '화력지휘반'FDC에 사격명령을 하달하는 모습이었다. 4.2인치포 주변에는 각종 포탄과 장약이 쌓여 있는 모습도 보였다. 포대 장병들도 소대장처럼 전신을 위장했다. 온몸을 풀이나 나뭇잎으로 가려, 식별이 어렵도록 철저히 위장僞裝했다.

전투사격을 위한, 박 중위 포대 총출동 사진은, 포대 모든 병력과 장비,

무기 등이 진지陣地를 떠나 명령받은 장소로 이동하는 모습이었다. 완전무장한 병력과 무기들이, 구불구불한 비탈길을 일열 종대로 내려가는 장면이었다. 대열隊列 제일 선두는, 소대장 박 중위와 전령傳令, 통신병, 운전병이 승차한 지휘차指揮車였다. 천막을 걷어 무개차로 변한 지프차 오른쪽 앞좌석엔, 운전병이 운전 중이다. 왼쪽 앞좌석엔 박 중위가 앉아 있다. 박 중위도 완전군장을 했고, 몸과 머리를 위장했다. 오른쪽 허리에는 구경 45mm권총을 찼고, 왼쪽에 'M2칼빈소총'을 총구가 하늘을 향하도록 세로로 거치据置했다. 오른 손으론 놋쇠로 만든 지휘봉을 잡고 있다. 박 중위 철모 이마부분과 전투복 상의 오른쪽 칼라에는, 중위 계급장인 '쌍다이아몬드'가 반짝 반짝 햇빛을 반사하고 있었다. 왼쪽 어깨 밑엔 보병사단 표지 휘장이 이채롭다. 지휘차 뒷좌석엔 전령傳令과 통신병이 탑승했다. 통신병은 무전기로 상부와 통화중이고, 지프차 뒤쪽에는 이 미터 길이의 안테나가 좌우에서 흔들거렸다.

지휘차 20m 뒤에는 '통신차'가 뒤따랐다. 통신차도 지프차였다. 운전병과 선임하사가 좌우에 탑승했다. 선임하사는 6.25전쟁에 참가했던 사십대 노병이다. 뒷좌석엔 육중한 박스형태의 통신기가 설치되었고, 통신병이 조작하며 수신과 발신을 책임지고 있다. 통신기에서 흘러나오는 교신내용이, 깊은 산골짜기에 메아리치며 퍼져나가기도 한다. 통신차 중앙에는 실탄을 장착裝着한 구경 50mm 기관포와 사수射手가 서 있다. 기관포 사수도 완전군장을 하고 손가락을 방아쇠에 대고 있다. 기관포는 대공화기로, 저공비행하는 적의 항공기를 공격하는 무기다. 필요시엔 운집해 있는 적군들을 공격할 수도 있다. 때문에 기관포는 통신차 거치대에 높게 설치 되었으며, 삼백육십 도 회전하며 모든 방향으로 사격이 가능하다. 통신차 삼십 미터 뒤로, 4.2인치 포 '제일소대' 병력이 뒤따랐다. 제일먼저, 제일분대 병사들이 포 한문을 3/4톤 트럭砲車에 싣고, 포 주변에 앉아 있다. 병사들은 모두 M1칼빈 소총을 등에 메고 사방을 관찰하고 있다. 분대 병사들도 나뭇잎과 풀로 위장했다. 로켓포를 휴대한 병사도 보였다. 적군의 탱크와 조우 시, 로켓포는 즉시 불을 뿜을 것이다. 제일분대 포차砲車 삼십 미터 뒤로는, 제이분대 포차가 뒤따랐다. 제이분대 포차도 제일분대 포차와 동일한 병력과 무기가 실려 있다. 제삼분대 포차와 제사분대 포차 뒤로 탄약차가 뒤따랐다. 탄약차는 육중한 사톤 트럭이었다. 탄약차에는 포탄상자가 가득 실려 있었으며, 경계병도 오명이나 탑승하고 있었다. 경계병들은 포대 후방을 '기습공격'하는 적들을 물리치는 임무가 주어졌다. 제일소대 병력들은 이런 상태로 험한 비탈길을 서서히 내려가고 있었다.

제일소대 병력 후미인 탄약차 오십 미터 뒤에, 4.2인치포 '제이소대' 병력이 뒤따랐다. 순서와 요령은 제일소대와 동일했다. 지휘차, 통신차, 포차 네 대, 탄약차가 정해진 거리를 유지하며 질서정연秩序整然하게 출동하고 있었다. 박 중위는 제이소대도 지휘하고 있다. 지난 달 이곳에서, 제2소대 소대장이 전사戰死하여 결원 상태였다. 박 중위는 두 개 소대를 모두 지휘하고 있다. 결국 포대 총출동 사진은, 박 중위가 지휘하고 있는 '4.2인치포' 두개 소대가, 전투사격을 위해 명령 받은 지점으로 이동하는 장면이었다.

'4.2인치포' 두 개 소대가 함께 차량으로 이동하는 모습은 장관이었다. 선도차와 후미차의 거리가 삼백오십 미터 정도 되었다. 전투사격을 위해 이동하는 장면이라 더욱 위압감을 느낄 수 있었다. 구불구불한 비탈길에서, 뿌연 먼지를 휘날리며 이동하여, 조심스럽게도 보였다. 포대 이동을 처음 보는 사람들은 4.2인치포와 차량이외에도 많은 무기와 장비들이 함께 이동된다는 사실을 알게 된다. 포대 장병들은 전장戰場에서 아군들을 지원사격하기 위해, 모두 '개인화기'로 무장하고, 구경 50mm 기관포와 대전차 로켓포, 수류탄, 크레모어 등 다양한 무기들로 무장했다. 우군友軍에 대한 지원사격 이외에도, 포진지와 자체병력을 보호하기 위한 전투능력도 갖고 있어야 하기 때문이다. 그래서 포대 장병들은, 그 어느 부대 장병도다 힘들고 부지런해야한다.

박대농이는 오늘도 새벽 여섯시에 기상했다. 농촌생활 이십년 간 몸에 밴 생체리듬이었다. 그 날은 일요일이었다. 아저씨네 가족들은 아직 한밤중이다. 학생들이 많아 언제 기상할 지 대농이도 모른다. 한식寒食이 지난 봄 날씨는 포근했다. 지난 겨울은 대농이에게 너무 혹독한 날 들이었다. 대농이는 호랑이해壬寅인 금년1962 초부터 서울생활을 시작했다. 그래서 모든 게 서먹서먹했었다. 게다가 추운 날씨는 더욱 대농이를 얼어붙게 했다. 그러나 이제 서울시내 웬만한 눈길은 다 트였고, 시내버스 노선도 많이 익혔다. 멀게만 생각되던 등굣길도 어느새 정이 들었다. 지루함을 몰랐다. 그러나 무엇보다 다행스러운 건 한국사회가 많이 편해졌다는 사실이다. 작년 봄 '5.16군사혁명' 이 발발한 이래, 불안하고 어수선했던 모든 분야가 안정되어 가고 있었다. 군사혁명의 주역 인물인 박정희 장군은, 국가재건최고회의 의장에 취임했고, 미국 '케네디' 대통령과도 회담했다. 혁명정부는 올해 초 독일, 이태리와 경제협정을 체결했다. 이월엔, 김종필 특사가 동남아 각국들을 친선 방문했다. 울산공업센터 기공식도 했다. 군인들이 통치한다는 무서운 분위기가 이제 사라지고, 혁명정부가 활발하게 국정을 이끌어가는 분위기로 바뀌고 있었다.

대농이가 연초에 상경上京하게 된 건, 서울 마장동에 사시는 종중宗中 아저씨 때문이었다. 친척親戚 중 성공하신 분이라는 박재주 아저씨는, 대농이가 명문대학교에 합격했다는 소식에 접하시고, 대농이에게 상경을 독촉하셨다. 금년 십일월에 명문중학교 입학시험에 응시해야 할 아들 건농健農이가 있었기 때문이었다. 박재주 아저씨는, 아들 건농이를 개인지도 할 수 있는 사람이 절실한 형편이었다. 당시 서울의 교육 분야 분위기는, 명문초등학교를 졸업해야 명문중학교에 진학하고, 명문고등학교가 명문대학교로 이어지는 풍토였다. 때문에 학부모들은, 자식들에게 명문名文이라는 두 글자를 붙여주려고, 온갖 노력을 기우렸다. 그 당시 농촌에서 성장한 대농이도, 대학교는 합격했지만, 숙식宿食을 해결 할 수 있는 방책을 찾지 못하고 있던 때였다. 대농이 부모들은, 서울 아저씨의 이모저모를 소개하시며, 상경을 독려하셨다.

서울 가는 시외버스에 몸을 싣고 상경하는 대농이는 불안했다. 고향 땅을 떠나보지 못한 대농이는 차창으로 나타나는 풍경들이 황홀하게만 느껴졌다. 재작년 '4.19학생데모사태' 때 상경하여, 주마간산走馬看山 격으로 중앙청, 내무부, 한국은행, 서울역 등지를 밟아 봤지만, 어디가 어디인지 서울의 거리는 낯설기만 했다. 그랬던 대농이가 어느덧 삼 개월 간 서울생활을 하고, 봄꽃들이 곱게 핀 사월에 들어 선 것이다. 대농이는 서울생활 삼 개월 간 많이 변했다. 이제 대농이는 서울시 내 전철노선과 시내버스 노선을 대충 알고, 외출도 혼자 하는 상태로 변했다. 대농이는 아저씨의 권고에 따라, 문중 동생 세 명을 가르치는 가정교사가 되었다.

아저씨는, 한옥집 방 한 칸을 대농이에게 배정하시고, 삼형제들을 함께 지도하도록 하셨다. 아저씨는

"금년에는 우선 초등학교 육학년생인 둘째아들 건농이를 집중적으로 가르치고, 중학생인 첫째아들 동농이와, 초등학교 삼학년생인 셋째아들 인농이는, 옆에서 자습하게 만들고 묻는 것만 지도하라고 당부하셨다."

그렇게 시작한 대학생 대농이의 가정교사 생활이, 벌써 삼 개월이나 지났다. 꽃피는 봄이 왔던 사월 어느 토요일 저녁, 아주머니께서 대농이 방문을 열고 돈 봉투를 주셨다. 봉투를 뜯어 본 대농이는 놀랬다.

"엇! 이렇게 많은 돈을 주시다니… 숙식문제가 해결된 것만도 고마운 일인데!"

하며, 대농이는 그 날 밤을 하얗게 새웠다. 대농이가 일요일인데도 아침 일찍 일어난 것도 어제 그런 일이 있었기 때문이었다.

대농이는 대문 안에 던져진 신문을 들고 화장실로 갔다. 아저씨가 신문 두부를 신청하여, 아저씨와 선생님인 대농이가 한 부 씩 읽는다. 신문기사를 읽던 대농이의 눈이 조그만 '가십' 난에 고정되었다.

"일본 '미찌꼬'라는 여고생이 한국학생과 '펜팔' Pen PAL을 희망한다."

는 내용이었다. '미찌꼬'라는 학생의 일본 주소도 함께 있었다. 대농이는 그 기사를 가위로 오려 책상서랍에 넣었다. 일주일 후, 대농이는 등굣길에 그 기사 내용이 생각났다. 그 후에도 기사내용은 종종 대농이 머릿속을 방문했다. 대농이는 헷갈렸다.

"편지를 보내 볼까? 말까! 일본 말과 글을 모르는데…, '미찌꼬' 라는 일본 학생도 한국말과 글을 모를 텐데……."

하는 잡생각이 스쳐갔다. 그런 고민과정을 거처 대농이는 결국 다음 일요일에 서툰 영어로 일본 여고생 '미찌꼬' 에게 편지를 썼다.

To Miss. Mizko (미찌꼬 양에게)

신문기사를 읽고 '미찌꼬' 양의 의도와 주소를 알게 되었습니다. 우선 한국학생과 펜팔Penpal을 하고 싶다는, 그 용기를 아름답게 생각합니다. '미찌꼬' 양도 알고 있는 바와 같이, 일본은 과거 36년간 한국을 식민지통치 했습니다. 엄청난 억압을 당하고, 많은 희생과 수탈을 당한 한국인들은 아직도 일본을 좋게 생각하지 않습니다. 그러나 역사는 세월과 함께 계속 흐르는 것입니다. 일본 사람들이 떠난 후, 한국은 또다시 공산주의자들의 침략을 받았습니다. 수백만 여명이 희생되고, 모든 것을 잃었습니다. UN의 도움으로 전쟁은 끝났고, 이제 한국인들은 피해복구사업에 전념하고 있습니다. 미국, 일본 등 많은 유엔 회원국가들이 지원해 주고 있습니다. 나의 희망은 육군 장교가 되는 것입니다. 장군이 되어 대군을 지휘하고 공산주의를 허물어버리는 것이 나의 꿈입니다. 만일 본인과 귀하가 펜팔을 통한 친구가 된다면, 한국과 일본 양국이 상호를 이해하도록 민간사절 활동도 할 수 있을 것이라고 생각합니다. '미찌꼬' 양의 희망이 성취되고, 앞날의 성공을 바랍니다. 일본 말과 글을 몰라 미숙한 영어로 편지를 써 미안합니다.

* 대학교 교복차림의 사진 1장을 동봉합니다.

* 자기소개 : 생년월일 1941.2.4생. 신장 165Cm. 혈액형 B형. 명문대학교 안전보장학과 1학년. 취미 - 문학, 운동, 독서
대한민국 경기도 출생

1962. 4. 10

From Dea nong Park.Seoul,Korea
대한민국 서울에서 박대농 드림

대농이는 다음날 대학교 부근에 있는 우체국에서 국제우편을 발송했다. 대농이가 생전 처음으로 보낸 국제우편이었다. 그러나 대농이의 마음은 즐

겁지 않았다. 미찌꼬로부터 답장이 올 가능성이 낮게 생각되었기 때문이었다. 그 이유는, 일본글로 쓴 편지가 아니었고, 한국인들의 대일본 감정이 들끓는 시대였기 때문이었다. 대농이는 일본 여고생 '미찌꼬'와의 펜팔을 학수고대하지는 않았다. 대농이는 농촌에서 상경하여, 명문대학교에서 신나게 대학생 생활을 즐기고 있었기 때문이었다.

대농이는 넓고 넓은 대학교 구내에 봄이 찾아온 광경을 처음 보았다. 드넓은 캠퍼스가 꽃대궐로 변했다. 농촌에서 보았던 뒷동산의 봄과는 비교도 할 수 없었다. 대농이는 봄이 찾아 온 캠퍼스가 별천지처럼 생각되었다. 뿐만 아니다. 학생들이 이동하며 교실을 찾아 강의를 듣는 것이 이채롭게 생각되었다. 모두가 농촌에서는 볼 수 없는 광경이었다. 공부하는 학과와 강의 내용도 대농이 마음을 사로잡았다. 철학개론, 법학개론, 국제법, 심리학, 전략론, 경재원론, 국방경제, 전쟁론, 군사학, 안전보장론 등 모든 학과가 대농이 마음에 쏙 들었다. 대농이는 일학년 강의가 시작 된지 일주일 만에, 대학생 생활에 푹 빠져있었다. 그런 대농이 머릿속에 일본 여고생 '미찌꼬'가 파고 들 여유는 없었다.

대농이는 즐거웠다. 낮에는 대학생 신분으로 강의를 듣고, 밤에는 가정교사 선생님 신분으로 문중 동생들을 가르쳤다. 가정교사 활동은, 오후 여섯시부터 열시까지 네 시간이었다. 그러나 초등학교 육학년생인 둘째아들 건농이 시험기간에는 자정이나 새벽까지도 공부를 가르쳤다. 그래도 대농이 가슴속은 즐거웠다. 젊은 체력이 모든 것을 감당했고, 피곤하거나 귀찮은 느낌은 전혀 없었다. 대농이는 건농이네 집이 있는 마장동에서, 명문대학교가 있는 휘경동 까지 육 킬로미터 정도의 등굣길도 즐거웠다. 시골 고향마을에서 읍내 고등학교까지 걸어 통학했던 거리 보다 훨씬 가까웠다. 게다가 대농이는 대학교 등굣길 주변 풍경도 흥미로웠다. 눈요기를 하는 게 아니라, 시골에는 없는 것들을 보고, 감상하고, 배웠다. 서울은 모든 게 보고, 듣고, 배워야 할 것들이라고 생각했다.

대농이가 좋아했던 사월도 꼬리를 내밀었다. 며칠 지나면, 계절의 여왕이라는 오월이 시작될 것이다. 오월 어느 토요일이었다. 대농이는 문간방에서 건농이 등 세 명의 육학년 학생들을 가르치고 있었다. 며칠 전에, 건농이 어머니께서 건농이 반 학생 두 명을 더 데리고 오셨다. 모두 십일월에 '중학교입학시험'을 볼 학생들이었다. 그때 대문 밖에서 우체부의 외침소리가 크게 들렸다.

"편지요 편지, 일본에서 온 국제우편물입니다."

대농이만 놀랬다. 가슴속이 뜨끈하면서 '미찌고' 생각이 떠올랐다. 대농이는 용수철이 되어 튀어나갔다. 대문을 열자 우체부는 사방이 색종이로 장식된 직사각형 봉투를 내밀었다. 선생님의 비호같은 행동을 구경하던 학생 세 명이 합창했다.

"와! 우리 선생님 연애하신다!"

대농이는 자신도 모르게 학생들에게 편지봉투를 보여주었다. 아직 내용도 모르는 '미찌꼬' 편지봉투를 학생들에게 보였던 것이다. '미찌꼬'도 대농이 같이 주소를 영어와 한문으로 기재했다. 학생들은 편지봉투를 보고 함께 놀라면서 선생님만 살폈다. 그날 밤 대농이는, 미찌꼬 편지를 개방하지 못하고, 두근거리는 가슴을 달래며 학생들을 가르쳤다. 학생들은 처음 보는 국제우편 봉투에 기가 죽어 조용했다. 공부가 끝나자 건농이가 선생님께 말했다.

"선생님, 내일은 그 편지 보여주실 거죠?"

대농이와 건농이가 함께 본 미찌꼬의 편지 내용은 짧고 정다운 영어 문구였다.

Dear Mr. Dea Nong Park (박대농 씨에게)

안녕하세요 박대농씨! 일본 청수여자고등학교 삼학년생 '미찌꼬' 입니다. 답장이 늦어 죄송해요. 대농씨의 편지를 받은 지 보름도 넘었네요. 공교롭게도 시험기간이라서 답장이 늦었어요. 넓은 이해 바랍니다. 제가 한국신문에 펜팔 친구를 찾는 기사를 보낸 후, 많은 한국 학생들이 편지를 보내오셨어요. 저 혼자 여러분들에게 답장을 보낼 수 없어, 담임선생님과 상의를 했습니다. 저는 두 분에게만 답장을 보내고, 그 이외 분들은 우리 반 여학생들에게 한분씩 주소를 주었어요. 저에게 편지를 보내셨던 한국 학생들은 모두 며칠 내로 답장을 받을 수 있을 것입니다.

박대농씨 편지 잘 읽었습니다. 국가와 국민을 지키는 커다란 희망을 갖고 계시더군요. 숭고한 그 뜻 꼭 성취하시기를 기도하겠습니다. 남자로 태어나 최고의 희망을 간직하고 계신 분이라고 생각했어요. 그리고 박 선생님이 말씀하신 한일관계와, 한국인들의 일본인에 대한 적개심, 한국전쟁 종료 후 진행되고 있는 복구활동 같은 모든 사항들은, 일본학생들도 알아야할 내용들이었습니다. 박 선생님의 편지 내용을 담임선생님께서 학생들에게 교육했어요. 담임선생님도 박 선생님을 훌륭한 분이라고 칭찬하셨어요.

박선생님 말씀대로, 한일관계가 원만하지 않아도, 박 선생님과 계속 편지를 주고받았으면 고맙겠습니다. 함께 우정을 쌓으면서, 민간외교활동에 일익을 담당했으면 해요. 저도 한국말을 모릅니다. 이 편지를 쓰기 위해 영어사전을 많이 찾았습니다. 영어공부에 도움이 될 것 같아요. 담임선생님께서도 여러 가지 목적으로 펜팔활동을 권고하는 것이라고 말씀하셨어요. 오늘은 이만 줄이겠습니다. 매일 행복하세요.

*지난주에 저 가족이 '구마모또'로 여행을 갔었습니다. 가족사진과 제가 다니는 청수여자고등학교 교복을 착용한 사진 등 두 장의 사진을 동봉합니다.

1962.4.28

From Miss. Miziko,KytoJapan

일본 교토에서 미찌꼬 드림

대농이는 기뻤다. 답장이 올 것이라는 기대도 사라졌고, 대학생 생활에 푹 빠져 미찌꼬에 대한 생각이 거의 지워진 상태에서 답장이 왔기 때문이었다. 뿐만 아니라, 미찌꼬가 많은 한국의 펜팔 신청자 중 자신을 파트너로 선정했기 때문이다. 대농이는 미찌꼬가 영문으로 편지를 썼다는 사실과, 자신의 편지 내용을 조목조목 열거하며 긍정적인 평가를 한 점도 기뻤다. 그

러나 무엇보다도, 대농이의 심금心琴을 울린 내용은

"한국과 일본의 관계가 원만하지 않아도, 대농이 자신과 열심히 편지를 나누고 친분을 구축하고 싶다."

는 내용이었다. 미찌꼬의 답장을 계기로 대농이와 미찌꼬 간에는 현해탄玄海灘을 넘나드는 가교架橋가 설치되었다. 대농이는 일본 여고생 친구를 얻었고, 미찌꼬는 한국 대학생 친구를 얻었다.

대농이의 등굣길은 즐거웠다. 대농이 얼굴엔 항상 희색喜色이 만면滿面했다. 대농이는 행복했고, 가슴속엔 항상 미찌꼬가 들어 있었다. 대학생 생활도 더 즐거워 졌으며, 가정교사 활동에도 더욱 힘이 붙었다.

싱그러운 오월 중순이 되었다. 만산萬山은 신록으로 빛났다. 모든 생명들은 꽃을 피우고, 열매를 맺어 자손들을 키우고 있었다. 젊은 대농이도 대학생 생활과 가정교사 활동에 날개가 달렸다. 서울을 펄펄 날아다니는 농민의 자식 박대농! 미찌꼬 생각을 하면 더욱 힘이 솟았다. 세 명의 학부모들은 매월 대농이에게 봉급을 보내왔다. 학생들에게 봉급봉투를 보내는 게 아니고, 어머니가 직접 봉급을 가져왔다. 세 명의 부모가 모두 그랬다. 어머니들이 대농이를 방문하시는 순간은, 학생들은 잠시 휴식을 취했다. 어머니들은 대농이에게 봉급을 주고, 아들의 학업자세와 발전정도를 꼭 확인했다. 이제 대농이는 일 년에 두 번 대학교에 납부하는 등록금에서 자유로웠다. 생활비용도 충분했고 저축을 하는 상태로 발전했다.

대농이와 미찌꼬의 '펜팔활동'도 활발했다. 두 명의 국제우편이 부지런히 현해탄을 넘나들었다. 두 사람은 편지와 사진이 들어 있는 국제우편봉투를, 매달 두 번씩 보내고, 두 번 받았다. 대농이가 미찌꼬에게 편지를 보내고 답장을 받아보는 기간이, 부지런해야 보름 정도 걸렸다. 그 시절에는 국제우편물 자체가 흔하지 않았다. 두 사람의 우정은 현해탄을 건너 차곡차곡 두터워졌다. 두메산골 농촌 출신인 대농이의 대학생 생활은 정말 알차고, 즐겁고, 희망적으로 발전했다.

그러나 대농이의 행복한 생활은 너무 빨리 흘렀다. 어느덧 가을이 왔고 건농이의 중학교입학시험 날도 코앞에 와 있었다. 세 명의 학생들은 예민해

졌고, 학부모들도 예민해 졌다. 박대농 선생님도 불면증세가 나타나곤 했다. 이제 대농이는 미찌꼬 생각도 나지 않았다. 대농이는 학생들과 새벽 두 시까지 공부했다. 시험 날을 며칠 앞두고, 마지막으로 전 과목을 총 복습했다. 대농이와 학생들의 얼굴이 창백해 졌다. 학부모들은 세 명이 교대로 야식을 준비했으며, 학생들은 밤 열한시에 야식을 먹었다. 드디어 결전決戰의 날을 맞이하는 전날 밤, 대농이는 긴 밤을 하얗게 새웠다.대농이의 앞날이, 학생 세 명의 입학시험 결과에 좌우되기 때문이었다. 대농이의 문중 동생인 건농이는, 서울에서 두 번째 명문 중학교를 지원했다. 다른 두 명의 학생들은, 각각 세 번째 명문 중학교와, 네 번째 명문 중학교를 지원했다. 학교 지원은, 학부모들이 아들의 담임선생님과 상의한 결과와, 가정교사 박대농의 의견, 그리고 학생의 의견을 반영하여 신중하게 선정했다. 그러나 실질적으로는 가정교사인 대농이의 의견이 결정적으로 작용했다.

드디어 중학교 입학시험 날! 날씨가 쌀쌀했다. 그래도 학교 정문마다 학부모들이 가득했다. 학부모들은 오후 세시, 입학시험이 끝나는 순간까지 움직이지 않았다. 중학교 주변 차도는 교통체증이 심각했고, 굳게 잠긴 철문에는 엿, 떡, 촛불 등이 무질서하게 붙어있었다. 두 손을 합장하고 학교를 향해 기도하는 학부모들도 많았다. 잠을 설친 대농이는 자신이 일 년간 가르친 학생들이 입학시험을 보는 현장을 방문했다. 차례차례로 세 학교 정문을 찾아가 학부모들을 만났다. 학부모들은 대농이를 반겼다. 발을 동동구르며

"잘 되겠느냐?"

며 안달하는 학부모도 있었다. 대농이는 학부모들에게

"부모님들의 마음이 편하면 합격될 것이다."

라고 철학적인 답변을 했다.

합격자 발표는 보름 후였다. 세 학생 모두 일류 중학인 일차 입학시험을 본 것이다. 그날부터 대농이는 대학생 생활만 했다. 가정교사 활동은 중지했다. 학생들도 휴식을 취하며 기진氣盡한 체력을 보강했다. 그러나 학부모들은 대농이를 편하게 해주지 않았다. 학부모들은 아들을 대농이 에게 보내

고, 놀아도 가정교사 선생님과 놀도록 했다. 학부모 세 명은 교대로 저녁식사를 제공하는 한편, 극장표를 보내고 함께 관람토록 했다. 정말로 서울에서도 최고 지식층의 학부모들이었다.

대농이는 학생들의 시험결과를 기다리며 불안한 마음으로 하루하루를 보냈다. 그런 불안한 대농이의 가슴을 미찌꼬가 뚫고 들어왔다. 대농이는 잊고 있었던 미찌꼬가 생각났다. 대농이는 학생들의 입학시험 때문에, 미찌꼬에게 이십 일간 편지를 못했다. 당연히 미찌꼬의 답장도 올 수 없었다. 그러나 대농이는 미찌꼬에게 편지를 보낼 용기가 나지 않았다. 합격자발표가 있기 전에는 아무것도 할 수 없을 것 같았다. 늦가을은 빨리 도망쳤다. 낙엽과 찬바람을 일으키며 흘러갔다. 거리마다 낙엽이 뒹글고, 청계천 건너 마을 창밖으로 흘러나오는 등불만 가물가물 거렸다. 고요와 적막寂寞이 감도는 십일 월 말의 서울의 거리는 쓸쓸했다. 그날 밤, 대농이는 청계천 둑에 나와 차디찬 하늘을 우러러 묻고 또 물었다.

"내일 나의 운명은? 부처님은 내일 어떤 결정을 내려주시렵니까?"

대농이의 가슴은 부처님께 축원을 올리고도 답답했다. 대농이는 방으로 들어왔다. 피곤도 잊고 창밖을 응시하던 대농이가 움직였다. 신들린 사람처럼, 재빠른 동작으로 앨범에서 미찌꼬 사진을 꺼냈다. 미찌꼬 사진을 양손바닥으로 감싸고, 다시 부처님께 축원祝願을 올렸다. 조계사 쪽을 향해 반야심경을 독경했다. 그리고 부처님께 오체투지五體投地를 세 번 올렸다.

늦잠에서 깨어난 대농이의 마음은 그저 그랬다. 베개 옆에는 미찌꼬 사진이 놓여 있었다. 대농이는 방을 정리하고 청소를 끝낸 후 안방으로 갔다. 대농이는, 아저씨가 건농이의 합격여부를 질문할 것이라고 생각하며, 아침식사를 했다. 아침식사는 매일 안방에서 한다. 건농이 부모와, 건농이 삼형제, 건농이 여동생, 대농이 등 일곱 명이 자리를 함께한다. 대농이가 자리에 앉자, 모든 가족들의 시선이 대농이를 향했다. 대농이가 먼저 건농이에게 말을 건냈다.

"건농아, 기분이 어때, 오늘 발표날 인데!"

건농이는 왼손으로 머리를 긁으며 대답했다.

"글쎄요. 못 푼 문제가 몇 개 있어서…… ? "

라고 대답하고 막막한 표정을 지었다. 대농이가 말을 받았다.

"몇 문제만 못 풀었다며 합격한 것이다. 걱정 마!"

가족들은 크게 한 번 웃었다. 그날 아침 건농이 가족들과 대농이는 기분 좋게 식사를 했다. 건넌방에서 식사를 하시던 건농이 할아버지께서 안방 문을 열고 물으셨다.

"건농이 학교 붙었니?"

가족들은 또 한 번 크게 웃었다.

그날 오후 두시 경, 대농이의 기분은 하늘에 떠 있었다. 경사 중 경사가 대농이를 찾아왔다. 대농이가 가정교사 했던 세 명의 학생들이 모두 합격했다. 지원한 일류 중학교에 모두 붙은 것이었다. 학부모들은 대농이에게 저녁식사를 함께하자고 제의했다. 박재주 아저씨께서 말리셨다.

"오늘은 세 집이 각각, 형제자매들과 식사하고, 축하하는 게 도리다."

라고 대농이를 지도하셨다.

겨울은 방학의 계절이었다. 중학교나 대학교나 모두 방학이었다. 그러나 대농이는 방학이 없었다. 건농이 아버지 지시에 의거, 중학교에 합격한 세 명의 예비 중학생들에게 영어를 가르쳤다. 하루에 두 시간씩 가벼운 예습이었다. 대농이도 좋았다. 고향인 시골마을에 귀향하여, 무료하게 세월을 보내는 것보다 더 좋았다. 학부모들이 월급을 보내주어 더 좋았다. 해가 바뀌고 토끼띠인 계묘년癸卯,1963이 밝았다. 한국사회는 또다시 소용돌이에 휩싸였다. 한일협정韓日協定 때문이었다. 군사혁명정부는, 일제日帝 강점기强占期 삼십육 년간 한국이 억압받고, 희생되고, 빼앗겼던 모든 것을 보상하라는 청구를 일본에게 했다.

한일협상은 대통령 특사와 '오히라' 일본외상 간에 삼년간 계속되었다. 오히라 일본외상은 일방적으로 협상중인 메모형태의 보상규모(액수)를 공개했다. 이른바 '오히라 메모공개 사건'이었다. 한국 국민들은 분개했다. 일본을 규탄하는 데모가 무섭게 고개 들었다. 한국정부가, 일본에게 굴욕외교를 하여 보상금액이 너무 적다며 반발했다. 데모사태는 대학생들도 거국적으로 참여하여 더욱 사회가 혼란했다. 이른바 1964'6.3데모사태'였다. '오히라' 일본외상이 메모를 일방적으로 공개한지 일 년 만이었다. 당시 혁명정부는 서울시 일원에 비상계엄령을 선포했었다.

이런 한국사회 분위기 속에서도 대농이와 '미찌꼬'의 펜팔활동은 계속되었다. 대학교입학시험에 낙방하여 재수再修를 했던 '미찌꼬'도 1964년 명문 대학교 대학생이 되었다. 두 사람의 편지 왕래는, 한국의 데모사태를 계기로 더욱 빈번했다. 더 많은 편지와 사진들이 오고 갔다. 한일문제가 국제적인 사건으로 비화되어, 두 사람은 서로 주장하고, 해명하고, 당부할 말이 더 많아졌다. 대농이는 대학생들의 데모행렬에 동참하지 않았다. 육군 장교 임용을 위한 ROTC 단원이었기 때문이었다. 장교임관 후보생들에게는 대정부 규탄시위에 동참이 허용되지 않았다. 때문에 대농이는 더 많은 편지와 사진을 미찌꼬에게 보냈다.

세상이 뒤숭숭했던 어느 날이었다. 건농이 아버지인 아저씨가 대농이를 찾았다. 대농이가 건농이네 집에서 밥을 먹기 시작한 이래 처음 있는 일이었다. 대농이는 안방으로 가 박재주 아저씨 앞에 앉았다.

"대농아, 너 일본에 여자친구 있지, 편지 왕래하는."

"네"

"내가 이번에 사업차 일본을 방문할 예정이다. 네 여자친구를 만나보고 싶은데, 네 생각은 어떠냐?"

"좋습니다 아저씨! 사업에 방해되지 않으시겠습니까?"

"아니다, 네 친구가 사는 교토시에 가는 길이다. 괜찮다."

며칠 후 박재주 아저씨는 김포국제공항에서 일본으로 출국하셨다. 대농이와 건농이 가족들은, 공항 옥상에 있는 송영장送迎場에 나가, 비행기가 이륙할 때까지 손을 흔들며 환송했다.

미찌꼬는 아저씨 귀국길에, 신랑신부가 함께 그네를 타는 앙증맞은 인형을, 대농이에게 선물했다. 귀국 후 아저씨는, 미찌꼬를 칭찬하셨다.

"미찌꼬는 대학교 일학년 학생답지 않게, 명랑하고 영특해 보였다."

고 칭찬하셨다. 아저씨는 귀국길에 일본제품인 '흑백텔레비전'을 한 대사 오셨다. 당시 서울에는 흑백텔레비전도 귀하고, 칼러텔레비전은 전혀 없었다. 건농이에 마을에서 텔레비전이 설치된 곳은, 건농이네 집과 마장동사무소 뿐이었다. 주민들은 연속극, 노래자랑, 영화상영, 권투중개 같은 재미있는 내용을 두 곳에서 시청했다. 건농이 엄마도 텔레비전을 수시로 안마당에 내놓고, 대문도 개방했다. 건농이 아버지의 지혜로운 선행이었다.

한일협정韓日協定이 1965.6 일본 도쿄에서 조인되었다. 정부는 대학생들의 일본에 대한 굴욕외교 반대 데모사태를 저지하기 위해, 1965.8 서울지역 일원에 위수령을 선포했었다. 대농이도 대학교 졸업을 앞둔 사학년이 되었다. 대농이 신분은 육군 장교 임용후보생 ROTC이었다. 지난해 여름방학 땐, 한 달간 군부대에 입대하여, 뜨거운 염천炎天속에 혹독한 군사훈련을 받았다. 때문에 대농이의 얼굴은 구릿빛으로 변했고, 행동과 말에도 절도가 들어 있었다. 이제 사학년 일 학기 공부를 마치면, 여름방학을 이용해 군부대에 입영入營하여, 두 번째로 한 달에 걸친 군사훈련을 받을 예정이다. 그 후 사학년 이 학기 수업을 끝내면, 졸업식과 임관식이 기다리고 있다. 대농이가 학사학위를 받고, 육군 장교로도 임관될 예정이다. 대농이의 대학생활은 정말 빠르고, 힘들고, 화려하게 끝날 것이다. 두메산골 농촌 출신 대농이가 자수성공自手成功을 앞두고 있었다.

건농이 어머니는 지난 연초年初에, 대농이에게 또 다른 국민학교 육학년생 네 명을 소개하셨다. 대농이가 유명한 가정교사라는 소문이 퍼져, 배우려는 학생들이 많다는 말씀도 하셨다. 이제 대농이는 대학생활 사년간 계속해 가정교사를 하고, 자신이 학비를 벌어 졸업할 수 있게 되었다. 그러나 대농이는 아저씨네 집을 떠나, 새로 시작하는 학생 집에서 숙식을 해야 했다. 새로운 학부모들이 희망했기 때문이었다. 대농이는 아쉬웠다. 건농이 아버지는, 농촌출신 대농이를 완전한 서울사람으로 만들어, 또 다른 희망의 터전으로 보낸 것이었다.

대학교 사학년 생활은 쉬웠다. 후배들도 많았고, 교수님들도 소소한 허물은 모른척하며 넘겼다. 결강缺講을 해도 꾸짖는 교수가 없었다. 졸업예정인 학생들의 관심은 오르지 직장문제, 취직就職이었다. 당시도 졸업생들의 최대

과제는 취업就業이었다. 그러나 대농이를 비롯한 '안전보장학과' 소속 이십오 명의 졸업생들은 달랐다. 육군 장교 ROTC 임관식과 군복무가 기다리고 있었기 때문이었다.

대농이는 1966.2월 졸업식과 임관식에 참석했다. 시골 고향에서 가족들이 상경해 축하해 주었다. 아버지 무봉씨, 셋째누님 숙희, 둘째누님 효숙 등이 참석해, 학사모자도 써 보시고, 다이아몬드 계급장도 대농이 양어깨에 달아 주셨다. 육군 장교 임관식은 육군본부 연병장에서 개최되었다. 가족들은 금빛 찬란한 군복과 군모, 반짝이는 계급장을 만지며 환하게 웃었다. 대농이의 성공이 빛을 발휘하는 순간이었다. 대농이는 다음날, 학사모를 쓴 졸업사진과, 번쩍이는 장교복을 착용한 사진을 미찌꼬에게 보냈다. 미찌꼬는 보름 후,

"대농이의 꿈이 사년 만에 성취된 것이라고 축하하는 한편, 생존경쟁에서 승리하여 자랑스럽다."

는 답장을 보내왔다. 미찌꼬는 사진도 두 장 보내왔다.

임관식을 마친 대농이는 며칠 후 육군보병학교에 입학했다. 광주시 변두리에서 본격적인 군대생활을 시작했다. 박대농 소위는 장교가 배워야할 훈련을 사 개월 이수履修하고, 중부전선을 지키는 사단師團에 배치되었다. 박 소위의 보직은 '사점이인치포' 소대장이었다. 북한군과 전투할 때, 포열의 지름이 4.2인치나 되는 대포大砲로 사격하여, 적군들에게 포탄을 퍼붓는 임무였다. 박 소위 부대는 민간인통제선 남쪽에 위치해 있었다. 농부들도 거주하는 전방 농촌이었다. 박 소위는 기뻤다. 적의 진지陣地와 가까운 지역이 아니고, 미찌꼬와 자유롭게 펜팔활동도 할 수 있었기 때문이었다. 박 소위는 병영생활을 하며, 많은 편지를 미찌꼬와 주고받았다. 포대砲隊 근무의 특성은, 박 소위에게 더 많은 편지를 미찌꼬에게 보낼 수 있게 만들었다. 미찌꼬도 외로운 박 소위를 위해 많은 답장을 보내주었다.

그러나 박 소위 팔자가 그렇게 좋은 것만은 아니었다. 대농이가 '4.2인치포' 사격기술을 완벽하게 익히고, 전방생활에도 충분한 적응력이 생겼던 어느 토요일이었다. 사단장으로부터 부대이동 명령이 떨어졌다. 적군과 대치

하던 전방 부대는 후방으로 돌리고, 후방의 예비부대들은 전방으로 배치되었다. 박 소위 부대도 전방이었다. 4.2인치포 제일소대와 제이소대가 함께 전방지역 산기슭으로 이동했다. 민통선 북쪽이고, 일반전초지역GOP이었다. 일반전초一般前哨란, 주력부대 전방에 배치되어 적을 관측하거나, 적의 기습으로부터 아군을 보호하는 부대 또는 진지를 일컫는 군사용어다. 민간인들은 영농, 벌초 등 뚜렷한 목적으로 군부대의 허락을 받아야, 일반전초지역 출입이 가능했다. 박 소위는 산기슭에 4.2인치포 여덟 문을 좌우로 4문씩 배치하고 전투준비에 임했다. 박 소위 휘하 병사들은 긴장된 표정이었다. 사방으로 보이는 고봉준령高峰峻嶺은 가슴을 답답하게 만들었고, 동서남북을 둘러싼 산봉우리 위로 파란 하늘이 겨우 보일 뿐이었다. 적군의 심리전 방송도 멀리서 들려왔다.

강원도 험난한 산골에도 봄은 찾아왔다. 6.25전쟁 전에 화전민火田民이 살던 초가삼간 뒤엔, 복숭아꽃, 살구꽃이 진달래와 할미꽃이 손짓하고 있었다. 고독한 전선戰線의 봄이었다. 박 소위는 점심식사를 후 계곡 너머로 보이는 '비목'碑木을 보고, 낮은 목소리를 흘려보냈다.

초연이 쓸고 간 깊은 계곡 양지녘에
비바람 긴 세월로 이름 모를 비목이어
먼 고향 초등 친구 두고 온 하늘 가
그리워 마디마디 이끼 되어 맺혔네

궁노루 산울림 달빛타고 흐르는 밤
홀로 선 적막감에 울어 지친 비목이어
그 옛날 천진스런 추억은 애달퍼
서러움 알알이 돌이 되어 쌓였네

박 소위는, 이 노래를 작시作詩했던 ROTC 선배 소대장과, 작곡가를 그리며 불렀다. 박 소위와 병사들은 외로웠다. 날마다 산과 하늘만 쳐다보며 살았고, 밤마다 적군의 스피커 소리에 시달렸다. 고요한 밤에 가슴을 파고드는 적군의 스피커 소리는 병사들의 밤잠을 설치게 만들었다. 전방부대에는 월남전쟁에 참전했던 장병들도 배치되었다. 모두 제대를 앞두고 있는 고참병사들이었다. '베트콩'과 전투를 했던 이들 참전용사들은 용감했다. 근무자세도 철저하고, 모든 전투기술에 능숙했다. 대농이 부대에도 여러 명이 보충되었다.

한국의 155마일 전방 상황은 급박했다. 야간에 비무장지대DMZ를 넘어 몰래 남하한 무장공비를 소탕하는 작전이 수시로 벌어졌었다. 후방지역에 주둔하는 한국군 부대들도, 산과 바다로 넘어와 후방에서 '게릴라전투'를 벌리는, 북한 특수부대원 소탕에 총력을 기울였다. 북한은 동해상에서 어업에 종사하던 어선 56함을 폭침1967.2시켰고, 김신조 일당을 남파시켜, 대통령 집무실인 청와대 습격1968.1을 기도企圖했다. 김신조 일당은 청와대 부근에서 적발되어 체포되거나 사살되었다. 또한 북한은 강원도 울진과 삼척에 백이십명의 무장공비를 침투시켜1968. 양민들을 참살하는 행위를 자행했다. 이른바 "공산당은 싫어요." 라며 반항했던 초등학생 이승복 사건이었다. 전후방의 이런분위기 속에서 한국군의 희생도 많았다. 북한의 무장공비 남파행위는, 정전停戰된 한국의 전방 분위기를 살벌하게 만들었다. 그런 분위기 속에서 박 소위도 4.2인치포 2개 소대小隊를 지휘하며 국가에 충성하고 있었다.

박 소위를 괴롭히는 문제점은, 한국 전방의 불안한 상황 말고 또 하나 있었다. 일본 여대생 미찌꼬와 펜팔을 할 수 없다는 환경이었다. 민간인 출입이 어렵고, 코앞의 적군이 호시탐탐虎視眈眈하고 있는 지역에서, 미찌꼬와 편지를 주고받는다는 건, 생각할 수도 없었다. 박 소위는 부대이동 전까지, 미찌꼬와 자유롭게 편지를 주고받았다. 그러나 전방은 달랐다.

박 소위는 연대장님의 교육내용이 생각났다. 박 소위는 부대이동 직전, 연대장님으로 부터 교육을 받았었다. 연대에서 근무하는 지휘관, 지휘자 모두 함께 교육을 받았었다. 교육내용은 부대이동과 관련된 사항들이었다. 부대 위치, 임무, 임무수행 방법, 경계근무 요령, 적군의 동향, 안전사고 예방, 보안유지 철저 등 많았다. 모두 숙지해야 할 내용들이었다. 교육내용 여러

가지 중, 박 소위 머릿속을 자극한 내용은, 보안유지였다. 자신이 '미찌고'와 주고 받는 '펜팔편지'도 보안에 저촉되는 거 아닌가 하는 생각이 들었다. 만일 저촉이 되는 것이라면, 상급자의 지시를 위반하는 행위였다. 장교가 보안사고를 저지르는 행위였다. 그런 생각을 한 박 소위는 큰 결심을 했다. '미찌꼬'와의 페팔(Pen Pal)을 자진해 중단하기로 했다. 제대 후 '미찌꼬'와 펜팔을 계속하기로 작정했다. 박 소위는 이런 자신의 결단을 '미찌꼬'에 알리기로 했다.

박 소위는 전방지역에 투입 된지 삼 개월이 지난 시점1966에서 외출외박을 신청했다. 그러나 연대장의 생각은 달랐다. 연대장은

"박 소위의 임무가 막중하고, 전장戰場에 4.2인치포 사격을 지휘할 수 있는 장교가 없는 형편을 감안, 외출만 허가한다."

는 지시를 하달했다. 연대장은 박 소위에게 직접 전화하고

"박 소위, 외출만 허가해 미안하다. 적의 동향이 심상치 않아, 박 소위가 꼭 필요하다. 외출 후 귀대하면 내 집무실에 한 번 들러라."

고 말했다. 박 소위를 달래는 전화였다. 박 소위는 다음날 자신의 지프차로 외출했다. 오랜만의 외출이었다. 정들었던 읍내에서, 전령, 운전병과 함께 점심을 먹었다. 그리고 우체국에서 미리 준비했던 편지를 미찌꼬에게 발송했다. 박 소위의 외출목적은 미찌꼬 때문이었다.

당일 저녁 부대에 복귀한 박 소위는 즐거웠다. 연대장이 박 소위 외출을 허가하고, 중대장과 초소장들에게 박 소위 출입을 보호해주라는 지시도 내려 더욱 고마웠다. 박 소위가 외출했던 날 밤에도, 비무장지대에서 피아가 희생되는 전투상황이 벌어졌었다. 무전병의 무전기가 큰소리로 비상교신을 했다.

"여기는 호랑이, 사슴 응신하라."

호랑이는 연대장이고, 사슴은 4.2인치 포대장 박 소위였다. 무전無電할 때 사용하는 음어陰語였다.

"라저Razer, 여기는 사슴, 호랑이 계속하라."

"라저, 여기는 호랑이, 적군 삼십 여명과 아군이 접전 중이다.

CT2364581 지점. 즉시 조명탄 지원요망.”

박 소위는 미리 계산해 두었던 화집점火集點을 찾아, 신속하게 ‘사격지휘반’FDC 에 사격명령을 하달했다.

병사들은 신속하게 포격을 했다. 적군들이 있는 지역을 밝게 비춰주는 조명탄이 날아가 하늘에서 터졌다. 관측병이 소대장 박 소위에게 무전으로 보고했다.

“여기는 하늘, 사슴 나와라.”

“라저, 여기는 사슴, 하늘 말하라.”

“라저, 일탄 명중!”

“라저, 여기는 사슴 계속 보고하라.”

박 소위는 포대에 연속사격명령을 하달했다. 박 소위가 지휘하는 여덟 문의 ‘4.2인치포’ 들은 이십초 간격으로 조명탄을 쏘아 올렸다. 비무장지대 전투현장 하늘은 대낮 같이 밝았다. 박 소위 포대 후방에 위치하고 있는 105mm포대도 지원사격을 했었다.

연말이 되었다. 정미년丁未年.1967이 억세게 꼬리를 감추고 있었다. 그러나 한국 전방지역 산기슭에 주준한 장병들은 힘들고 괴로운 한해였다. 그런 충성의 덕분이었는지, 정부는 박 소위 동기생들을 한 계급씩 진급시켰다. 박 소위는 1968.1.1 중위中尉로 진급되었다. 박 중위는 모자와 양 어께에 빛나는 ‘쌍다이아몬드’ 계급장을 부착했다. 너무 고생하는 ROTC 출신 장교들에게, 사기를 진작시키려는 정부의 배려 같았다.

전방 일반전초 지역에도 새벽이 왔다. 박 중위 소대 포진지 앞 계곡에, 밝은 햇빛이 뻗어 내렸다. 뿌옇게 서려있는 짖은 안개를 뚫고 내린 햇살들이 이름다웠다. 아침에 상부에서 전화통지문이 왔다.

“어제 밤에도 아군 후방을 교란하려던 무장공비들이 완전히 괴멸되었다.”

는 내용이었다. 박 중위는 몇달전 조명탄 사격을 하였던 작전을 머릿속에 떠올렸다. 만일 남하南下하던 전군들이, 박 중위 부대 장병들과 조우遭遇하여 전투가 벌어졌다면, 정말 위험하고 힘들었을 것이었다. 박 중위 부대 장병들은 포, 차량, 탄약 등을 보호하며, 적군과 도 싸워야 했기 때문이었다. 그렇게 피 말리는 전선의 밤이 계속되며 세월이 흘렀다.

박 중위는 집무실인 동굴에서 밖으로 나왔다. 멍하니 하늘을 쳐다봐도 산봉우리와 하늘뿐이었다. 박 중위는 그날부터 용기를 잃었다. 부대를 멋지게 지휘하려는 의욕도 없어졌다. 박 중위는 며칠을 생각하며 고민했다. 미찌꼬 생각에 일손이 잡히지 않았다. 그렇게 외롭고 괴롭던 박 중위에게 미찌꼬가 찾아왔다. 미찌꼬는 아우성을 치며

"부하들을 시켜서라도 편지를 해라!"

고 호령하고 사라졌다. 꿈이었다. 그날 밤 박 중위는 꿈속에서 미찌꼬를 만났다.

2월 어느 일요일이었다. 박 중위는 미찌꼬에게 편지를 썼다. 동굴 속 소대장 집무실에서 밤을 꼬박 새우며 편지를 섰다. 박 중위는 사진도 두 장 동봉했다. 박 중위가 포사격을 지휘하는 모습이 담긴 사진과, 박 중위 포대가 전투사격을 위해 총출동하는 장면이 담긴 사진이었다. 포대 병사들은 이런 사실은 모른다. 박 중위는 봉투를 튼튼하게 밥풀로 붙였다. 며칠 후 박 중위는, 제대 명령을 받고 귀가歸家하는 제일분대장에게 편지를 주었다. 고향에 가면 우체국에서 발송해 달라고 부탁했다.

"박금오 하사! 제대를 축하한다. 미안하지만 개인적인 부탁 하나 해도 되겠나."

"그럼요, 소대장님! 무슨 일이던 명령만 내리세요. 그간 저를 많이 사랑해 주셨잖아요."

"아, 명령이 아니고 편지 붙이는 일인데, 집에 가면 우체국에서 발송해줘. 내용은 안부를 묻는 편지야, 부담 갖지 말고."

"네 잘 알았습니다. 고향에서 발송하고, 소대장님께 편지 올리께요."

제1분대장은 월남 전선에서 돌아와, 박 중위 부대에 배치된 참전용사였다. 분대장은 걱정하지 마시라며 소대장을 위로했다.

To Miss. Miziko (미찌꼬 양에게)

'미찌꼬', 그간안녕? 답장이 늦어 죄송해요. 지난번 제가 드린 편지 보시고 걱정 많이 했나 봐요. 이곳 한국 전선은 호전될 기미를 보이지 않고 있어요. 비무장지대DMZ를 중심으로 양국 군인들이 대치하고 있습니다. 지난 6.25전쟁 때도, 공산군들은 자신들의 야욕을 양보하지 않았습니다. 한국 군인들은 6.25 전쟁을 통해, 북한군의 속내를 많이 파악했습니다. 최근에도 북한군은 많은 도발행위를 자행했습니다.

금년 무신戊申 1968.1년에도 북한은, 미국해군 정보함 '푸에블로호' 를 원산 앞바다에서 납조하고, 승무원들을 감금하고 있습니다. 뿐만 아닙니다. 북한은 특수부대원 김신조 일당을 서울에 침투시켜, 대통령 집무실인 청와대를 습격하려 했습니다. 한국은 그들을 모두 체포 또는 사살했습니다.

북한은 강원도 울진과 삼척 지역에, 백이십 여명의 무장공비를 침투시켜, 많은 양민良民들을 무참하게 살육했습니다. "공산당은 싫어요" 하며 몸부림 치던 국민학생도 칼로 무참하게 살해했어요. 이런 사실들을 '미찌꼬'도 알고 계신지요? 일본신문들도 한국에서 북한이 저지르는 만행들을 보도하는지요? 우리 한국군 장병들은, 목숨을 걸고 적군과 싸워, 항상 승리하고 있습니다. 한국 장병들은 전방지역과 월남전선 등 두 곳에서 공산주의자들과 싸우고 있습니다. 한국군에게 많은 칭찬 보내주시고, 그 실상을 많은 사람들에게도 알려주세요. 우리 한국군은 꼭 공산군을 무찌르고, 한반도에서 평화를 찾을 것입니다. 그런 결과는 많은 UN 회원국가들의 희망사항이기도 합니다. 왜냐하면, 지난 6.25한국전쟁 때 많은 유엔 회원국가 들이 참전하여, 평화를 되찾았기 때문입니다.

'미찌꼬' 양, 대능이는 육군 중위로 진급 했습니다. 사진에서 계급장을 보실 수 있을 것입니다. '다이아몬드' 두 개가 빤짝빤짝 빛나고 있을 것입니다. 이제 대능이도 4개월 후이면 제대합니다. '미찌꼬' 양도 대학교를 졸업하셨겠네요. 이미 직장인으로 신분이 바뀌셨나요? 아무튼 제 걱정 마시고, 모든 희망이 멋지게 성취되기를 빌겠습니다. 그리고, 부탁이 하나 있어요. 혹시

박 중위와 편지연락이 되지 않으면, 아래 주소住所로 편지해 주세요 저의 고향집입니다. 그 곳에는 박 중위 가족들이 살고 있어요

* 사진 두 장 동봉합니다.

1. 박 대농 중위가 4.2인치 포사격을 지휘하는 모습

2. 전투사격을 위해 4.2인치 포대가 총 출동하는 모습

1968.2.28

From Dea nong Park.Seoul,Korea.

대한민국 서울에서 박대농 드림

박대농 소대장의 국제우편물 발송을 부탁 받은 박금오 분대장은 이틀 후에 집에 도착했다. 박 하사는 소대장님의 편지를 일본으로 보내고, 박 중위에게 보내는 편지도 함께 발송했다. 박 하사의 편지를 받은 박 중위는 고마웠다. 오랜만에 미찌꼬에게 편지를 보냈다는 사실이 몹시 즐거웠다. 그간 고민하고, 불안했던 모든 것을 떨쳐버렸다. 민간인을 볼 수없는 전방에서 근무하는 박 중위에게는, 미찌꼬가 유일한 태양이고 별이었다. 그래도 박 중위 병영생활은 빈틈이 없었다. 4.2인치 포대가 없으면 비무장지대가 뚫린다는 책임감으로 가득 차 있었다. 4.2인치 포사격이 없으면, 수천 명이나 수만 명이 동원되는, 연대전투나 사단전투에 차질이 생긴다는 걱정으로 가득 차 있었다. 박 중위는 큰 전투에서 패배하면, 많은 인명피해와 장비손실이 발생한다는 충성심을 갖고 근무했다.

한국전선 전방 지역의 겨울은 아직도 추웠다. 산악지대 기온은 영하 이십도 이하로 까지 떨어졌다. 전방 지역은 모두 눈과 얼음 천국이었다. 장병들의 최우선 임무는 재설작업이었다. 눈을 부지런히 치워도 부식차량이나 작전차량들이 고갯길을 오르지 못하는 경우가 종종 생겼다. 그래도 박 중위 부대원은 높은 산봉우리에서 근무하는 부대원들보다 편했다. 산봉우리로 오르는 길은 겨우내 얼음으로 쌓여 있기 때문이었다. 군인들의 겨우살이엔 이

런 문제점이 있는가하면, 득得을 보는 측면도 있었다. 눈과 얼음 천국이 된 전방지역엔, 북한 무장공비들의 도발행위도 뜸해지게 마련이었다. 장병들은 경계근무와 제설작업과, 그리고 정신교육에 매달려, 긴 겨울을 보냈다.

눈 덮힌 전선戰線에도 봄은 왔다. 삼월이 되자 박 중위 포대가 주둔하고 있는 진지陣地에도 봄이 왔다. 얼어붙은 계곡에선 물 흐르는 소리가 들리고, 산기슭에선 얼음이 녹아 떨어졌다. 화전민火田民이살던 집터엔 또다시, 산수유, 개나리, 할미꽃, 꽃다지 등 봄꽃들이 활짝 피었다. 박 중위의 마음은 쓸쓸했다. 봄을 맞이하는 마음이 황량荒凉했다. 박 중위 머릿속으로, 봄의 상념想念이 파고들었다.

"미찌꼬가 대학교를 졸업했을 텐데 …. 취직은 되었나, 놀고 있나? 이제 나도 사 개월 후엔 제대한다. 고향으로 갈까, 서울에 있을까."

박 중위 포대 병사들은 소대장을 부러워했다.

"소대장님, 이제 제대하실 날 얼마 남지 않았네요! 제대해실 날 기다려지시지요?"

라고 묻는 장병들이 늘어갔다. 그러나 봄이라는 계절은 박 중위의 모든 생각과 감정을 빼앗아 갔다. 지난해 박 중위가 경험했던 그대로, 북한군의 대남 도발행위가 다시 고개를 들었다. 박정희 대통령은 이런 북한군에 대응할 수 있는 갖가지 방책을 수립했다. 재향군인 250만 명 무장, 향토예비군 창설 등 조치로 맞섰다. 숨 가쁘게 전개되는 한국 전방의 상황은 심각했다. 남한과 북한이 한 치의 양보도 없이 공격하고 피해를 당하는 비정규전非正規戰을 계속했다. 북한은, 한국군이 월남越南 전선에 파병되어 월남군을 지원하고, 자신들의 우방국가인 월맹越盟군을 살상하는 보복을, 한국전선에서 자행하는 것 같았다.

박 중위가 지휘하는 4.2인치 포대는 눈코 뜰 사이도 없이 바빴다. 밤에는 전투사격을 대비하고, 낮에는 야간전투를 준비 했다. 우선 여덟 문의 포砲를 깨끗이 닦았고, 포탄과 장약을 준비했다. 포탄과 장약이 부족하면, 상부에 보고하여 신속히 지급 받았다. 운전병들은 각자 자신이 운전하는 차량의 이상 유무를 확인하고 출동 준비를 했다. 다음에는 개인장비와 공용장비를 점검하고 탄환을 준비했다. 야간에 포대 방어전투를 위한, 수류탄, '크레모어', 총류탄, 기도비익 자료 등을 준비했다. 야간 포진지 경계근무병력을 선정하고, 근무위치도 확정해 하달했다. 야간 잠복근무조도 편성했다. 박 중위는 마지막으로 화력지휘반FDC 반원들과 화집점을 점검했다. 화집점火集點이란 중요한 사격지점 마다, 사격제원을 미리 산출하여, 신속하게 포사격 할 수 있도록, 번호를 붙여 놓은 서류다. 적군지휘소가 화집점 일번이면, 급하게 포사격을 할때, 사격제원을 산출하지 않고, 화집점 일번의 사격제원을 병사들에게 하달하면 되는 것이다. 포대 병사들은 하달되는 포의 방향, 고도, 장약(화약), 포탄의 종류 등을 조작하여 신속히 사격하면 된다.

연일 숨 막히는 전방상황에 대응하는 장병들은 고단했다. 모든 것이 힘들고, 괴롭고, 짜증나고, 위험했다. 그 속에서 가장 그리운 건 잠이었다. 낮에도 못 자고, 밤이면 근무하는 장병들은 힘들었다. 그래도 새벽이 오면

"죽지는 않았구나!"

하는 승리감이 모두를 존재케 하는 안전핀이었다. 잠이 부족하여 헛소리를 하고, 사물이 두 개로 보인다며 괴로워하는 병사들도 있었다. 후방부대로 보내달라고 호소하는 병사들도 있었다. 그럴 때 마다 박 중위는

"나도 제대가 삼 개월 남았다."

며 부하들을 달랬다. 박 중위 자신도 연일, 귀 고막을 자극하는 수천발의 포성砲聲으로, 왼쪽 귀 고막이 피해를 입은 상태였다. 박 중위가 가장 애석하게 생각하는 건, 야간매복근무나 '부비추랩'으로 전사하는 장병들이었다. 적군과 싸워보지도 못하고, 작은 실수로 목숨을 잃은 부하의 시체를 본다는 건, 소대장 입장에서 정말 괴로웠다. 다음으로 박 중위가 비극이라고 생각하는 건, 계속되는 근무로 잠을 못자, 제정신을 잃은 장병이었다. 이런 모든 비극들이, 공산군들의 만행 때문이라고, 박 중위는 단정했다.

드디어 오월이 왔다. 전방 산골에선 꽃과 신록이 노래했다. 산새들도 여러 종류였다. 고요한 산속에서, 이름 모를 새들이 짝지어 사랑을 부르는 소리는, 젊은 장병들의 가슴을 허약하게 만들었다. 그러나 적군들은 이런 계절을 침투의 적기로 활용했다. 북한군은 나뭇잎이 우거지고 장병들의 경계

의식이 무더지는 틈을 타, 많은 무장공비를 남파시켰다. 그 대표적인 만행이 강원도 오대산 속에 백이십여명의 무장공비를 남파시킨 사건이었다. 박 중위는 오랫동안 미찌꼬를 잊고 있었다. 계속되는 야간전투로 미찌꼬를 생각할 겨를이 없었다. 박 중위가 편지를 보낼 수 없는 전방의 근무여건이, 미찌꼬를 머릿속에서 밀어내는 여건으로 작용했다.

그러나 제대할 날이 가까워지자, 미찌꼬 생각은 자연스럽게 박 중위 가슴을 찾아왔다. 박 중위는 미찌꼬 생각이 났는데도, 무엇을 어떻게 해야 할지 막막할 뿐이었다. 박 중위는

"침투하는 적군을 괴멸시키고, 포대병사들이 희생되지 않도록 지휘하겠다."

는 생각뿐이었다. 간혹 미찌꼬가 생각나면

"내게 답장은 했을 텐데. 한 달 후 제대하면 편지부터 해야지!"

하는 생각만 했다.

신록이 녹음으로 성장하는 강원도 산골은 아름다웠다. 비도 많이 내렸다. 첩첩한 고산준봉高山峻峰이 흘려보내는 벽계수는 시원하고 맑았다. 박 중위는 벽계수碧溪水를 시조로 읊은 황진이가 생각났다. 산과 계곡에는 녹음만 있는 게 아니었다. 산천어도 뛰어놀고, 고라니, 노루, 꿩, 산양, 꿀벌, 도라지, 더덕 등, 박 중위가 고향에서 보지 못한 보물들이 많았다. 박 중위 포대 분대장들은 강원도 출신 병사들과 함께 보물들을 많이 획득해 왔다. 어느 날 병사들은 큰 산돼지를 잡아왔다. 박 중위는 포대 회식을 허락했다. 그러나 박 중위 속마음은 불안했다. 며칠 전 우측전방을 지키는 사단에서 전화통지문電通이 왔었다.

"병사들이 6.25전쟁 때 설치했던 지뢰地雷를 밟아 세 명이 희생되었다."

는 내용이었다. 비전투희생병사! 그들은 적군과 싸워보지도 못하고 희생된 불쌍한 병사들이었다.

유월 중순이 되었다. 박 중위 동기생들의 제대가 보름밖에 남지 않았다. 박 중위직속상관인 중대장, 연대장, 사단장은 종종 박 중위에게 전화를 했다.

“주야晝夜로 전방 경계근무를 철저히 하라. 제대를 앞두고 소대장 마음이 해이解弛되면, 병사들의 마음도 해이되는 법이다.”

등 내용이었다. 상관님들 말씀대로 이미 박 중위 마음은 해이되어 있었다. 박 중위 머릿속엔 부모형제 생각, 고향생각, 건농이와 아저씨, 중고등학교 동창생들, 그리고 일본의 미찌꼬, 모든 것들이 주마등처럼 수시로 스쳐갔다. 상관들의 전화는 오히려 박 중위에게 해害가되었다. 잊었던 생각들까지 되살아나게 만들었다.

되돌아보니, 박 중위가 이곳 산골에 포진지砲陣地를 구축한 게, 만 이년 전이었다. 박 중위 포대 병사들은 사람이 살지 못할 곳에서 오랫동안 생활했다. 위험하고, 힘들고, 어려운 환경에서 이년을 보낸 것이다. 박 중위는 그날 자신이 전방생활을 이년이나 했다는 사실을 깨달았다. 박 중위는 자신과 같은 동기생이 별로 없다는 사실도 알게 되었다. 어느 날부터 동기생들의 전화가 오기 시작했다. 한국의 전방지역 155마일은 군용전화로 연결되어 있었다. 동기생들은 서로 제대를 축하하며, 며칠 후 유월 마지막 날, 사단 연병장에서 만나자고 약속했다.

내일이 제대하는 날이었다. 선임하사와 병사 한명이 박 중위 집무실로 찾아왔다. 동굴 속이었다. 선임하사는

“사단장님께서 소대장님을 모실 차를 보내셨습니다.”

라고 보고했다. 사단에서 온 ‘지프차’ 운전병도 한마디 했다.

“사단장님께서, 장기간 전방생활을 하신 장교 몇 분에게만 보내주신 차량입니다.”

박 중위는 그날 포대 장병들과 ‘이별의 오찬’을 하고 사단본부로 출발했다. 전역식轉役式을 하러 가는 것이었다. ‘4.2인치포대’ 병사들의 축하박수 속에, 박 중위가 탄 지프차는 남쪽으로 굴러갔다. 박 중위의 전방생활이 마감되는 순간이었다. 지프차는 비포장되고 구불구불한 고갯길을 힘겹게 기어 올랐다. 박 중위는 전방 고갯길이 이렇게 험한지, 산이 이렇게 높은 산이었는지를 다시 한 번 확인했다. 뒤를 돌아보니, 자신이 탑승한 지프차가 만드는 흙먼지가 맑은 하늘로 치솟고, 저 멀리 적군의 경계초소GP도 가물가물

눈에 들어왔다. 이년간 살았던 포진지! 박 중위는 건물이나 천막에서 생활한 게 아니고, 토굴土窟 속에 이불과 식기, 그리고 총이 있었다.

지프차는 십분 후, 일반전초지역GOP을 벗어났다. GOP지역은 민간인 출입이 제한된 작전지역이었다. 그리고 십분 후, 지프차 오른쪽 앞좌석에 앉은 박 중위는, 동양화 같은 풍경을 발견했다. 박 중위는 자세히 보고 또 살펴보았다. 저 멀리 산 밑에서, 흰색 치마저고리를 입은 아주머니 한 분이, 파랗게 자란 보리밭에 앉아, 호미질을 하고 있었다.

"아- 고향에서 보았던 그 풍경! 이년간 잊고 있었던 농민의 모습!"

"주루룩! 주루룩!"

박 중위의 두 눈에서는 눈물이 흘러 내렸다. 그 순간 박 중위는

"여기는 군인이 아닌 민간인들이 살고 있는 곳이구나. 이제 적군의 총탄에 맞아 죽는 일은 없겠구나."

하는 생각이 머릿속을 스쳐갔다. 박 중위 입은 울지 않았다. 감격을 못 이겨 눈물이 제 멋대로 흐른 것이었다. 승리와 생존을 위해 밤마다 전투사격을 했던 박 중위 입은 굳게 닫혀 있었다.

다음날 유월 말일! 전후방에 배치되었던 박 중위 동기생들이 제대하는 날이었다. 동기생들은 모두 박정희 대통령이 군사혁명 후, 다음해부터 모집했던 ROTC 제4기생들 이었다. 박 중위 사단에서 근무하던 동기생들은, 사단 연병장에서 전역식을 했다. 사단장 훈시와 인사참모의 공지사항을 듣고 제대했다. 사단장은 어제 저녁 읍내에서 전역하는 장교들에게 단체회식을 베풀었다. 사단장 이름이 새겨진 '라이터'도 한 개씩 선물했다. 동기생들의 얼굴은 하나 같이 구릿빛이었고, 눈에서는 광채가 번쩍거렸다. 전역식을 마치고 집으로 향하는 동기생들은 개선장군 같았다. 사단에서는 기차가 다니는 춘천까지 군용트럭을 운행하는 편의를 제공했다. 박 중위는 기차 편으로 서울에 도착했다.

박 중위 복장은 군복이었다. 전역식을 했어도 전투복을 그대로 입고 있었다. 계급장도 그대로 부착되어 있었다. 귀향하는 동기생들은 민간 옷이 없었으며, 퇴역증에도 현역 복무기간이 삼일 더 남아 있었다. 전역 후 귀향하

는 병사들의 편의를 위한, 용의주도用意周到한 군사 행정이었다. 박 중위는 우선 마장동 건농이네 집으로 갔다. 온 가족들이 반갑게 대농이를 맞았다. 다음날 박 중위는 가정교사 생활시 숙식했던 학생들 집을 찾아 인사했다.

그리고 고향에 내려왔다. 우선 어머니 산소를 찾아 신고를 드렸다.

"충성, 육군 중위 박 대농은 군복무를 마치고 귀향했습니다. 이에 신고 드립니다. 충성!"

자상하셨던 어머니 얼굴이 떠올랐다. 전방에서 '죽을 고비' 마다 대농이 가슴에 떠오르던 그 모습이었다. 선영 두무실은 조용했다. 칠월을 맞은 이 만여 평의 논과 밭엔, 농작물이 무성했고, 종산宗山은 온통 녹음천지였다. 풀벌레 소리가 요란하더니, 멀지 않은 곳에서

"꿩! 꿩!"

하며 꿩 한쌍이 하늘로 치솟았다. 어릴 때부터 수 없이 보았던 장면이었다. 박대농이는 눈에 보이는 모든 것이 반가웠다. 그렇게 멀고멀었던 군대 생활이었나 보다. 대농이는 고개 정상에 있는 성황당에 돌멩이를 한 개 올려놓고 집으로 내려왔다.

논농사를 거의 마친 가족들은 한가했다. 집에는 아버지 무봉씨와, 셋째누나 숙희, 남동생 성농이, 여동생 정숙이등 네 명이 있었다. 가족들은 대농이를 반겼다. 그러나 아버지는 대농이를 자세히 살피시더니 한마디 하셨다.

"대농아, 왜 남의 말을 들을 때, 오른쪽 귀로만 들으려고, 얼굴을 외쪽으로 돌리느냐?"

하시며 대농이의 정곡正鵠을 찔렀다. 대농이는

"엄마 산소에 들러 내려오는 길에 날파리가 왼쪽 귀로 들어갔어요."

라고 둘러댔다. 아버지는 안방으로 들어가시더니 벽장에서 우편봉투 하나를 꺼내 대농이에게 주시며 말씀하셨다.

"외국에서 온 편지라는데, 네가 한 번 봐라. 아무도 내용을 알 수가 없다"

라고 하셨다. 미찌꼬가 보낸 편지였다. 대농이가 기다리고 수소문하던 그 편지였다. 날짜를 보니 두 달 전에 집에 도착했었다. 대농이는 시원하고 조용한 사당집으로 이동하여 미찌꼬의 답장을 읽었다.

Dear my Heart Mr. Dea NongPark (사랑하는 대농씨 에게)

지난 2월 28일 전방에서 보내주신 편지와 사진을 잘 받았어요. 지루한 기다림 속에 받은 편지여서 무척 반가웠습니다. 그리고 유익한 내용들이 많았습니다. 저는편지를 보고 눈시울을 붉혔어요. 생각할 수도 없었던 한국 군인들의 전방생활을 알게 되었어요. 그렇게 끔직한 북한의 도발들이 있었는지를 아는 일본인들은 별로 없습니다. 그래서 북한군의 행위를 가족들과 많은 친구들에게 알렸답니다. 일본에 주재근무를 하는 우방국 외교관들에게도 편지 많이 보냈어요. 캄캄한 밤에도 적군과 전투를 하신다는데, 몸조심 하셔야겠어요. 많이 걱정됩니다. 너무 반가워 편지를 받고 다음날 답장을 보냈는데, 아무 소식도 보내주시지 않더라고요.

그래서 당신의 말씀대로 당신의 고향으로 편지를 보냅니다. 꼭 답장해 주세요. 당신의 예측대로 '미찌꼬'는 지난 2월에 명문대학교를 졸업했습니다. 그리고 직장생활을 준비하고 있습니다. 저는 요즈음 시간이 많아, 당신이 금빛 찬란한 장교복을 입은 사진을 간직하고 다닙니다. 저는 당신이 유월에 제대하면, 칠월부터는 자유롭게 편지하고, 전화도 할 수 있을 것이라며 기뻐하고 있습니다. 우리 둘이 모두 취직하고 직장생활을 하면, 만날 수도 있을 것 같아요. 편지를 주고받은 지도 벌써 육년 반이나 되었잖아요. 공산주의자들을 용감하게 무찌르시고, 많은 부하들을 씩씩하게 지휘하시던 그 얼굴, 빨리 보여주세요. '미찌꼬'는 날마다 당신을 기다리고 있습니다.

* 사진3장 동봉 : 고등학교 졸업사진, 대학교 졸업사진, 그리고 가족사진을 보내드립니다.

1968. 4. 29

From Miziko.Kyto, Japan

일본 교토에서 미찌꼬 올림

대농이는 미찌꼬의 편지를 읽고 또 읽었다. 가슴이 찢어져 나가는 것처럼 아팠다. 그리고 울분했다. 공산주의자들, 그리고 북한군들의 만행 때문에, 모든 게 파괴된 것이라고 단정했다. 북한의 만행이 없었다면, 남북한 군인들의 충돌도 없고, 같은 민족끼리 죽이고 죽는 참사도 없었을 것이라고 못 박았다. 대농이는 힘차게 자리를 박차고 일어났다. 뒷동산을 거쳐 능선을 따라 무봉산에 올랐다. 강원도 전방 산골에 비하면, 무봉산은 산 같지도 않았다. 단숨에 올라왔다. 대학입학시험을 준비할 때 많이 올랐던 봉우리였다. 사방이 훤하게 굽어 보였다. 한더위가 내려앉은 농촌은 고요古謠했다. 미찌꼬가 살고 있을 동쪽 하늘도 맑았다. 구름 한 점 없는 빈 하늘엔, 이름 모를 산새 한 쌍이 현해탄玄海灘 쪽으로 날아갔다.

다음날부터 대농이는 집에서 일주일을 잤다. 밤에도 자고 낮에도 자는 생활을 일주일간 했다. 낮에는 자다 일어나 바람을 쏘이고, 쉬다 졸리면 또 자는 리듬으로 살았다. 대농이 아버지가 또 한마디 하셨다.

"대농이 눈빛과 행동이 제대로 되어 간다. 나는 자식 하나 또 버린 줄 알았다. 누가 말을 걸면 대농이는, 놀라는 표정으로 상대방을 쏘아 보았고, 긴장된 표정으로 대화를 했었다."

다음 주 대농이는 미찌꼬에게 편지를 썼다. 너무 오래간만에 써보는 영어 편지는 서툴렀다. 영어 문장이 머릿속에서 맴돌기만 했다. 대농이는 쓰고 고치기를 반복하며 힘들게 편지를 완성했다. 다음날 읍내로 나가 우체국에서 발송했다. 대농이는 분했다. 이렇게 손쉬운 편지 발송을 거의 이년동안이나 하기 힘들었다. 그래서 미찌꼬와의 연락이 두절되고, 현해탄에는 그리움만 떠다녔다. 대농이가 급히 편지를 보낸 지 이십여 일이 지나도, 미찌꼬의 답장은 오지 않았다.

기다림에 지쳐있는 대농이에게 기쁜 소식이 날아왔다. '안전보장부'에서 공무원채용고시를 볼 예정이라는 소식이었다. 대농이는 대학생활 사년 간, '안전보장학'을 전공했었다. 대농이는 지체 없이 연례 '안전보장부' 채용고시에 응시했다. 대농이와 함께 대학생활을 하고 군 복부를 끝낸 동기생들도 함께 응시했다. 대농이 동기생 절반이 채용고시에 합격했다.

합격자들은 그해 1968년 팔월부터 직장에 출근했다. 대농이 직장은 직원도 많고 바쁜 부서였다. 그래도 대농이는 기뻤다. 대농이 부서의 업무 내용이 6.25한국전쟁의 결과물인 '비무장지대'와 관련 있는 업무였다. 폭幅이 4Km이고, 길이가 155마일에 걸친 비무장지대에선, 남북한의 끊임없는 충돌이 계속되고 있었다. 대농이의 전공은 안전보장학 이며, 군복무도 전방에서 장교로 근무했다. 때문에 대농이는 신입직원이라는 감정을 가질 수 없었다.

대농이는 첫 달봉급을 수령하자, 신사복부터 마련했다. 제대 후 한 달을 쉬었지만, 양복을 마련할 생각조차 못하고 있었다. 직장 출근 첫째 날, 대농이는 근농이 아버지이신 박재주 아저씨의 양복을 입고 출근했다. 아주머니가 대농이 눈치를 채고, 긴급조치를 취해 주셨다. 대농이 직장은 공무원 사회에서, 막강한 부서라는 평가 받았다. 속칭 말로 힘이 쎈 부서였다. 일반 공무원들과 다른 점이 많고, 바쁜 만큼 대접받는 부서였다. 대농이는 신입직원채용고시에서 이등으로 합격했다. 그 영향이었는지, 대농이는 지휘부서 근무를 명받았다. 대농이의 직장생활은 점점 안정되어갔다.

대농이는 업무파악도 빨랐다. 전공과 장교근무 경험이, 업무와 비슷했기 때문이었다. 직장생활이 안정되자, 가족들이 사는 고향마을에선,

"대농이가 출세했다."

는 소문이 퍼졌다. 1970년에는 고향에서 남동생 성농이와 셋째누님 숙희가 상경했다. 가족들은 대농이가 하숙하고 있는 서울 변두리 동네를 찾아왔다. 대농이는 놀랬다. 가족들이 무작정 상경한 것이었다. 당시 농촌 주민들은, 전쟁 후 복구사업이 거의 마무리되고, 일자리도 많이 생기는 서울로 무작정 상경했었다. 숙희 누님은 고향에서 가져온 돈으로, 십이 평짜리 판잣집을 한 채 샀다. 대농이 가족 세 명은 그 집에서 함께 살았다. 세월이 흐르자 성농이와 숙희 누님도 일자리가 생겨 모두 직장생활을 하였다. 이른바 호구지책이 만련 된 것이었다.

그 때, 대농이는 김포국제공항에서 근무하라는 보직명령을 받았다. 김포공항에는 항공사 사무실이 많았다. 항공사들 뿐 아니라 행정부서 사무실도

많았다. 세관, 교통부, 경찰, 보건사회부, 농수산부, 군인 등 무척 많았다. 대농이는 '안전보장부 공항출장소' 근무를 명령받은 것이었다. 대농이는 출국업무와 입국업무를 비롯, 안전사고, 항공기 점검 등 많은 업무를 취급했다. 공항업무는 즐거웠다. 많은 여행객들과 공무원들이 들끓고, 정치인, 경제인, 군인, 상인 등 모든 계층이 공항을 이용했다. 대농이는 공항이 '인종전시장' 같다고 생각했다.

바쁘고 번화한 근무환경에서도, 대농이는 일본항공 여승무원과 친분을 갖게 되었다. 대농이가 의식적으로 일본항공 여승무원 '요시꼬'에게 가까이 하며 친분을 쌓았다. '미찌꼬' 때문이었다. 대농이의 내심은 일본 여자친구 '미찌꼬'의 근황을 알아보려는 심산心算이었다. 일본항공 여승무원 '요시꼬'도 김포공항에서 근무하는 한국 공무원의 도움이 절실한 입장이었다. 어느 한가했던 날, 대농이와 일본항공 여승무원 '요시꼬'가 공항구내 커피숍에 마주 앉았다. 두 사람은 영어로 대화했다.

"요시꼬양, 일본 젊은이들이 결혼하면, 여자도 남자의 성姓씨를 갖게 됩니까?"

"물론입니다. 한국과는 다릅니다. 미국과 마찬가지입니다." 요시꼬는 친절한 자세로 명랑하게 답변했다.

"결혼 전 여자의 주소로 편지를 하면, 전달이 가능할까요?"

"글쎄요. 반반으로 봐야 할 것 같습니다. 여자의 가족들이 이사를 하지 않았다면, 가능하지도 않을까요? "

대농이는 '요시꼬' 양의 대답으로, 미찌꼬와의 펜팔 편지가 중단된 이유를 대충 짐작할 수 있었다. 그 날부터 대농이는, 미찌꼬가 지난 팔월 이후 취직이나 결혼을 하여, 편지가 중단된 것이라고 단정했다. '요시꼬' 양은 대농이에게, 일본여성 특유의 친절을 베풀며, 결혼한 일본여성을 찾으려면, 일본 공무원이나, 경찰, 신문기자들에게 부탁해 보라고 권고했다. 그 후 '요시꼬' 양은, 김포공항에 입항이나 출항 시 종종 대농이가 근무하는 보세구역 검사대를 찾아오곤 했다.

대농이의 공항 근무도 바빠졌다. 김포공항 청사 내에서 하는 업무 이외에도, 수시로 해외출장을 가야 했다. 항공기 안전사고나, 항공기 납치행위를, 사전에 대비하는 업무 때문이었다. 대농이는 젊은 나이에 외국출장도 자주 가는 '엘리트' 공무원으로 부상했다. 그런 분위기속에서, 둘째누님 효숙이 대농이 혼담을 꺼냈다. 아버지 무봉씨는 휴가를 받아 고향을 찾은 대농이에게 신부 후보를 소개했다. 대농이는 그해 '크리스마스' 전날 결혼식을 올렸다. 신부는 교육공무원이었다. 대농이 부부는 맞벌이 생활을 해야 했다. 대농이의 가정은 시골에서 장모님이 상경해 보살피셨다. 대농이는 행복했다. 대농이 장모님은 시골에서 식모食母도 데려와 함께 살림살이를 해주셨다.

미찌꼬는 이제 대농이 머릿속에서 점점 사라졌다. 대농이의 머릿속은 직장업무와 가정생활, 어린 딸을 보살피는 장모님 등으로 가득 찼다. 그래도 대농이가 외국출장을 갈 땐, 가끔 미찌꼬가 머릿속으로 살짝 찾아왔다. 그러나 대농이는 의식적으로 잊어버리고, 털어버렸다. 미찌꼬를 잊으려고, 대농이는 글을 읽거나 공부를 하기도 했다. 대농이의 결혼은 미찌꼬가 강한 적군으로 작용했다. 대농이는

"미찌꼬는 자신의 대학생활과 군복무를 무사히, 성공적으로 끝낼 수 있도록 도와준 친구였고, 은인恩人이기도 했다."

고 정의했다. 대농이는

"인간은 유한有限한 존재이며, 인연因緣 또한 유한한 것."

이라는 철학적인 생각을 했다.

대농이 부부의 공무원 생활은 순탄했다. 맞벌이 가정의 특징인 궁핍이나 가난을 몰랐기 때문이었다. 여유 있고 풍부하게 살았다. 대농이 부부의 신분이나 서울생활 동향은, 고향이나 시골주민들에게 많은 영향을 끼쳤다. 대농이는 시골사람들의 애로사항도 풀어드리고, 자식들의 어려움도 보살펴주었다. 한번은 대농이 선영先塋에 계신 십육 대 할아버지 산소의 장군석石物을 도둑맞았는데, 대농이가 노력하여 회수해 원위치에 모셔드렸다. 육백여 년 된 장군상將軍像 이었으며, 종중宗中에서도 칭찬이 많았었다. 대농이 부부는 삼십오 년간 공직생활 후 정년퇴직 했다. 세월도 흘러 이십일 세기 새로운 '밀레니엄'이 도래했다. 당시 대농이 아들과 딸은 모두 대학교를 졸업하

고 직장생활을 했다. 대농이 자식들은 안정된 가정에서 출퇴근하며, 직장을 위해 최선의 역량을 발휘했다.

정년퇴직을 한 대농이 부부에겐, 많은 자유시간이 주어졌다. 88올림픽 이후 상승일로를 달리던 대한민국의 국격國格도 일약 선진국으로 높아졌다. 한국인들에게는 해외여행이라는 자유로운 삶이 주어졌다. 동남아 각국은 물론이고, 미주, 유럽, 호주, 동유럽, 남미, 아프리카 등지도 한국 관광객들이 몰려 다녔다. 일 년 간 출국하는 여행자가 칠백만 명이 넘었다. 인천국제공항은 세계경쟁력 제일위 위치를 확보했다. 한류寒流도 전 세계로 확산되었다. 전 세계 뿐 아니라 북한까지 한류가 퍼졌다. 한국은 수직적인 발전을 계속하여, 인터넷 강국으로, G20정상회의 의장국가로 강대국 대열에 합류했다. 뿐만 아니라 한국의 새마을운동 경험을 배워가, 국가발전의 원동력으로 하고 있는 나라도 팔십 개가 넘는 상태다.

대농이는 젊었던 시절에 해외출장을 많이 했다. 그래도 대농이는 아내의 해외여행에 관심을 두고 동참했다. 아내가 해외여행에 관심을 갖지 않을 때까지 함께 다니며 통역원 역할을 했다. 그러나 대농이 부부는 요즈음 해외여행을 다니지 않는다. 대농이 아내가, 구경도 할 만큼 했다, 유럽 풍경이나 호주 풍경이 많이 다르지 않다, 거기가 거기 같다, 해외여행은 시작도, 끝도 없는 것이다, 더 이상의 여행은 소비일 뿐이다, 등의 말을 하는 상태로 변했다.

그렇게 지내던 세월에 변화가 왔다. 지구가 변하고, 기후가 변했다. 한국의 기후도 많이 변했다. 장맛비도 내리고, 장마기간도 길어졌다. 봄과 가을이 짧아지고, 여름과 겨울이 길어졌다. 더위나 추위도 예상을 넘어 혹독했다. 게릴라성 폭우는 우박을 동반하고 배추밭을 쑥대밭으로 만들었다. 서울의 혹한酷寒이 소련 '모스크바' 기온보다 더 추웠다는 발표에 국민들은 어리둥절했다. 대농이와 미찌꼬만 변한게 아니었고, 한국과 북한만 변한 게 아니었다. 지구만 변한 게 아니었고, 바다도 변했다. 아니 태양도 변했다.

대농이는 몇 년 전에 문인文人이 되었다. 신인상을 받고, 수필가가 되었다. 대농이는 '문학작품창작활동'에만 매달렸다. 부지런하고 억척같은 대농이는, 한 해 동안 두 번 작품집을 출판했다. 고희古稀가 오기 전에, 총력을 다 해 창작활동을 하고 있다. 대농이는 지루한 장마철을 계기로, 일본을 가 보자고 아내에게 말했다. 몇 년간 해외여행을 중지했던 아내도 좋아했다. 비행기 타는 시간도 짧고, 온천욕도 유명하며, 여행기간도 이삼일이면 가능하다는 여건이, 대농이 부부를 유혹했다. 대농이 부부는, 그해 2008년 장마철에 일본 동경지역을 삼일 간 관광했다. 국내 펜팔여행사를 통해, 안내원과 함께하는 '패키지여행' 을 했다. 대농이 부부는 모처럼 좋은 구경을 했다. 여행기간 중 대농이 아내는 온천욕을 실컷 즐겼다. 말로만 듣던 동경東京의 번화가인 긴자銀座, 신주꾸新宿, 시부야 등지를 거닐었다.

대농이 일행 삼십이 명은 동경의 야경도 보고 인공섬 오다바이, 하코네국립공원, 오와꾸다니大地獄 , 지열군地熱群 등지를 구경했다. 일행들은 닛코국립공원과日光國立公園 동조궁도 구경했다. 동조궁은 '에도막부시대'를 개막한 '도꾸가와 이에야스'德川家康을 모신 신궁神宮이었다. 대농이는 금번 일본여행을 통해 예기치 못했던 공부를 했다. 일본은 세계 제이위의 경제대국일 뿐 아니라, 산림대국이었고, 기후도 온대, 열대, 아열대, 한대지방 등 골고루 있었다. 국민들도 공중질서와 도덕성을 우선시하고, 남에게 폐가되는 행동을 하지 않는다는 문화가 활짝 피어 있었다. 일본은 정신적으로도 강대국이었다.

대농이는 동경지역만 관광만한 게 아니었다. 대농이는 금번 여행을 통해 사십년간 잊고 있던 펜팔 친구 '미찌꼬' 를 머릿속에서 만날 수 있었다. 수소문搜所聞에도 착수했다. 펜팔여행사 안내원에게 미찌꼬의 일본 주소住所를 주고, 연락처를 알아보라고 부탁했다. 펜팔여행사 안내원은 자신이 소속한 여행사가, 일본 여행사들과도 긴밀한 협조를 하고 있다며, 긍정적인 자세를 보였다. 대농이의 귀국길은 즐거웠다. 대농이는 귀국하는 항공기에서 흘러간 사십년을 회고하고, 자신의 현 위치도 재확인 해 보았다. 그리고 회고했다.

"사십년 전, 공무원에 취직하고 결혼한 게 엊그제 같은데, 이제 고희古稀가 코앞에 다가와 있다. 무심하게 흐른 세월! 그러나 그 내용에는 알찬 열매들이 가득하다. 만약 '미찌꼬' 를 찾으면, 양쪽 부부가 서로 만나 상봉하고, 옛날을 회상하며 함께, 새로운 여생의 동반자로 걸어가자."

고 제의할 것이라는 다짐을 했다.

대농이 부부는 다음해 2009년 장마철에도 일본여행을 했다. 작년에 이용했던 펜팔여행사 안내로 일본 '홋가이도'(북해도) 여행신청을 했다. 이번에도 지루한 장마철과 게릴라성 폭우를 피해보려는 여행이었다. 홋가이도는 장마도 없고 시원하다는 여행사의 홍보도 있었다. 대농이 부부는 삼일 간 '오오누마국립공원'沼國立公園, '니시야마분화구'山火口, '하코다테항구' 와 야경, 다시마백화점昆布館 도야호수洞爺湖 등지를 구경했다. 이번에도 관광객들은 유황냄새 짓게 풍기는 온천에서 실컷 온천욕을 했다. 노천露天 온천욕을 즐기는 여행객들도 많았다. 대농이는 금번 일본 여행에서도 많은 것을 보고 들었다. 한국인들은 일본인 보다, 기초질서 위반율이 144배 높고, 인근 소란죄는 1,878배 많으며, 국제결혼 이혼율도 40배나 높다는 사실도 알았다. 대농이는 단체여행도중 틈틈이 안내원과 이야기 했다. 안내원은 말했다.

"미찌꼬에 관한 내용을 인계 받았다. 한국여행사와 일본여행사가 함께 관심을 갖고 조용히 노력하고 있다. 만일 그 문제가 해결되면, 한일양국의 성공적인 선행성과로 기록되고, 언론도 관심을 가질 가능성이 있다."

고 설명했다. 대농이도 안내원에게 의견을 밝혔다.

"양국 여행사들이 인도적인 측면과 도덕적인 측면을 동시 검토한 후, 추진여부를 결정하는 게 좋을 것 같다."

고 분명히 밝혔다.

대농이의 귀국길은 올해도 즐거웠다. 자신과 미찌꼬의 관계를, 한일양국 여행사들이 선행사업으로 분류하고, 상면을 추진하고 있다는 게 즐거웠다. 그러나 대농이는, 안내원이

"조용히 추진하고 있다."

고 말했던 부분을 상기하며, 모든 것이 확인될 때까지 굳게 참기로 결심했다.

대농이는 새해 2010년을 맞이했다. 그러나 지난 해 장마철에 일본 '홋가이도' 를 여행했었다는 사실도 잊고 있었다. 연일 계속되는 '문학작품장작활동' 때문이었다. 대농이는 금년에도 세 번째 문집발간을 준비하고 있었다.

노익장을 과시하며, 창작활동에만 매진했다. 친구들도 이젠 대농이를 '박 문인'이라고 부른다. 언행도 자세도 문인답다고 평가해주는 친구들도 있다. 대농이는 올해 연 말에 있을 고희 잔치를 '출판기념회' 로 대치할 예정이다. 그런 계획 속에 일상日常을 살아가는 대농이에게 오월이 빠르게 달리며 꼬리를 보여주었다. 그날 오후 전화가 왔다.

"박대농 문인이십니까! 펜팔여행사 안내원입니다. 금년 여름 일본여행 일정 잡으셔야지요. 제 생각으론 올해도 장마철인 7.10부터 삼일 간 다녀오시는 게 어떠할까 생각되는데요."

대농이는 고맙다는 인사와, 미안하다는 말을 함께 했다. 대농이는 미찌꼬에 관한 일을 까맣게 잊어버리고 있었다는 게 미안했고, 여행일정까지 잡아놓고 통보해주는 여행사가 고마웠다.

대농이는 세 번째 문집文集 발간 원고를 유월 말에 끝냈다. 그러나 지루한 장마는 계속되었다. 가끔 서울 도심을 집어 삼킬 것 같은 폭우가 쏟아졌다. 광화문 광장이 물바다로 변하기도 했다. 대농이는 모처럼 휴식을 취하며 건강을 보살피는 일상日常을 이어가고 있다. 문집 발간은 일본 일본관광을 마친 후 귀국하여 시작할 예정이었다. 칠월 중순에는 펜팔여행사가 잡아놓은 관광일정에 따라 일본을 여행할 것이다. 대농이 일행은 일본에서 나라Nara, 오사카大板, 고베神戶, 교토京都 등지를 여행할 예정이다. 미찌꼬의 고향인 교토Kyto가 마지막 날에 들어있었다. 대농이는 당연한 일정이라며 출국날을 기다렸다.

칠월이 되었다. 일본 관광일정을 정해놓은 대농이 부부는, 출국날짜가 다가올수록 초조해졌다. 장마 비는 계속 내리고, 무릎관절염도 꺾일 기세를 보이지 않았다. 출국 전날에는 폭우주의보가 내리더니, 제주, 여수, 이리 등 남쪽지방이 물바다로 변했다. 농민들은 농작물 피해로 넋을 잃었다. 밤이 되자 서울지역에도 폭우주의보가 떨어졌다. 대농이는 무섭게 쏟아지는 폭우가, '미찌꼬'에게 길조吉兆일까 불길할 징조徵兆일까를 더듬어 보았다. 그리고 걱정 속에 잠자리에 들었다. 대농이 부부는 눈을 비비며 새벽 세시에 기상했다. 서울 시가지는 이미 물바다로 변해 있었다. 인천국제공항까지 갈 방법이 막연했다. 택시를 부른다고 해결될 문제가 아니었다. 대농이는 부리나케 컴퓨터를 켰다. 검색창을 통해 '밴형공항택시'를 불렀다.

대농이 부부는 아파트 현관에서 밴형공항택시에 올랐다. 공항택시는 진흙탕 물을 헤치며 단숨에 서울대학교 정문에 도착했다. 공항 행 '리무진버스'로 옮겨 타는 순간에도 옷이 빗물에 젖었다. 좌석에 앉은 대농이 부부는 안도의 한숨을 몰아쉬었다. 아직도 캄캄한 밤중인데 리무진공항버스에 십여 명의 승객이 타고 있었다. 값 비싼 택시를 이용한다고 저기압이었던 대농이 아내의 표정도 밝게 변했다. 공항버스는 새벽 네 시에 출발했다. 텔레비전 뉴스가 수해상황을 보도했다. 경기도 북부지방의 수해가 가장 컸다. 연천, 포천, 파주 등지가 물바다로 변해 농작물들이 침수되었고, 주택침수와 차량, 농기구들이 침수되었다.

공항버스는 남부순환도로를 달렸다. 무서운 물보라를 가르며 인천공항으로 향했다. 차도에 가득 찬 빗물이, 달리는 버스의 '헤드라이트' 빛을 흡수하여 앞을 분별하기 힘들었다. 그래도 핸들을 굳게 잡고 노련하게 물바다를 가르는 운전기사가 고마웠다. 숨을 죽이고 무사하기만 바라는 승객들은, 이제 구로동을 지나 김포공항 주변에서 올림픽 고속도로로 올라섰다. 리무진공항버스의 속도가 빨라졌다. 고속도로를 점령한 빗물이 버스 바퀴에 부서지며 밤안개로 변했다. 승객들은 불안한 장관壯觀만 응시하며 인천국제공항만 생각했다.

십여 분이 지나자, 공항버스 주변에서 바다가 살며시 새벽을 열고 있었다. 아침바다는 물안개를 하늘로 올려 보내며 캄캄한 밤을 쫓고 있었다. 무작정 빗물을 퍼붓는 게릴라성 집중호우도, 바다에게는 덤벼들지 못했던 것 같았다. 바다엔 하마의 입처럼 무섭게 생긴 먹구름들이, 인상만 찌푸리고 있을 뿐, 비를 뿌리지는 못하고 있었다. 캄캄한 암흑을 헤집고 얼굴을 들어 보이는 인천앞바다 갯벌! 승객들은 좌석의 안전벨트를 풀고 자세를 고쳐 앉으며 뻣뻣해진 몸의 긴장을 풀었다. 바다는 밤새도록 쏟아진 폭우를 꿀꺽 집어삼키고, 아무 일도 없었다는 듯 동쪽하늘에서 터져 나오는 붉은 동東으로 몸치장을 하고 있었다. 붉어지는 동쪽하늘은 물안개를 주홍색으로 물들이고, 먹구름은 하늘위로 쫒아내고 있었다. 드디어 차창 밖으로 인천국제공항 관제탑 끄트머리가 보였다. 버스 속 승객들은 긴 기지개를 켜고 웅성거렸다. 폭우로 쌓였던 불안감을 떨쳐버리는 소리였다. 공항버스 텔레비전 뉴스는, 어제 밤에 광주, 고흥, 목포등지에 950mm의 폭우가 쏟아졌다고 보도했다. 가난한 사람들이 엄청남 수해를 입었다. 그래도, 외국여행을 하려고 버스에서 내리는 승객들의 발걸음은 가벼웠다.

대농이 부부도 인천국제공항 출국장에 도착했다. 아직 새벽 여섯 시 반이었다. 넓은 대합실에 가득한 외국여행객들! 그들이 만들어내는 즐거운 소리들은, 가을하늘을 군무하는 갈가마귀 떼들의 울음소리 같았다. 대농이는 그렇게 무서웠던 폭우와 수해도, 외국여행은 말리지 못한다는 생각을 했다. 대농이는 약속 장소에서 '펜팔여행사' 안내원과 상면했다. 작년 일본여행 때 수고했던 안내원이 아니었다. 안내원은 십여 분 후 대농이 부부에게 항공기 좌석권을 주었다. '비즈니스클래스' 좌석권이었다. 대농이는 소스라치게 놀랐다. 한평생을 공직에 몸담고 살아오면서, 많은 외국여행을 했어도 '비즈니스클래스' 좌석에는 앉아보지 못했다. 대농이는 안내원에게 분명하게 사양했다. 그러나 안내원은

"한 좌석이 남아 여행사가 최고령자에게 베푸는 호의다. '미찌꼬' 상면相面과 관련된 사항은 여행 마지막 날 오후 한시에, 한 · 일 양국 여행사들이 발표여부를 결정할 것이다."

라고 알려 주었다. 대농이는 목례를 하고 안내원과 헤어졌다.

대농이 부부는 여덟시에 출국수속을 마치고 면세점에 들렀다. 우선 항공기 탑승구를 확인했다. 격리대합실 창밖 계류장에서 출국을 기다리는 항공기들이 이슬비를 맞고 있었다. 대농이는 '일본 오사카 지방에도 폭우가 내리는 건 아니겠지' 하는 생각을 하며 한국항공기에 탑승했다. 일본 오사카로 출국하는 항공기는 만원이었다. 드디어 약속된 시각, 아침 아홉시가 되었다. 기체機體는 이슬비 내리는 활주로를 질주하다 물보라를 박차고 하늘로 솟아올랐다. 기체는 이륙 후, 비틀거리고 후들거리며 힘들게 먹구름 층을 뚫었다. 십여 분 후 승객들은 맑은 창공을 비행했다. 창밖으로 목화송이처

럼 하얀 구름나라가 펼쳐졌다. 황홀한 구름나라를 둥둥 떠다니는 묘미가, 항공기 여행의 진수인지도 모른다. 동해의 푸른 물도 내려다 보였다. 대농이는 '저 바다가 현해탄이었으면 좋겠다'는 생각을 했다.

기체가 고도를 잡고 안정되자 기내식사가 시작되었다. 샌드위치, 커피, 과자, 오렌지주스 등이 제공되었다. 대농이 일행은 출국 한 시간 반 후에, 일본 오사카大坂 '간사이국제공항' Kansai에 도착했다. 일본의 입국수속은 까다로웠다. 여권사열, 열손가락 지문채취, 얼굴촬영, 세관검사 등이 계속 이어졌다. 공항 보세구역을 무사히 통과한 관광객들은, 항공사 안내원과 상면했다. 대농이 일행 이십삼 명은 '난카이철도' 편으로 '난카이역'으로 이동했다.

일행들은 지체 없이 여행사가 제공한 관광버스로 나라Nara 지역으로 출발했다. 버스는 해안고속도로를 달리고, 농촌지역을 통과하고, 무성한 산림지역도 보여준 후, 일본 전통식당에 주차했다. 한 시간도 넘게 달린 버스가, 한 번도 과속을 하지 않았다. 일 년 만에 찾아 온 일본식당! 종업원들은 오늘도 전통의상을 착용하고, 현관에서 허리 굽혀 절하며 손님들을 반겼다. 일행들은 일본식 정식으로 점심식사를 했다. 여종업원들의 깍듯한 자세와 상냥한 목소리도 여전했다. 깨끗한 식기와 정갈스런 음식도 관광객들의 구미를 돋우는데 손색이 없었다. 식사 후 일행들은 첫 번째 일정인 동대사東大寺 관광에 나섰다. 여행사 안내원의 활동도 시작되었다.

"오사카는 일본에서 두 번째로 큰 도시다. '요도가와하구'에 위치한 오사카는 신흥도시이고 상업지역으로 발전한 도시다. 오사카 주변에는 삼십여개의 위성도시들이 자리 잡고 있다. 일본열도의 넓이는 37만㎢ 이며 남한의 네 배 면적이다. 일본 땅의 남북 길이는 북해도에서 '오끼나와'까지 총 3,600㎞이다. 열도의 동서 넓이는 총 4,241㎢인데 한국의 경부고속도로 길이와 비슷하다. 이러한 지리적 여건을 갖은 일본열도는 기후도 다양하다. 열대지방, 아열대지방, 온대지방, 한대지방 등 모든 기후를 다 갖고 있다. 여기에 해양성 기후가 추가되어, 자연히 없는 것이 없는 나라로 발전한 것이다. 오사카의 인구는 팔백만여 명이고, 해발 삼천 메타 이상의 산이 열여덟 개나 있다.”

나라Nara지방은 서기 칠백십년부터, 칠십사 년간 일본의 수도였다. 때문에 일본 고대사와 전통이 살아있고, 문화유산도 가득한 도시다. 불교문화도 일찍 꽃피운 도시다. 나라에는 동대사가 있다. 동대사東大寺엔 세계 최대 목조불상인 ‘다이브쯔’가 있다. 이 목조불상은 ‘쇼무’ 천황의 의지로 서기 칠백오십이 년에 준공되었다. 1,256년 전이다. 불상 제조에는 신라와 백제 고승들도 동참한 것으로 알려져 있다. 목조불상과 옥상에 있는 오래(금고기)는 세계문화유산으로 유네스코에 등재된 문화재다. 오래의 높이는 사십구 메타이고, 목조불상의 높이는 심육 메타이다.”

안내원의 말이 끝나기 무섭게 관광버스는 동대사 주차장에 도착했다. 날씨가 무척 더웠다. 일행들은 일본이 한국보다 약간 덥다는 안내를 받고 출국했다. 그러나 나라 지방의 기온은 열대지방 기후 같았다. 대농이 일행들은 상의를 벗어들고, 이마에 흐르는 땀을 닦아가며 관광일정을 소화했다. 대농이 일행들은 동대사 ‘다이브쯔’ 목조불상을 손으로 쓰다듬으며 소원성취를 기원했다. 동대사 관광을 마친 일행은 사슴공원으로 이동했다. 사슴공원은, 동대사 입구 도로와 주변의 넓은 잔디밭, 공원, 산림지역에 많은 사슴을 방목하는 공간이었다. 일본인들은 사슴을 ‘신의 사자’로 여기며 신성하게 기르고, 함께 생활하는 풍습이 있었다. 대농이 일행도 그곳에서, 생전 처음 사슴 발과 악수하고, 사슴얼굴과 비벼대는 체험을 했다. 대농이는 버스가 기다리는 주차장으로 이동하며, ‘일본인들의 관광기법은 한도 끝도 없다’는 생각을 했다.

일행들은 오사카로 귀한 했다. 유명한 ‘오사카성’을 관광하기 위한 ‘버스투어’였다. 안내원의 사전 안내활동, 즉 관광대상 목표에 대한 설명이 또 시작되었다.

“일본인들은 역사와 전통을 중요시 여기는 국민이다. 유럽의 독일과 네덜란드 등 전 세계에 이백년 이상의 역사를 갖고 있는 기업이 오천여개 있다. 그러나 일본에만 이백년 이상 된 기업이 3,145개이고, 이천년이 넘은 기업체도 일곱 개나 있다. 오사카 성은 일본 삼대 성 중 하나다. 임진왜난의 주역인 '도요토미 히데요시'豊臣秀吉가, 십오 년 간 매일 삼만 여명의 인력을 동원해 축성한 난공부락難攻部落이다. 성城 입구에는 배수진背水陣 이외에도, 공회자空膾炙 와 천수각이 있다."

일행들은 주차장에서 천수각으로 이동했다. 천수각은 '모모야마' 양식으로 축조되고, 회색과 금색으로 도색된 탑 모양의 팔층 건물이었다. 전망대에 오르니 오사카성과 오사카 시가지가 한눈에 조망되었다. 시가지가 생각보다 넓었다. 끝이 보이지 않고 서울 시가지가 연상되었다. 한국교포와 조총련 교포들이 함께 어우러지고 각축하는 오사카가, 이렇게 대도시인줄은 미처 몰랐었다. 난공부락이었던 오사카성과 공원은 이제 유명관광지로 둔갑하여 전 세계 관광객들에게 일본의 역사를 전파하고 있었다. 대농이 일행은 서기 1583년 당시의 일본 통치자들의 속내를 생각하며 천수각 칠층으로 내려왔다. '도요토미 히데요시'의 한평생에 관한 홍보판과, 유물, 전투도, 영상실 등이 전시되어 있었다.

대농이 일행들은 전시되어 있는 "도요토미 히데요시와 일본인" 제하의 홍보판을 읽으며, 임진왜난의 일본 주역인물을 다시 한 번 가슴에 각인시켰다.

"도요토미 히데요시는 빈농의 아들로 태어나 통치자에 오른 입지자다. 일본인들은, 신분의 굴레를 벋어나 자신을 개척한 '시대요시'의 생애를 알고 희망을 얻었다. 그를 주인공으로 하는 연극, 영화, 드라마 등이 무수히 제작되어 일본인들의 가슴속에 살아있다. 그는 십오 세기 후반부터 십육 세기 후반까지 백년간 계속된 전난을 종식시키고 일본을 통일시킨 영웅이다. 주군 '노부나가'의 통일사업을 이어받아 '오사카성'을 중심으로 팔년간 전투끝에 통일을 달성했다. 오사카성은 1583년에 축성공사를 시작했다. 그는 중국대륙을 정복할 목적으로, 우선 조선에 대군大軍을 파병해 임진왜난, 정유재란을 일으켰으나, 명군과 조선군의 연합대결로 꿈을 이루지 못하고, 1598년 사망했다. 그가 사망 시 아들 '히대요리' 는 어린 여섯 살이었다. '도요토미'의 매부인 '도꾸가와 이에야스'가 반대세력을 격파하고 실권을 장악했다. '히데요리'가 이십삼 세였던 1615년 '오사카성'은 '이에야스'의 공격을 받아

함락되었다. 그 사건으로 '도요토미' 일가는 멸망했다."

후세 일본인들은, 오사카성 내 공원에 매화나무1.250구루와 벚나무4,500구루를 심어, 화려한 휴식터를만들었다. 성城 주변에 건물 십삼 동, 공원, 박물관 등을 신축하여, 일본의 역사가 살아 숨 쉬는 현장으로 만들었다. 많은 국내외 방문자들이 인산인해를 이루고 있는 이면에는, 이런 일본인들의 끈질긴 노력이 숨어있었다.

어느덧 해가 저물고 서쪽 하늘이 붉게 물들기 시작했다. 오사카 성 관광을 마친 대농이 일행은 일본 제일의 쇼핑가 '신사이바시'와먹거리, 유흥가, 극장가로 유명한 '도톰보리' 거리를 찾아 이동했다. '신시이바시'는 예로부터 '상인의 거리' 라고 이름을 날리는 거리였다. 지금도 이곳은 일본인들에게 유행의 첨단지역으로 불리고 있다. '도톰버리' 거리는 동서로 흐르는 '도톰보리천'을 중심으로 자리 잡고 있었다. 관광객들은 '오사카' 최대의 유흥지라는 이곳에서 쇼핑은 물론, 먹거리, 긴키近畿 지역 극장가에서 자유관광을 즐겼다. 일행들은 시루 속의 콩나물처럼, 밀고 밀리는 인파 속에 쌓여 어우러졌다. 육십 대 후반의 대농이도, 인파에 쌓여 거리를 누비며 다녔다. 젊은 이들의 노랫소리와 아우성 속에서, 대농이는 중국 상해의 야경인파를 생각했다. 대농이 아내는, 일본 북해도에 있는 '하코다테' 항구의 야경인파 같다고 평가했다.

대농이 일행들은 예기치 못했던 무더위를 이기고 첫날 관광일정을 잘 소화했다.

일행들은 오사카 시가지 야경을 구경하며 호텔로 이동했다. 넓고 넓은 오사카 시가지와 황홀한 네온사인, 그리고 거리의 인파들! 대농이는 오사카가 서울보다도 더 발전한 신흥도시라는 생각을 했다. 그간 대농이 머릿속엔, 오사카는 조총련 교포들이 활개치고, 북한 공작원들의 거점도시라는 부정적인 지식만 입력되어 있었다. 그러나 오늘밤, 대농이 머릿속의 해묵은 편견들은 맑게 청소되고, 새로운 인식들이 자리 잡았다.

일행들은 초저녁에 '나카노' 호텔에서 여장을 풀었다. 이곳도 초저녁 기온이 섭씨 삼십 도였다. 관광객들은 호텔 구내에서 온천욕을 즐겼다. 어딜

가나 천연 온천수를 즐길 수 있는 일본! 일본은 천부적인 자원과 기후에, 국민들의 단결정신과 개척정신을 혼합하여, 경제 강대국을 이룩했다. 온천욕 중 대농이의 머릿속은, 일본인들의 질서의식과 절약정신, 친절하고 남에게 폐를 끼치지 않으려는 사무라이정신 등으로 가득 찼다. 대농이는 침대에 누워 오늘 하루를 결산했다. 무더위 속에서도 웃음과 즐거움으로 보낸 하루였다. 서울에서 쌓였던 장마 우울증을 단숨에 날려 보낸 하루였다.

일본여행 둘째 날이었다. 새벽에 기상했는데 하늘이 맑았다. 다행스럽다고 생각되었다. 일행들은 오늘도 뷔페식으로 아침식사를 하고 고베(神戶, Koba) 지역으로 떠났다. 한 시간 반을 '버스투어'하며 이동했다. 대농이는 일본의 산하들이 신비롭게 생각되지 않았다. 대신 정답게 여겨졌다. 일본여행을 세 번째로 하고 있기 때문인 것 같았다. 안내원의 마이크 소리가 또다시 버스 속에 가득했다.

"고베항은 미국함대 페리Ferry제독의 요청으로 개항開港,1854한 낭만의 항구다. 일본 삼대 미항美港 중 하나이고, 요코하마, 하코다테 등 여타항구들 처럼 미국과 불평등강화조약으로 개항되었다. 고베항은 일본의 컨테이너 운송실적 중 30%를 처리하는 바다교통의 요지다. 이런 고베항이 1995.1.7 강도 7.5도의 대지진을 만났었다. 육천사백 여명의 인명피해와 십이만 여호의 주택과 건물이 파괴되었다. 난민 규모는 백오십삼만 여명이었다. 아름다운 항구의 해안선도 붕괴되어 초토화되었다. 일본정부는 예기치 못했던 대지진에 놀랐다. 전 세계인들도 놀랬었다. 그러나 세계에서 두 번 째 경제 강국임을 자랑하는 일본정부는, 이년 만에 피해복구사업을 완료했다. 고베는 더 아름답고 현대적인 도시로, 경쟁력 강한 항구로 다시 태어났다. 세계인들은 또 한 번 놀랬다."

일행을 태운 관광버스는 열시에 고베 시청청사에 도착했다. 청사에 최고층에 있는 전망대를 돌며, 사방으로 굽어보이는 시가지를 구경했다. 깨끗한 환경과 즐비한 고층건물이 많아, 대지진이 휩쓸고 간 지역같이 생각되지 않았다. 일행들은 새롭게 단장된 고베항구로 이동했다. 깨끗한 쪽빛 바닷물 위에 아열대지방의 태양이 작열하고 있었다. 관광객들은 고베지진메모리얼

파크, 롯코아일랜드 거리, 차이나타운 등지를 구경했다. 일본은 고베항 부두에, 대지진 당시 붕괴된 현장을 원형 그대로 보존하여, 당시의 참상慘狀을 생생하게 느낄 수 있도록 복구했다.

그 뿐 아니라, 쓰레기소각장을 궁전모양으로 신축해 관광객들의 시선을 끌었다. 상점들도 가게 앞 도로변에 책상모형의 가판대를 설치하고 상품을 판매하고 있었다. 행인들이 손쉽게 상품을 살 수 있는 여건을 마련한 것이었다. 대농이 일행들은 해변가를 도보로 이동하며 모사익Mosaic광장, 상가, 식당가, 놀이시설, 공원, 대형호텔가 등지를 관광했다. 일행들은 한국교포가 운영하는 식당에서 한식으로 점심식사를 했다. 펜팔여행사 안내원이 자유시간도 주어, 일행들은 바닷가에서 청정한 공기와 아열대 햇볕을 실컷 마셨다. 관광객들은 도보로 주차장으로 이동했다. 일행들의 화두는, 대지진 피해를 이년 만에 복구한 일본의 능력이었다. 비극과 파괴를, 새롭고 경쟁력 있는 도시로 역전시킨 지혜였다. 개중에는, 일본의 이런 능력이 제이차세계대전을 야기하게 만들었다고 비평하는 사람도 있었다.

관광버스는 남은 일정을 소화하기 위해 아리마(有馬, Arima) 지역으로 떠났다.일행들이 온천욕을 즐기려고 이동한 것이다. '아리마온천'은 천이백년의 역사를 자랑하는 일본 삼대 온천 중 하나였다. 금탕金湯과 은탕銀湯이 있어, 각자가 희망하는 온천욕을 했다. 금탕은 염분과 철분이 섞인 황갈색 물이고, 은탕은 탄산염을 함유하고 있는 흰색 물이었다. 대농이 일행들은 대부분 금탕욕을 했다. 욕탕 속은 만원이었다. 여러 나라 관광객들이 어우러진 인종전시장 같기도 했다. 대농이도 황갈색 금탕 온천욕을 처음 해봤다. 욕탕의 뜨거운 온도와 수증기 때문인지, 온천욕을 장시간 즐기는 손님들은 없었다. 십 분이면 피부병이 고쳐진다는 선전 때문인지도 모른다.

아리마 온천마을은 활화산活火山 부근에 에 있었다. 사천이백 여년의 역사를 자랑하는 마을 이었으며, 목욕탕은 겨우 남탕과 여탕이 구분되어 있는 작은 규모였다.

탈의실이나 사물함도 낡고 허술했다. 그래도 절도사건이나 분실사건이 없다고 안내원은 말했다. 작은 규모의 온천욕탕이 많이 모여 있고, 민박집, 기념품 가게, 전통과자가게 등이 모여 있는 산골마을이었다. 행인들 중엔 장기 투숙하는 외국인들도 눈에 띄었다. 많은 관광객들이 일본 전통과자를 샀다. 깨끗하고 완벽한 포장술이 눈길을 끌었다.

일본의 자판기문화는 이곳 산골마을에서도 여전했다. 일본은 모든 것을 자판기로 처리하는 나라 같았다. 맥주, 라면, 과자, 목공예품, 음료수, 책은 물론이고 도시락도 자판기에서 나온다. 온천욕 후 뜨거워진 몸을 식히기 위해, 자판기에서 '아이스크림'을 빼 먹는 관광객들이 많았다. 산골마을의 기온도 오사카 시가지의 아열대지방과 마찬가지였다. 호텔로 귀환하는 길은 지루하지 않았다. 어제 밤 구경했던 '도톰보리' 번화가에 들러 저녁식사를 했기 때문이었다. 온천욕을 즐긴 일행들이 버스에서 낮잠을 즐긴 것도 이유 중 하나였다. 대농이 부부도 회덮밥으로 저녁식사를 했다. 번화가의 인파가 어제저녁 보다 더 많았다. 안내원은 오사카 시내에 위치한 호텔로 귀환하며, 노벨상을 수상한 일본인이 십육 명이라고 소개했다. 대농이 일행들은 '나카노' 호텔에서 이틀째 묵었다.

일본여행 마지막 날이 밝았다. 새벽 여섯시에 기상하여 호텔에서 식사를 하고 여덟시에 '교토'京都, Kyoto로 '버스투어'를 시작했다. 안내원은 일행들을 면세점으로 안내했다. 관광객들에게 쇼핑기회를 준 것이다. 부엌에서 사용하는 '도마' 같은 일용품을 구매하는 여성들이 많았다. 버스가 출발하자 또 안내원의 방송이 시작되었다.

"교토의 면적은 611㎢이고, 인구는 백사십육만 여명이다. 교토는 일본 칠대도시의 한 곳이며, 서기 794년부터 천칠십사 년 간 일본의 수도였다. '메이지' 천황天皇이 동경東京으로 천도한 것이다. 이런 여건으로 '교토'는 문화재가 많고, 사찰寺刹도 많다.1,650 고대문화의 중심도시고, 도시 전체가 세계문화유산으로 '유네스코'에 등재되었다. 오래전에 도시 전체가 개발제한 지역으로 지정되어, 현대식 고층건물들이 별로 없다. 전통공예가 발달되었으며, 주민들은 공업, 비단 짜기, 염색업 등 분야에 많이 종사하고 있다. 불교문화의 뿌리도 깊은 도시이며, 주민들은 채식위주의 식사를 한다. 일본 궁중요리의 전통도 이곳에서 이어지고 있다. 이런 도시 특성 때문에, 태평양전쟁 때도 연합군은 '교토'를 폭격하지 않았다. 프랑스의 수도 '파리'와 마찬가지다."

대농이가 보기에도 교토 시가지는 천년 넘는 고도古都답게 시골 냄새가 짓게 풍겼다. 고층빌딩이 거의 없고, 무성한 가로수와 육중한 정원수들이 옛날을 이야기 하고 있었다. 오래된 차도와 주택가 도로는 교토의 주름진 얼굴을 대변하고 있었다. 대농이 일행들은 교토 시내 식당에서 불고기로 점심식사를 했다. 대농이는 감격스러웠다. 수십 년간 그토록 가슴속에 깊이 간직하고 있던, 일본 교토 땅을 밟아보고, 식사와 관광까지 하고 있기 때문이었다.

식사가 끝나고 오후한 시, 펜팔여행사 안내원은 눈짓으로 대농이를 불렀다. 대농이와 안내원은 식당 내 화장실 쪽으로 갔다. 안내원은 낮은 목소리로 대농이에게 알렸다.

"오늘 저녁 여섯시에 '나카노' 호텔에서 만난다. 양쪽 부부가 상봉하는 것이니, 사모님에게 의사를 타진해 결과를 알려 달라."

고 당부했다. 대농이는 놀랬다. 전신이 어지럽고 힘이 쭉 빠졌다.

"어떻게 해야 하나! 빨리 안정을 되찾고, 의젓해 저야 하는데."

대농이는 크게 기지개를 키며 관광버스에 올랐다.

대농이는 지금 '미찌꼬'와 생이별 후 사십 사년 만에, 미찌꼬가 출생하고 성장한 일본 교토시 한복판에서 식사를 하고 있는 것이었다. 아침부터 안정을 찾을 수 없었던 대농이의 가슴 속은 벅찬 감회로 가득했다. 대농이는 식사를 했는지, 소화가 되었는지도 감지할 수 없는, 둔탁한 감각 속에 말없이 일행들을 따라다녔다. 그래도 대농이는 자신의 감회를 표출하지 않았다. 관광단체의 일원으로 함께 움직이며 정해진 일정을 소화했다. 오직 가슴 속 깊이 감추어져 있는 한마디

"미찌꼬도 가끔 내 생각을 하겠지. 나보다 두 살 적은 친구였는데."

라는 생각만 거듭했다.

대농이가 넋을 잃고 있는 동안, 일행들을 안내하는 버스가 청수사清水寺에 도착했다. 청수사의 본당은 백삼십구 개의 기둥과 바위 절벽 위에 세워

진 절이었다. 청수사의 연간 참배객은 삼백만 명이 넘었다. 유명한 고찰이었다. 많은 외국 참배객들이 부처님께 삼배三拜하며 소원성취를 축원하고 있었다. 불교 신도인 대농이 부부도 세 번 오체투지五體投地를 하며 소원성취를 빌었다. 대농이는 '미찌꼬'의 건강과 무병장수無病長壽도 빌었다. 대농이는 대웅전 앞뜰에서 멀리 굽어보이는 교토 시가지를 둘러봤다. 머릿속에 들어있는 '미찌꼬'의 주소를 읊조리며 사방을 둘러봤다. 그러나 뿌연 안개로 쌓인 교토 외곽 끝자락만 눈에 들어왔다. 대농이는 '미찌꼬'의 집이, 시내 중심가라는 사실을 너무 잘 알고 있었다.

청수사 관광 중 대농이는 아내에게 '미찌꼬' 상면계획을 이야기 했다. 금일 저녁 여섯시 '나카노' 호텔에서 양쪽 부부들이 상봉할 예정이라고 말했다. 아내도 대농이의 계획에 동의했다. 대농이는 아내의 동의同意를 펜팔여행사 안내원에게 전화했다.

관광을 마친 일행은 주차장까지 도보로 하산했다. '미찌꼬'의 동네도 점점 시야에서 사라졌다. 도로변에는 기념품가게들이 양쪽으로 줄지어 있었다. 민박집들도 많이 보이고 외국인들로 붐볐다. 일행들은 '교토' 시내 중심지에 있는 '기온거리', 전통가옥마을로 이동했다. 기온거리는, 천년고도인 '교토' 시내에서도 수백 년 전 전통가옥들이, 고색 찬란하게 잘 보존되어 있는 구역이었다. 대농이의 머리가 잊어버렸던 '미찌꼬'의 주소를 다시 찾아냈다. 대농이는 일행들과 삼백 미터 정도의 기온거리를 왕래하면서 집집마다 문패를 살폈다. 그러나 대농이의 꿈은, 인본 주민들이 대문大門에 내 걸고 홍보하는 휘황찬란한 등불에 파묻히고 말았다. 일본 주민들은 일본차, 공예품, 비단의류, 궁중요리, 전통가구 등을 홍보하고 있었다. 이곳 주민들은 외국인들이 숙박하며 관광하는 '프로그램'도 운영하고 있었다. 용의주도用意周到한 관광 아이디어였다.

대농이 일행들은 흘러내리는 땀을 수건으로 닦으며, 십분 거리에 있는 '헤이안신궁'平安神宮으로 이동했다. '헤이안신궁'은 교토시가 일본의 수도로 된지 백년을 기념하기 위해 서기 1895년에 건축한 신궁이다. 신궁에는 일본 제 오십 대 천황 환무桓武737-781의 신위와, 제 백이십일 대 천황 효명

孝明1831-1847의 신위를 모셨다. 두 명의 천황을 모신 '헤이안신궁' 창건일에는, 각계각층 주민들이 참배하여 성황을 이루고,헌금도 답지하고 있었다. 천황의 신궁답게 넓은 대지 위에 세워진 부속건물들도 화려했다. 거대한 본당과 도리는 붉은색과 누런 금색으로 장식되었고, 정원에는 벚꽃과 창포(붓꽃)를 많이 심어 봄에는 꽃대궐 같은 경치가 꾸며진다. 본당에서 근무하는 여성들의 흰색제복과 정성스런 행동이, 엄숙한 분우기를 자아내 방문자도 엄숙해졌다. 대농이 일행들은 일본인들의 신앙인 신궁신사 문화의 진수를 확인할 수 있었다.

대농이 일행들은 신궁 관광을 끝으로 삼일 간 계획된 모든 일정을 끝냈다. 안내원은 지체 없이 일행들을 오사카 간사이국제공항으로 안내했다. 대농이 일행은 공항 내 항공사에서 출국수속을 밟았다. 곳이어 출국대합실로 가기 위한 보안검색을 받고, 사열대에서 여권검사를 받았다. 그러나 대농이 부부는 출국장 입구에서 일행과 헤어졌다.

펜팔여행사 안내원은 대농이 부부를 '나카노' 호텔로 안내했다. 대농이 심장은 뛰기 시작했다. 안정을 취하려고 하품도 해보고, 한숨도 쉬어보았지만 모든 게 허사였다. 사십팔 년의 기다림이 끝나는 종점은 낭떠러지 같았다. 그때 대농이 머릿속에, 미찌꼬는 침착하고 근엄한 얼굴로 자신을 기다리고 있을 것이라는 생각이 찾아왔다. 대농이는 넓은 버스에서 용감하게 일어서, 기지개를 지치고, 허리운동을 했다. 그리고 한반도의 허리인 전방지대와 북한군을 생각했다. 전신에 소름이 끼쳐지며 마음이 안정되었다. 대농이는 다시 적군 앞에서 팔십 여명의 병사들을 지휘하던 모습으로 돌아왔다.

대농이 부부와 펜팔여행사 안내원만 태운 관광버스는 십오 분 후 호텔에 도착했다. 여행사 안내원은 대농이 부부를 삼층 회의실로 안내했다. 안내원이 회의실 출입문을 열었다. 사십팔 년간 막혔던 검은 색 장벽이 말없이 허물어져 내렸다. 밝은 조명 아래서 '미찌꼬 부부'가 손을 저으며 대농이 부부를 환영하고 있었다. 미찌꼬 부부 주변에는 호텔 관계자, 신문기자, 텔레비전 방송 기자 등 여덟 명이 카메라 '라이트'를 쏘고 있었다.

대농이 부부와 미찌꼬 부부는 '테이블'을 마주하고 첫 상면相面을 했다. 미찌꼬가 대농이에에 악수를 청했고, 대농이 아내가 미찌꼬 남편에게 악수를 청했다. 두 쌍의 악수는 거의 동시에 이루어졌다. 이어 대농이가 씩씩하고 똑떨어지는 어투로 말했다. 영어로 말했다.

"너무 오랜만의 상면입니다. 그리고 미안하게 생각합니다."

미찌꼬도 일본여자 특유의 자세를 취하며 웃으며 말했다. 역시 영어로 말했다.

"소대장님의 씩씩하신 기상 여전하십니다. 이제라도 얼굴을 볼 수 있게 해주셔서 고맙습니다."

미찌꼬는 계속해 남편을 대농이 부부에게 소개했다.

"제 남편 '다나카' 상입니다. 초등학교 선생님으로 퇴직하셨습니다."

다나카 상은 대농이 부부에게 머리를 숙이며 인사하고 말했다.

"반갑습니다. 앞으로도 자주 뵈웠으면 좋겠습니다."

미찌꼬는 남편의 인사말을 영어로 통역하며 대농이를 쳐다봤다. 대농이도 미찌꼬 말을 한국어로 번역해 아내에게 전달했다. 이어 대농이는 미찌고 부부에게 아내를 소개했다.

"제 아내 정공도입니다. 초등학교 교장선생님을 역임 했습니다."

대농이의 영어 소개 내용을 미찌꼬가 일본말로 남편에게 통역했다.

양쪽가족 네 명의 소개가 조용한 가운데 끝났다. 대농이가 미찌꼬에게 질문하며 대화를 이었다.

"What was Your Occupation during Past Day?"

과거 직업이 무엇이었어요?

미찌꼬는 자랑스런 표정으로 웃으며 대답했다

"I was goverment officer during Thirty Four years."

삼십사 년간 공무원 했습니다

'미찌꼬'의 말이 끝나자 양쪽 부부는 잠시 머뭇거리다 웃음바다에 빠졌다. 미찌꼬의 웃음이 제일 먼저 터졌다. 미찌꼬와 대농이의 직업이 동일했고, 다나카 상과 정공도 여사의 직업이 같았기 때문이었다. 취재기자와, 안내원,

호텔관계자들도 함께 웃음 속에 빠졌다. 대농이와 미찌꼬, 다나카 상과 정 여사는, 다시 한 번 손을 잡고 악수를 했다.

상봉하는 네 명은 대농이의 손짓 신호에 따라 의자에 앉아 상면을 계속 했다. 대농이는 미찌꼬에게 사십팔 년 전1962년에 받았던 미찌꼬 사진 세 장을 건네주었다. 박대농이가 틀림없다는 사실을 확인시켜주려는 의도였다. 미찌꼬는 크게 놀라며 자신의 사진을 자세히 보고,

"너무 어렸을 때 사진이다, 최근의 모습이 담긴 사진을 드리겠습니다."

하며 대농이에게 사진한 장을 주었다. 미찌꼬는 자연스럽게 대농이가 갖고 있는 자신의 사진을 바꾼 것이었다. 대농이는 놀라운 미찌꼬의 재치에 감탄했다. 대농이는 계속 미찌꼬에게 말했다.

"사진에 때가 묻은 건, 모두 제 손 때문입니다."

'미찌꼬'는 계속 굽신거리며,

"Thank You. 고맙습니다."

를 연발했다. 이어 대농이 아내가 미찌꼬 남편 다나카 상에게, 한국산 홍삼정 두병을 선물했다. 대농이는 영어로 홍삼정을 설명해 주었다. 다나카 상은 의자에서 일어서 공손히 받고, 고맙다는 일본말로 인사했다.

"아리가도 고자이마스다."(감사합니다.)

를 연발했다. 기회와 눈치를 보고 있던 미찌꼬도, 대농이가 사십사 년 전 1966년에 주었던 육군 장교정복 차림의 사진을 보여주었다. 그리고 말을 이어갔다.

"저는 박대농 소대장님이, 북한군들과의 전투에서 꼭 승리하시고, 안녕하시기를 많이 빌었어요."

말을 마친 미찌꼬의 예쁜 눈가에 물기가 돌았다. 표정도 슬프게 변했다. 대농이가 대답했다

"I understand what you think. I thought you prayed for me to win everyfighting"

나는 당신의 마음을 알고 있어요. 당신은 내가 모든 전투에서 승리하기를 빌었어요.

미찌꼬가 대농이에게 대답하고 질문도 했다.

“Thank You, How many people in your family?”

감사합니다. 가족은 몇 명이신가요?

대농이는 명랑한 어투로 대답했다.

“My family? Oh, just moment please. Two men and five women. Two men are me and my son. And five women are my wife, my daughter, and a daughter-in-law, twin daughters. My family are all seven.”

우리 가족 말이십니까? 네, 잠시 만요. 남자 둘 그리고 여자가 다섯 명입이다. 남자는 저와 아들이고, 여자 다섯 명은 아내, 딸 그리고 며느리, 쌍둥이 손녀들입니다.

대농이의 말이 끝나기 무섭게 ‘미찌꼬’가 놀라며 확인질문을 했다.

“One moment please! Did you say your son gave berth to twin daughters?”

잠깐만 이요. 지금 아드님께서 쌍둥이를 낳았다고 말씀하셨나요?

대농이도 맑게 웃으며 대답했다.

“Right! three months ago, I got twin grand daughters. They are very little pretty.”

맞아요! 세달 전에 나는 쌍둥이 손녀를 봤어요. 쌍둥이들은 매우 앙증스럽게 생겼어요.

‘미찌꼬’도 맑은 어투로 웃으며 말했다.

“Congratulation to your twin grand daughters.”

당신의 쌍둥이 손녀들을 축하합니다.

대농이와 ‘미찌고’의 대화를 조용히 듣고만 있던 ‘다나카’ 상이 대농이 아내에게 준비한 선물을 전달했다. 일본제품인 ‘세이코’ 시계였다. 남자용시계와 여자용 시계 한 벌이었다. 대농이 아내도 일어나 공손히 선물을 받고 “Thank You!” 라고 영어로 대답했다. 네 사람의 주변을 맴돌던 사람들도 모두 박수를 보내며 축하해주었다.

네 사람의 상면은 계속되었다. 대농이는 호텔 측이 준비한 생수와 음료수를 권했다. 대농이가 미찌꼬에게 먼저 생수 한 컵을 따라주었다. 다나카 상도 정 여사에게 사이다 한 컵을 따라주었다. 일행이 음료수를 즐기는 틈을 타, 대농이가 덕담을 시작했다.

"미찌꼬 양은 제가 한국 전방에서 북한군과 전투할 때, 편지로 많은 용기를 주었고, 그 힘으로 저는 계속 승리할 수 있었다. 뿐만 아니라 미찌꼬는 한국의 젊은 병사들이 한국전방과 베트남 전선에서 공산주의자들에게 생명을 빼앗기고 있다는 사실을 많은 일본인들에게 알렸다. 늦었지만 오늘 대농이는 한국정부를 대신하여 공식적으로 미찌꼬 부부에게 감사의 뜻을 전달하는 바입니다."

취재진을 비롯한 많은 관계자들의 박수가 쏟아졌다. 취재진들의 발걸음이 더욱 빨라졌다.

공무원 출신의 미찌꼬가 대농이의 말을 이어 발언을 했다.

"사십팔 년 전! 제가 한국 학생들과 펜팔을 하려고, 한국신문에 부탁을 했습니다. 당시 백열 명의 한국 학생들이 편지를 보내왔었습니다. 담임선생님개서는 모든 편지를 밤새워 읽으신 후, 다음날 박대농씨를 미찌꼬의 파트너로 정해주셨습니다. 대농씨의 편지 내용이 기장 훌륭했다는 평가도 해 주셨습니다. 그 후 우리 두 사람의 편지는 현해탄을 넘나들며 깊은 우정을 쌓아갔습니다. 그러나 다음해부터 한국학생들은, 한일협정이 진행되는 과정에서 일본을 규탄하는 데모를, 대규모로 삼년간 계속했습니다. 그러나 내 친구 대농씨는, 한국대학생들의 일본 규탄시위에 동참하지 않았습니다. 신분도 육군장교 임용후보자였습니다. 대농씨는 저에게 한국 전방에서 전투사격을 하는 사진도 보내주셨습니다. 지금 생각하면, 미찌꼬와 대농씨의 펜팔활동은 북한군들의 침략행위 때문에 중단된 것이었습니다. 이제 사십팔 년 만에 저의 한국친구를 만나보니 정말 꿈만 같습니다. 대농씨가 우정을 찾아 일본 땅을 헤맸던 불굴의 의지는, 사나이로서의 강한의지와 전투정신 그 자체였습니다. 내 친구 대농씨가 자랑스럽습니다."

미찌꼬의 아름다운 목소리가 웅변되어 회의실을 울릴 때, 모든 사람들은 숨을 죽였었고, 우뢰 같은 박수로 화답했다.

펜팔여행사 안내원은 미찌꼬의 답변을 끝으로, 공식적인 상면을 종료한다고 선언했다. 안내원은 참석자들에게, 양쪽 부부 네 명이 '나카노' 호텔에서 숙식하고, 내일 헤어질 것이라고 공지했다.

두 부부 네 명은 호텔 일층 식당으로 이동했다. 일행은 조용한 식탁에서 뷔페식으로 식사했다. 좌석은 삼층에서 상면할 때와 동일하게 앉았다. 네 사람의 표정은 모두 밝았으며, 웃음소리도 간간히 흘렀다. 네 명 모두, 음식을 많이 먹지 않고, 이야기에 정신을 쏟았다. 미찌꼬는 생각보다 젊어 보였다. 하얀 피부와 뚜렷한 이목구비耳目口鼻가 돋보였으며, 말솜씨도 능숙했다. 행동거지도 주저함이 없었다. 대농이가 사십팔 년 전 사진으로 보았던 '원피스' 차림의 여고생이 아니었다. 토끼를 두 손으로 잡고 자택 대문 밖 차도에 앉아있던 그 모습도 아니었다. 대농이는 확인했다.

"미찌고가 오늘 보여 준 외향적인 성격이, 한국신문에 펜팔 기사를 싣게 만든 것이었다."

고 단정했다. 한편 미찌꼬의 남편인 다나카상은 외모보다 침착한 성격아라고 판단했다. 대농이는 자신의 역학易學실력으로 다나카상을 세밀히 뜯어봤다. 그 결과도 다나카 상은, 언행이 느리고 피부도 깨끗하지 않았다. 몸도 뚱뚱한 편이었다. 대농이는 다나카상의 그런 성격이 초등학교 선생님이라는 직업을 선택하게 만들었다고 판단했다. 미찌꼬 부부에 대한 대농이의 종합적인 판단은, 양陽과 음陰이 만난 천생연분天生緣分이라고 평가했다. 때문에 미찌꼬 부부는 평생 행복할 것이라는 판단도 했다. 대농이는 '미찌꼬' 부부가 자신自身들과 동일한 부분이 많아, 양쪽 부부 모두는 쉽게 화합하고, 협력할 수 있을 것이라고 판단했다. 때문에 대농이는, 양쪽 부부가 함께 이해하고 도와주며, 함께 인생의 길을 걸어갈 수 있을 것이라고 결론지었다.

대농이는 동항철학에 나오는 이치理致 한마디를 이야기했다.

"상上과 하下는 동同이요, 좌左와 우右는 합合이다."

는 말이었다.

'상上과 하下는', 먼 것 같지만, 결국은 동일한 것이라는 의미다, 국민은 대통령을 아주 높은 사람이라고 생각하는 한편, 대통령은 국민을 자장 높은 사람들이라고 생각한다는 이치다.

'좌左와 우右는 합合이라는 말' 도 마찬가지다. 왼쪽 손바닥과 오른쪽 손바닥이 서로 반대, 즉 대칭하여 있는 것 같지만, 서로 합치면 동그라미가 되고, 함께 힘을 합쳐 일을 하니, 모두 하나라는 것이다. 여당이나 야당은 모두 국가와 국민을 위하여 존재하는 것이니, 서로 남이 아니고, 함께 존재存在하는 것이라는 이치理致었다.

양쪽 부부 네 명의 저녁식사가 끝났다. '다나카' 상이 제의했다.

"커피숍으로 자리를 옮겨 이야기를 계속하자."

고 일본말로 했다. 펜팔여행사 안내원도 함께 이동했다. 대농이는, 자신이 동양철학과 역술의 논리에 따라 분석했던, 두 부부 네 명에 대한 판단과 전망에 대한 내용을 밝혔다. 미찌꼬에게 이야기 하여, 남편에게 전달하도록 했다. 그 내용을 여행사 안내원도 열심히 메모했다. 펜팔여행사 안내원은 귀국 후 회사 상관이나 언론에 이야기하려는 모습이었다. '다나카' 상이 네 사람의 대화가 중단되지 않도록 새로운 제의를 했다.

"내일 대농이 부부가 귀국할 항공권은 우리 부부가 마련할 예정이다. 그리고 적당한 시기에 우리 부부가 한국을 방문하고 싶다."

대농이 부부는 다나카 상의 제의를 반기며 동의했다. 무르익은 분위기에 젖은 두 부부는 시간 가는 줄 몰랐다. 결코 쉽지만 않았던 인생행로를 뚜벅뚜벅 걸어 온 네 사람이었다. 가족 같은 분위기는, 미찌꼬 부부도 대농이부부가 숙박하는 호텔에서 함께 묵도록 만들었다. 내일 아침식사도 네 사람이 함께하고, 미찌꼬 부부도 '간사이국제공항'에 동행하여 대농이 부부를 환송키로 했다.

두 부부는 밤 열시에 각각 침실로 갔다. 양쪽 가족 '파트너'들이 악수하며 "Good Knight! See you Again Tomorow." 안녕히 주무세요. 내일 또 만납시다.

대농이는 미찌꼬에게,"Have a good Knight!" 안녕히 주무세요.

라고 인사했고, 미찌꼬는 대농이에게, " Have a nice dream." 좋은 꿈꾸

세요.

라는 인사를 했다.

대농이 부부는 목욕을 간단히 한 후 잠자리에 들었다. 대농이 부부는 아침부터 일본여행 마지막 일정을 소화하고, 미찌꼬 만나는 일에 매달려 있었다. 피곤기가 있었지만 생전 처음 경험한 일이었기 때문에 기진하지는 않았다. 호텔 밖으로 펼쳐진 오사카의 야경이 아름다웠다. 대농이는 창가에 앉아 오늘을 회고하고 결산 했다. 문인文人들이 하루를 결산하는 버릇이었다. 미찌꼬를 찾고 사십팔 년 만에 상봉한 게, 정말 생시인지를 또 확인했다. 오늘의 결과가 과연 미찌꼬 말처럼, 대농이 자신의 강인한 의지와 전투정신 때문이었는지도 되새겨보았다. 오사카 밤거리는 네온사인과 함께 깊어갔다. 대농이도 침대에 누웠다. 그러나 잠은 오지 않았다. 농촌에서 태어나 오늘에 이르기까지 힘들었던 일들이 필름 되어 스쳐갔다. 대농이 머릿속에 옛시조 한 수가 떠올랐다. 조선朝鮮 사대부가士大夫家 출신 명기名妓 황진이의 시조였다. 대농이는 조용히 읊었다

동짓달 기니긴 밤을 한 허리를 베어내어
춘풍 이불아래 서리서리 넣었다가
어른님 오신날 밤이어던 굽이굽이 펴리라

대농이 부부의 출국날은 소리 없이 밝았다. 대농이가 사십팔 년 만에 일본 여자친구를 만난다는 사실도 모르고, 소리 없이 밝았다. 아침식사 약속이 여덟시였는데 대농이 부부는 여섯시에 기상했다. 날씨는 맑았다. 대농이는 이렇게 기분이 좋은데 날씨가 맑지 않을 수 없겠다고 생각을 했다. 대농이 아내도 아침부터 몸치장에 바빴다. 대농이 아내는 화장대에 매달려

"이번 여행은 두 사람의 일본 친구를 얻는 행운을 잡았다."

고 즐거워했다. 대농이는 아내가 고마웠다. 대농이는

"아내가 자신과 평생 맞벌이 하며, 자식들을 뒷바라지 했고, 가정생활도 풍성하게 장식했다." 고 생각했다.

대농이의 시계바늘은 어제 오후부터 빨리 달렸다. 점심식사 후 펜팔여행사 안내원이, 미찌꼬를 오늘 만날 것이라고 밝힌 후부터, 대농이는 시간 가는 게 아까웠다. 대농이는 오늘 아침에도 시간을 아끼다, 십분 전에 호텔 일층 식당으로 출발했다. 미찌꼬 부부가 먼저 와, 호텔 로비에서 대농이 부부를 맞이했다. 대농이가 먼저 아침인사를 했다.

"Good morning Mr and Mrs Danaka !"

미찌꼬 부부도 답례했다. 다나카 상이 대농이에게 일본말로 했다. "곤니찌와, 박상!"(박 선생님, 좋은 아침입니다.) 대농이도 "곤니찌와 다나카 상" 하고 일본말로 받았다. 두 부부 일행은 조용하게 웃었다. 두 부부 네 명은 어제 저녁식사를 했던 식탁에 앉았다. 오가는 손님이 별로 없는 조용한 위치였다.

아침식사를 마친 일행 네 명은, 호텔 구내 커피숍으로 옮겨 많은 이야기를 나누었다. 미찌꼬 부부는 오래 전부터 일본 동경東京에서 살고 있었다. 대농이가 직장을 구할 때, '미찌꼬'도 공무원채용고시에 응시 했고, 미찌꼬가 결혼한 날짜도 대농이의 결혼날과 많은 차이가 없었다. 두 사람의 이별은 숙명적이었다. 미찌꼬는 결혼을 계기로 남편의 집이 있는 동경에서 살기 시작했다. 몇 달 후, 미찌꼬 가족들도 거주지를 동경으로 옮겼다. 대농이 동생과 누님이 무작정 상경했던 시기와 비슷한 시점이었다. 미찌꼬 부부는 슬하膝下에 일남 일여를 두었고, 모두 결혼하고 직장생활을 하고 있었다. 맞벌이 때문이었는지, 미찌꼬 부부는 경제력도 풍부하고, 성공적인 인생행로를 걸어가고 있었다. 대농이는 자신도 열심히 인생행로를 개척해 왔지만, '미찌꼬' 부부 만큼 성공하지는 못했다는 생각을 했다.

일행들의 대화는 한국과 일본의 노인문제로 옮겨졌다. 대농이가 질문을 많이 하고, 미찌꼬 부부가 대답하는 시간이 많았다. 대농이는 미찌꼬 부부를 통해 일본의 노인정책과 복지시책을 공부했다. 반면, 미찌꼬와 다나카 상의 질문은 북한정부의 동향과 한국의 발전에 관한 것들이었다. 다나카 상은 한류寒流가 일본사회에 확산되어 있는 실정도 상세히 설명했다. 미찌꼬는, 일본경제가 지난 잃어버린 십년간 침체되었는데, 아직도 회복하지 못하고 있는 점을 아쉬워했다. 반면에 한국은 인터넷IT 강국과 경제강국으로 부상했으며, G20정상회의 의장국으로 국격國格도 높아졌다고 칭찬했다.

두 가정의 부부들이 두터운 우위友誼를 굳히는 동안에도, 미찌꼬와 대농이는 시간 가는 게 아쉬웠다. 대농이는 자신의 최근 모습이 담긴 사진을 '미찌꼬'에 주었다.

사진을 받는 '미찌꼬'의 손에선 잔잔한 파도가 일었고, 눈가에선 맑은 물기가 형광등빛을 반사하고 있었다. 대농이는 '미찌꼬'에게 인사말을 했다.

"Good bye. See you again after six months, in Korea!"

안녕히 계십시오, 육개 월 후 한국에서 만납시다. '미찌꼬'가 대답했다.

"Good bye. Lieutenant Park. See you again."

안녕히 계십시오, 박 중위님. 또 만나요.

'미찌꼬'의 대답은 간단했다.

네사람은 뜨거운 악수를 하고 '간사이국제공항'으로 향했다. '미찌꼬'의 제의로 두 부부는 보도步道를 거닐며, 못다 한 이야기를 나누었다. '미찌꼬'는 온몸에 힘이 없어 보였다. '미찌꼬'는 택시를 탈 때까지, 대농이를 외면하며 걸었다. '미찌꼬'는 대농이와 눈과 눈이 마주치지 안 토록, 조심하며 발길을 옮겼다. '미찌꼬'는 간혹 먼 산을 쳐다보며 한숨도 쉬고, 허리를 굽히며 오른쪽 손바닥으로 입을 가리기도 했다.

삼일 전에 보았던 '간사이국제공항' 은 반가웠다. 대농이는 보안검색을 끝내고, 출국장으로들어가기 직전, '미찌꼬' 부부를 향해 오른 손가락으로 V자를 만들어 승리표시를 했다.

출국장 입구에 서있는 '미찌꼬' 부부는, 열심히 손을 저으며 대농이 부부를 환송했다. 대농이 부부도 손을 흔들며 답례했다. 끝.

제 2부 : 수필 부문

일본은 강대국

쌍둥이 손녀

비율빈

노동골 절규

쌍둥이 양육

극락정토

아름다운 전화소리

<기행문>

일본은 강대국

박대농 부부는 일본여행을 위해 새벽에 기상했다. 열대야는 어제 밤에도 훅훅찌는 기온을 동반하고 계속되었다. 대농이 부부의 일본 여행은 이번이 처음이었다. 두 사람은 아파트 근처에서 택시를 타고 출발했다. 서울대 부근에서 인천국제공항 행 '리무진버스'Limosine로 옮겨 탔다. 버스는 영등포, 김포공항, 공항고속도로를 거쳐, 순식간에 인천국제공항에 도착했다. 대농이 부부는 공항청사에서 여행사 안내원에게 항공기 탑승권을 받았다. 보안검색, 여권검사 등 탑승수속을 마치고 보세구역CIQ으로 들어가 면세점을 둘러봤다. 네 달 전에 비율빈 여행을 했던 대농이 부부는, 여유 있게 시간을 즐겼다. 그리고 한국 국적기에 탑승했다. 마침 창가좌석에 부부가 나란히 앉아, 즐거운 여행의 문을 열었다.

항공기는 이륙 한시간 후, 점심식사를 제공했다. 기내식은 불고기와 밥, 고추장, 모밀국수, 빵, 맥주, 전, 새우튀김 등 갖가지였다. 기체機體는 이륙한지 두 시간도 못되어 일본 동북부 지방 중심지인 '센다이국제공항'에 착륙했다. 엷게 하늘을 가린 구름에서 비를 뿌리고 있었다. 입국수속이 시작되었다. 지방공항답게 비좁은 입국장에, 외국인 전용 사열대도 있었다. 줄지어 대기하는 승객들은, 영상화면을 통해 안내사항과 주의사항을 시청할 수 있었다. 사열관은 여권사열 때 지문채취와 얼굴촬영을 함께했다. 미국공항과 비슷한 입국사열이었다. 일본 주부직원 두 명이, 승객들의 입국신고서 휴대 여부를 확인하며 다녔다. 입국장에는 한국어 안내방송도 나와, 일행은 불편을 해결할 수 있었다.

대농이 일행은 '여행사안내원'과 관광버스에 올랐다. 동경東京을 향해 다섯 시간을 달리는 '버스투어'가 시작된 것이다. 인공섬 '오다바이'로 가는 길이었다. 차창 밖으로 일본의 농촌풍경이 계속 보였다. 안내원의 방송 소리가 버스 안에 가득했다.

"'오다바이'는 인공섬으로 동경지역의 유명한 관광지다. 일본 상인들은 밤 아홉시가 되면 점포 문을 닫는다. 오늘 저녁엔 '스미다강' 가에 있는 호텔에서 투숙한다. 아름다운 야경을 볼 수 있을 것이다. 일본인들은 생수 보다 차茶를 즐겨 마신다. 차마車馬는 우측으로 통행하는 제도여서, 우리나라 거리질서와는 반대라는 분위기를 느낄 것이다. 카드사용료가 한국보다 비싸 현금거래를 하는 게 유리하고, 일본은 미국 돈$이나 영어가 통하지 않는 나라이다. 단 면세점에서는 한국 카드나 화폐를 자유롭게 사용할 수 있다. 일본은 장수국가이고, 노인들이 많은 노동력을 제공하고 있는 나라다. 예절이 바른 국가이고, 약속과 시간을 잘 지키며, 국민들은 단결도 잘 한다. 일본은 종교가 많고 절, 신사, 신궁도 많은데, 신사神祠 입구에는 우리나라의 솟대와 같은 도리가 있다. 통치자를 모신 신궁神宮에는 도리에 국화문형이 새겨져 있다. 일본인들은 새鳥를 인간세계와 하늘天國을 연결시켜주는 매개체로 믿고 있다. 일본 전역에는 팔만여개의 신사神祠와 신궁神宮이 산재하고 있는데, 과거 임진왜란의 주인공인 '또요또미 히데요시' 를 모신 신궁이 가장 많다. '헤이세이' 천황에 이어 지금은 '나리히또' 천황이 재직하고 있다. 일본역사 상, 여자 천황도 열 명 있었다."

관광버스는 오후 세시 현재도 고속도로를 따라 계속 남하했다. 차창 밖으로 펼쳐지는 풍경이 우리나라 농촌과 비슷했다. 버스는 논, 산, 주택, 평야가 계속되는 농촌지역을 계속 달렸다. 농가나 건물 지붕에는 여지없이 텔레비전 안테나가 설치되어 있고, 유료도로도 가끔 만날 수 있었다. 한동안 잠잠해했던 안내양이 또 마이크를 잡았다.

"일본은 물가와 교통비가 비싸, 개인적인 배낭여행이 불가능한 국가다. 일본인들은 중국제품들을 싸게 판매하는 할인점OutLet을 자주 이용한다. 국민 일인당 GDP는 4만 불$이고, 차도車道 가운데는 카메라가 없는 나라다.

지진地震의 나라답게 삼층이 넘는 건물은 농촌에서 보기 힘들다. 사람이 사망하면 모두 화장하는 문화를 갖고 있다. 때문에 마을마다 도청이 운영하는 화장터가 있다. 유분遺粉은 신사에 모시기도 하고, 가족묘지에 모시기도 한다. 일본의 국토는 남북이 36,000Km이고 인구는 1억 2,000만 여명이다. 동경의 넓이는 서울의 세 배이고, 인구는 3,260만 여명이다. 공중화장실 이용은 전국 어디서나 무료다. 고층 아파트는 없고, 산지山地는 국토의 70%다. 우리나라와 비슷하다. 일본에는 활화산이 80여개, 휴화산(청년기) 150여개, 그리고 온천도 15,000여개가 있다. 일본은 네 개의 지진판地震版이 상호 충돌하는 나라다. 일본인들은 항상 지진을 의식하며 모든 계획을 하고 실천도 한다."

저녁 무렵, 대농이 일행은 동경 주변 '싸이타마현'을 통과했다. 경기장도 보이고, 지붕 위에 십자가를 세운 교회도 보였다. 일본도 기독교가 신장해 가는 추세였다. 동경 시가지가 가까워지자 고층건물이 보이기 시작했다. 그런데 지진 때문에 베란다에 유리창이 없었다. 벽돌집과 목조건물이 많이 보이고, 습기 때문에 다다미방과 방향제 산업이 발달했다. 일본인들은 장인정신 계승을 존경하는 풍습과, 별것도 아닌 조그마한 것에 가치를 부여하는 풍습이 있다. 동경시東京市는 스물세개 구區로 구성되었고, 동경산에서 갈라진 열개의 강이 흐른다. 해저터널 건설공사도 한참 진행되고 있었다.

관광객들은 황혼이 깃든 '스미다강' 좌우의 시가지를 구경하며 '버스투어'를 했다. 명품상가 집결지 긴자銀座, 젊은이들의 거리 신주꾸新宿 Sinjuku, 시부야 등 번화가를 차례로 구경했다. '스미다강'을 따라 건설된 '히또고속도로'를 계속 달리며, 전등불로 장식된 동경의 야경도 관광했다. 갖가지 모양과 장식을 하고 있는 교량들! 높이 구백 미터도 넘는 사장교 무지개교량 Rainbow Bridge이 천국으로 가는 문처럼 우리들을 맞이했다. 젊은 아가씨처럼 붉은 옷으로 장식한 동경타워Tyko Tower도 이채로운 모습이었다. 영국처럼 바닷물에 가까이 지은 건축물들도 많았고, 복잡한 고가도로를 비집고 달리는 '자기부상열차' 모노레일도 일품이었다.

관광객들은 '하네다공항' 부근에 있는 중국음식점太陽樓에서 첫 번째 식사를 했다. 웅장한 시설과 관광객들이 우굴 거리는 고급식당이었다. 관광객들에게 좋은 첫인상을 입력시키게 만들었다. 식사 후 땅거미가 찾아왔을 때, 관광객들은 인공섬 '오다바이'로 안내되었다. '오다바이'는 유럽처럼 고풍스럽고, 이국적인 모습의 거대한 상가였다. 분수대 비너스포드Venus Ford, 레스토랑을 구경한 다음, '아사구사역' 부근에 있는 호텔에 투숙했다. 동경에서 첫 번째 밤을 보낸 것이다. 대농이는 어려서부터 말로만 들었던 일본 동경에서의 하루를 정신없이 보냈다. 감회感懷가 깊었다.

일본을 관광하는 두 번째 날은 토요일이었다. 대농이 일행은 새벽 여섯시에 기상했다. 아침식사를 마치고 관광버스 편으로 '하코네국립공원' 으로 출발했다. 날씨는 맑았다. 그러나 주말 교통체증이 극심해 동경시내를 빠져나오기 어려웠다. 버스는 '디즈니랜드' 광장을 통과하고, 정오가 되었는데도 아직 동경시내에 머물고 있었다. 농촌마을들이 나타나자 삼나무, 대나무, 낙엽송, 전나무 등 울창한 임야들이 관광객들의 눈을 끌었다. 안내원은

"일본이 세계 10대 임산물의 나라고, 일본국민들을 10년 먹여 살릴 수 있는 산림자원을 갖고 있다." 고 설명했다.

관광객들은 국립공원 입구에 있는 일본식당에 도착했다 점심식사는 일본식 정식이었다. 돌솥밥, 만두, 국, 야끼만두 등이 제공되었다. '하코네국립공원'은 '후지산' 4,776m 맞은쪽에 있었다. 화산지대이며, 산, 호수, 계곡, 고원高園, 온천들이 소재하고 있었다. '하코네국립공원'은 매년 전 세계 2,000만 여명의 관광객들이 찾는다는 명소였다. 공원 주차장에 도착한 대농이 일행은, '오와꾸다니'大地獄 지열군地熱群을 구경했다. 삼백년 전에, 산 내부에 갇혀 있던 수증기가 폭발하여 만들어진 분화구였다. 많은 관광객들이 온천물에 찐 검은 흑계란黑卵을 사 먹었다. 상인들이

"칠년을 더 살 수 있는 흑계란이다."

라고 소리치며 선전하여, 인파가 더 북적였다. 지열군은 뉴질랜드에서 본 것과 비슷했다. 땅 밑 여러 곳에서 솟아오르는 수증기가 온 산을 뿌옇게 뒤덮고 있었다.

대농이 일행은 오후에 '아시호'芽湖에 도착하였다. '아시호'는 사십만 년

전에 화산활동으로 형성된 '칼델라호수'였다. 해발 725m, 둘레 17.5Km, 깊이 42m, 규모의 호수였다. 선창가를 서성이며 걸어보니 시원하고 맑은 공기가 전신을 휘감었다. 대농이는 화산지대 고원 호수에서 불어오는 맑은 공기를 실컷 마셨다. 일행들은 선착장으로 옮겨 '해적선유람선'으로 뱃놀이를 했다. 좌우에 펼쳐지는 장관의 경치를 구경했다. 호수 좌우에는 이천만 여 명의 관광객들을 흡수하기 위한 대형 호텔들이 즐비했다. 물길과 산길을 따라 형언할 수 없는 경치들이 끝없이 펼쳐졌다. 선착장에 도착한 관광객들은 '요꼬하마'Ykohama로 향발했다.

대농이 일행은 저녁 때 '야마시타공원'에 도착했다. 요꼬하마糠須賀는 관동대지진1925 후, 무너진 건물잔해로 바다를 메워 조성한 도시다. 인구 355만 명 규모의 항구도시며, '가나가와현' 도청이 소재하고 있는 미래형도시였다. 칠십 층인 '랜드마크타워'Landmark Tower와 '데이다리'Day Bridge가 여행객들을 압도했다. 관광객들은 공원을 둘러본 후 땅거미가 드리운 중국인촌China Town을 보았다. 상상외로 큰 규모와 많은 인파는 물론, 넘쳐흐르는 상품에 놀라지 않을 수 없었다.

이국異國 야경을 만끽한 대농이 일행은, 밤중에 동경 외곽에 있는 '디즈니랜드' 광장으로 귀환했다. 아침에 헤어졌던 일행들도 합류했다. 지루하도록 달리는 관광버스 속에서, 모두의 눈길을 모았던 꽃은 무도화였다. 일행들이 달리는 고속도로 주변에 줄지어 핀 무도화는 열대지방을 연상케 했다. 여행사 안내원은

"일본, 태국, 미국여성들에게는 산후조리가 없다."

는 놀랄만한 사실事實을 알려주었다. 이들 국가 여성들은 출산出産 후 다음날부터 외출하고 일상을 갖는다는 것이었다. 민족이 다르고 타고난 체질도 우리민족과 다르다는 것이었다. 대농이 일행은 의아하고, 놀라운 표정들이었다. 특히 대농이는 어제와 오늘 일본관광을 통해 많은 것들을 보고 배웠다. 대농이는 일본을 과소평가하고, 비우호적으로 혹평하던 과거를, 다시 생각할 수밖에 없다는 생각을 했다. 대농이가 이번 일본 여행에서 보고 들은 바로도, 일본은 누가 뭐래도 경제선진국이고, 강대국이며, 복 받은 땅과,

성실한 국민성을 갖고 있었다.

관광버스는 동경 번화가 '긴자거리'에 있는 한국식당에 도착했다. 도심에는 초대형 건물들이 즐비했고, 도로는 다양한 방법으로 연결된 고가도로, 지하철, 자기부상열차, 등이 동경 시가지의 동맥역할을 하고 있었다. 김치찌게로 저녁식사를 마친 대농이 일행은, '시부야' 넓은 거리에 넘쳐나는 젊은이들을 구경하며 호텔에 도착했다. 오늘은 대농이 눈에 일본의 진면목眞面目이 보이고, 피곤도 찾아왔던 날이었다.

세 번째 관광의 날이 밝았다. 오늘도 대농이 일행은 새벽에 기상하여, 아침식사를 하고 관광을 시작했다. 호텔 부근에 있는 관음사觀音寺를 구경하러 도보로 이동했다. 관음사는 '스미다강'에서 관음상을 건저 올렸다는 세 명의 어부들을 위해 지어진 사찰이었다. '도꾸가와 이에야스'德川家康가 집권하던 '에도시대'江戶幕府의 건축양식과, 현재 일본인들의 생활모습을 함께 느낄 수 있는 관광지였다. 사십여 년 전에 건축된 주변 상가에는 구십여 개의 점포가 있었다. 관음사는 여러 개의 건물殿閣들이, 웅장하고 화려하게 자리 잡은 사찰이었다. 동경에서 가장 오래된 사찰이며, 경내에는 신사神祠도 있었다. 일행은 관광 후 면세점에서 쇼핑을 즐겼는데, 여성들이 칼, 도마, 다시마 등 일용품을 구입했다.

관광객들은 버스로 '닛코국립원'日光國立公園으로 출발했다. 어제처럼 일본 농촌을 달리며 산천구경을 했다. 버스는 두 시간 반을 달려 정오에 해발 1,900m 지점에 있는 일본식당에 도착했다. 일행은 점심식사를 했다. 이곳 '난따이산'2,484m 화산지대에도, 천칠백 여명의 주민들이 거주하고 있었다. 대농이 일행은 점심식사 후 자유롭게 '주겐지호수'中禪寺湖를 둘러봤다. 주겐지호수는 난따이산 화산분출로 흘러내린 용암이, 대협곡大谷川을 막아서 형성된 호수이며, 둘레가 21㎞나 되는 화산지대 호수였다. 화산지대는 공기도 맑고 경치도 아름다웠다. 시원한 바람과 때 묻지 않은 새파란 물결이 나그네들의 발길을 잡았다.

대농이 일행은 장소를 옮겨 '게곤노타키폭포'華嚴瀑를 관광했다. 구십구 미터 높이의 인공폭포였는데, 엄청난 물량이 커다란 소리와 함께 쏟아졌다.

폭포 주변에는 열두 개의 실폭포들도 조화 있게 흐르고 있어, 인공폭포 답지 않은 자연미를 내뿜고 있었다. 관광객들은 오후 세시부터, 에도막부江戶幕府 시대 최고 통치자 '도꾸가와 이에야스'德川家康를 모신 동조궁東照宮을 관광했다. '도꾸가와 이에야스'는 일본을 통일하고, 자신의 시신을 이곳 '닛코 지역'에 묻어달라고 유언하여, 셋째 손자가 건축한 신궁神宮이었다.

동조궁은 103개의 전각殿閣으로 지어졌으며, '도꾸가와 이에야스'의 묘墓는 285개의 계단 위에 조성되어 있었다. 묘 입구에 눈을 감고 귀를 세우고 있는 고양이 석상石像이 관광객들의 발걸음을 잡았다. 동조궁은 웅장함과 정교함이 극치를 이루고 있는 신궁이었다. 대부분의 전각들이 순금으로 치장되어 당시 통치자들의 위력을 엿볼 수 있었다. 사백400년도 넘는 세월을 삼나무 숲속에서 보낸 동조궁엔, 눈, 귀, 입을 막은 원숭이 석상도 있어, 오가는 관광객들에게 알 수 없는 '무언의 메시지'를 던져 주고 있었다.

여행사 안내원의 말에 의하면

"'도꾸가와 이에야스'는 동경에 에도성江戶城을 구축하고 쇄국정치를 시작했다. 그 후 삼백여 년 간 '에도막부'江戶幕府 시대가 계속되었는데, 미국 해군 훼리Ferry 제독이 개항開港을 요구1614하여 보신전쟁이 시작되었다. 개항 후 일본은 대정천황, 메이지천황, 소화천황, 시대를 거쳐 현재 '나리히또' 천황에 이른 것이다. 때문에 동경은 사백400년 간 일본의 정치, 경제, 문화, 사회, 예술의 중심지였다. 동경은 일본의 근대화와 선진화의 근거지 역할을 하고 있는 지역이다."

대농이 일행은 주차장으로 이동했다. 다시 동경으로 귀환하는 버스투어를 시작했다. 일행은 오늘도 고속도로를 달리며 농촌지역의 넓은 산야를 구경했다. 오후 여섯시 반 엔, '다나꾸라' 시市지역에 있는 '후쿠시마'에 도착했다. 넓은 평야와 논밭 속에 자리 잡고 있는 호텔에서 투숙했다. 호텔에는 온천욕, 연수원, 클럽하우스 등 많은 시설들이 있었다. 호텔 지배인은 일본인이지만, 한국말도 잘하는 적극적인 인물이었다. '후쿠시마'는 복숭아로 유명한 지역이었다.

대농이는 호텔에서 맥주를 파는 자판기를 발견하고, '아사이맥주' 한 깡

통을 즉석에서 마셨다. 한국에서는 도저히 맛볼 수 없는 상쾌하고 시원한 그 맛, 처음 느껴보는 맥주 맛이었다. 일본인들에게 물어보니,

“일본맥주는 지하 온천수를 사용하고, 기술도 비밀에 부치고 있다.”

고 대답했다. 맥주까지 우리나라와 다른 일본! 대농이는 고희古稀가 가까운 한평생 동안, 일본을 별스럽게 생각하지 않았다. 식민지 통치라는 피해의식에 젖어, 한평생을 사무라이, 왜놈, 일본 놈, 이라는 고질관렴 속에 살아왔다. 그런데 일본여행 삼일 만에, 그게 아니었다는 생각을 하게 되었다. 대농이는 분명히 일본의 현주소를 알지 못하고 한평생을 살아온 색맹色盲이었다.

여행 마지막 날이 밝았다. 대농이는 일찍 기상하여 운동을 했는데 호텔 구내가 너무 넓었다. 농촌지역이라 외부로 나갈 수도 없었다. 일행들은 귀국길에 올랐다. 우선 ‘센다이공항’으로 이동했다. 관광버스 속이 갑자기 호텔로 변했다. 너나 할 것 없이 모두가 잠에 푹 빠졌다. 피곤함을 회복하는 시간이었다. 한 시간 후, 대농이 일행은, 반다이산山 부근에 있는 ‘이나와시로’猪苗代湖 호수에 도착했다. 선착장에는 대형 유람선들이 즐비하고, 맑은 호수에는 ‘반다이산’ 그림자가 드리워져 있었다. 대농이 머릿속은,

“일본인들은 사백여년 전에 개항하여, 외국 문물을 받아들이고, 경제대국으로 성장했다.”

는 생각만 가득 찼다. 센다이공항이 가까워지자 안내원은

“일본엔 이만여개의 성씨姓가 있으며, 여자는 결혼하면 남편의 성을 따른다. 일본인들은 질서를 잘 지키고 단결을 잘하며, 흥분하지 않고 간접화법을 사용한다. 남의 물건을 탐내는 일도 없어, 잊어버린 물건들은 대부분 되돌아온다. 일본은 선진국이 될 수 있는 모든 요건들은 갖고 있는 나라다. 우리나라 국민들과 비교하면 너무도 많은 차이점이 발견된다.”

는 안내를 끝으로 일본광광 삼일을 마무리 했다. 대농이 일행은 정오경에 ‘센다이공항’에 도착했다. 귀국길에 오른 대농이 일행들의 얼굴은 평온해 보였다. 그러나 대농이에겐, 이번 여행이 일본은 선진국이고 강대국이라는 사실을 확인하고 돌아오는 여행이었다. 대농이는

“지금까지 수많은 해외여행을 했지만, 조국 대한민국이 오늘처럼 왜소하게 느껴져 본적은 없었다.”

고 생각을 했다. 대농이는 경주에서 패배한 육상선수처럼 주눅이 들어 있었다. 집에 도착하니, 서울 시가지에는 아직도 대낮이었다. 끝.

<수 필>

쌍둥이 손녀

유월 초순이었다. 하얀 호랑이 띠 해庚寅年의 세월은 비호飛虎같이 흘렀다. 아카시아와 장미꽃도 향기롭고 황홀한 세상이 왔다. 계절의 여왕 오월에 뽐내던 신록도, 어느새 녹음으로 성장했다. 농부들은 그 어느 해 보다도 철이 이르다며 농사를 앞당겼다. 더위도 빠르게 달려왔고, 장마도 빨리 왔다. 특히 게릴라성 집중호우로 국민들은 어리둥절했다. 시커먼 구름장과 우박을 동반하고, 시도 때도 없이 이 동내 저 동네를 돌아다니며 피해를 주었다. '베트남' 관광 때 경험했던, 열대지방의 소나기 '스콜'을 꼭 닮았다.

그런 궂은 날 오전이었다. 시커먼 먹구름을 헤집고 아들 내외가 들이닥쳤다.

"아버님, 어머님, 안녕하세요!"

며늘아기의 맑은 목소리가 은쟁반에 옥구슬 굴러가듯 온 집안에 퍼졌다. 아들 내외는 일 년 삼 개월 전에 결혼했다. 결혼 전에 서둘러 구입한 중고 승용차로, 빗속을 누비며 온 것이다. 박대농이는 아들이 타고 다니는 십년 넘은 고물 자동차가 항상 머리에 걸렸다. 특히 오늘같이 폭우가 쏟아지는 날 이면 그런 생각이 들었다. 그래도 아들 내외가 오는 날이면, 항상 절같이 조용한 우리집안이 갑자기 떠들썩해진다. 며늘아기의 명랑한 목소리와 구김살 없는 생활자세 때문이다. 며늘아기는 보기 드문 순발력과 재치로 집안의 분위기를 활기차게 만들곤 한다.

아들이 현관에 구두를 벗어 던지고, 자기가 살던 방으로 들어가 컴퓨터와 싸우는 자세와는 완전히 딴 판이다. 며늘아기는 항상 시어머니는 물론, 시누이와도 죽을 맞추며, 끝이 보이지 않는 이야기꽃을 피운다. 그래도 어디 한 곳도 미운 데가 없다. 시집부모들도 잘 섬겨야한다며, 종종 찾아오는 것도, 며늘아기가 주도하는 것처럼 보였다. 며늘아기의 그런 모습을 볼 때마다 대농이 머릿속을 떠나지 않는 아쉬움들이 있다.

"저렇게 티 없는 어린것들에게 제대로 된 보금자리 하나 마련해 주지 못했다."

는 가정 형편이었다.

"전세방에 꾸민 신혼생활이 오죽하랴."

하는 생각이 항상 머릿속을 맴돌았다.

아들 부부에게 미안한 것은 주택 문제 뿐이 아니다. 아들부부가 이따금 대농이네 집을 찾아와도, 편히 자고 편히 먹는 계기를 마련해 주지 못하고 있었다. 대농이 부부가 모두 고령이고 노인병까지 앓고 있기 때문이었다. 며늘아기가 대농이 가족이 되려면, 무엇보다도 한집에서 먹고 자는 계가가 많아야 되는 건데, 그걸 못하고 있다. 때문에, 대농이 부부는 아들부부가 오면 음식점으로 나가 함께 먹으며 담소하는 계기를 만들곤 한다. 그래도 며늘아기는 이런 시댁의 분위기를 싫어하는 표정이 없다. 아들과 같은 일류대학교를 졸업하고, 남편만을 뒷바라지하는 전업주부 역할을 하면서도, 불만스런 기색이란 찾아볼 수 가 없다. 항상 명랑한 얼굴이다.

대농이 부부가 며늘아기에게 궁금한 게 있었다면 임신에 관한 것뿐이었다. 어느 날 집사람이 일 년 간 참았던 궁금증을 풀려고 아들에게 말문을 열었다.

"아기를 가질 생각은 하지 않고 살아가기로 했느냐."

는 질문이었다. 벼르고 별렀던 어머니의 질문에 아들은

"그게 그렇게도 급한 일이냐."

고 시큰둥하게 대답했었다. 이런 상태에서 무심코 흐르던 세월이 멈춘 건 지난 유월 십일이었다. 그 날 저녁 무렵, 집사람은 대농이 에게 호들갑을 떨며

"며늘아기가 임신을 했는데, 벌써 삼 개월이 지났어."

라는 충격적인 말을 했다. 며늘아기의 임신소식은 대농이 가정은 물론 사돈 가정까지 경사스러운 분위기를 만들었다.

며칠 후 며늘아기가 집사람에게 전화를 했다. 많은 이야기를 주고받았다.

전화를 받던 집사람이 핸드폰을 대농이 에게 건네주었다. 대농이는 손사래를 저의며 사양했다. 집사람은

"아이 참, 당신에게 직접 할 이야기가 있다는 데."

하며 강제적으로 핸드폰을 주었다.

"아버님 안녕하세요! 어제 산부인과에 다녀왔는데요. 저 다름이 아니라 뱃속에 아기가 두 명이래요. 그래서 직접 말씀드리는……,"

며늘아기의 말은 명랑한 어조가 아니었다. 무엇인가를 경계하는 어조 같았다. 대농이는 순발력을 발휘했다.

"아, 그러면 쌍둥이를 임신했다는 말인데, 참 잘됐다. 흔하지 않은 경사다. 정부에서도 출산장려시책을 독려하고 있는데. 앞으로는 더욱 몸조심해야겠다."

"정말이세요! 아버님. 감사합니다."

"그래, 내가 며칠 후 너희들 집에 들를 게."

며칠 후 일요일, 대농이는 집사람, 딸과 함께 아들네 집을 방문했다. 대농이 가족 다섯 명이 모두 모인 것이다. 또다시 웃음바다가 펼쳐졌다. 아들부부는 산부인과 진료 때 찍은 '초음파검사' 사진을 가족들에게 보여주었다. 놀랍게도 요즈음 의술은, 임신 삼 개월 상태에서 뱃속 쌍둥이 사진 뿐 아니라, 성별 구분까지 하고 있었다. 의사는 쌍둥이 임산부가 지켜야할 주의사항들도 일러주었단다. 우리 세대들이 겪었던 것과는 완전히 달라진 세상을 알 수 있었다. 그날 우리 가족들은 점심식사 뿐 아니라 저녁식사도 함께했다. 가족들의 기분에 맞춰 호텔식사도 하고, 유명음식점도 들렀다. 승용차로 귀가하는 집사람과 딸의 기분도 즐거워 보였다.

금년 유월도 지구온난화현상으로 장마 비가 지루하게 내렸다. 국지적이고 기습적으로 비가 내려 일상이 더욱 힘들었다. 그래도 세월은 중단 없이 흘렀다. 단풍이 들더니 어느새 달력이 시월 초순에 와 있었다. 가을이 무르익은 것이다. 아들놈이 휴가를 얻어 또 대농이 부부를 찾아왔다. 대농이 가족들은 여느 때처럼 며늘아기 뱃속의 쌍둥이로 이야기꽃을 피우며 즐거운 하루를 보냈다.

그런데 이틀 후, 아들이 휴가 중에 전화를 했다.

"아빠, 임산부가 대학병원 산부인과에 입원했다."

며 황급한 분위기를 말했다. 전화를 받은 대농이 부부는 신속히 대응하지 못했다. 아들은 며늘아기가 통증이 찾아와 입원한 것이고, 관찰실에서 치료 받고 있다고 했다. 관찰실은, 임산부들의 응급실인데 분만실 바로 옆에 있고, 외부인 출입이 불가능하다고 말했다. 대농이 부부는 어찌할 바를 모르고, 전화로 정황파악만 했다. 며칠 간 집에 앉아 걱정만 한 것이다. 시월 보름 날 아들이 또 전화를 했다. 입원실로 옮겼다는 것이다. 대농이는 대학병원으로 부리나케 달려갔다. 며늘아기는 병실에 있었다. 손에는 주사를 맞는 고무줄이 주렁주렁 매달려 있었다. 아기들의 심장박동 측정기도 달려 있었다. 며늘아기의 증세는 매우 심각한 것 같았다. 아기들이 밖으로 나오려는 수축작용流産症勢이 있는 것이었다. 병도 가벼운 병이 아니라는 생각이 들었다. 병원에서는 '마그네슘 주사' 를 주입하며, 증세를 차단하는 치료를 하고 있었다.

대농이는 걱정스러웠다. 쌍둥이 손녀들의 유산증세가 있다니! 생각할 수도 없는 일이었다. 대농이는 한동안 앞이 캄캄했다. 병실 창밖으로 내려다 보이는 한강의 청둥오리들까지 쓸쓸하게 보였다. 이런 상황에서도, 밝은 표정을 짓고 있는 며늘아기가 대견스러웠다. 대농이는 병실을 나와 간호사들에게 며늘아기 병세를 물었다. 간호사들은 모두들 원론적인 대답만 했다. 가슴이 또 답답해왔다. 면회실 의자에 앉았다. 서울에서 보기 힘들게 넓고, 깨끗하고, 화려한 면회실이었다. 가족들과 산모와 신생아들이 즐겁게 면회하는 장소였다. 초겨울 햇볕이 두터운 유리창에서 작열했다. 대농이는 불안한 심경을 달래며 결심했다.

"쌍둥이 손녀들의 분만은 내가 성공시키겠다. 이 문제는 꼭 해결시켜야 한다. 손녀들의 분만은 아들 부부만의 문제가 아니다. 대농이 가족 모두와 사돈가족 모두에게도 영향이 있는 문제다. 때문에 여러 생명을 구하는 문제다. 대농이는 무슨 수를 써서라도, 며늘아기의 출산을 성공시키겠다."

며 다짐하고 또 다짐했다.

금년도 가을이 짧고 겨울이 빨리 왔다. 단풍놀이는 잠시였고, 계절은 숨가쁘게 초겨울로 이어졌다. 그 후 대농이는 일주일에 한 번씩 대학병원을 찾았다. 진료비용도 납부하고, 임산부 병세도 파악했다. 아들이 직장생활 때문에 혼자 투병하는 며늘아기를 보호할 필요가 있었다. 간호사나 주변 사람들이, 보호자도 없는 환자라고 깔보지 않도록 하는 노력이 필요했다. 며늘아기의 처절한 노력 때문이었는지, 저 멀리서 깜박이는 별 빛 같은 희망이 보이기 시작했다. 며늘아기의 얼굴에 혈색이 돌고, 행동거지도 정상적이었다. 며늘아기의 투병생활이 효험을 보기 시작한 것이다. 아무 희망도 안보이고 걱정만 쌓이는 상태에서도, 세월은 한 발짝씩 앞으로 전진 했다.

드디어 연말연시 분위기가 보이는 시월 하순이었다. 아직도 대농이 마음속 한 구석에, 모질고 굳은 결심만 자리 잡고 있었던 그 날 밤, 아들이 전화를 했다.

"오늘 산모가 퇴원을 했다."

는 전갈이었다. 대농이 가슴은 쉽게 녹아내렸다. 얼어붙은 눈덩이가 봄볕에 녹아내리는 것처럼 가슴이 편해왔다. 컴퓨터 문자판에서 눈을 뗀 대농이 마음은, 늦가을 파아란 창공蒼空으로 날아갔다.

"지성至誠이면 감천感天이다."

라는 문구를 늘 강조하시던 아버지 얼굴이 떠올랐다.

대농이는 시월 말일 날, 식구들과 함께 아들 네 집을 방문했다. 며늘아기는 거실 '매트리스'에 편히 누어있었다. 배가 무척 불러 보였다. 그날 대농이 가족들은 아들의 안내로 동태찜 식당에서 점심을 먹었다. 대농이 동내에선 볼 수없는 풍성한 식단이었다. 아들은 병원에서 직접 체험한 경험과 지식, 그리고 치료방법, 기술, 향후 문제점 등을 상세히 설명했다. 아들은 병실에서 환자와 함께 자며 보호자 역할을 계속했었다. 산부인과 쪽에 별다른 지식과 경험이 없는 대농이 에게 커다란 도움이 되었다. 대농이 가족들은 편한 마음으로 귀가할 수 있었다.

그리고 나흘 후인 십일월 초순, 며늘아기로 부터 또 다른 비상상황이 접수됐다. "지난번과 동일한 증세가 있어, 오늘 대학병원에 재입원했다."

는 전갈이었다. 무거운 몸으로 혼자 걸어 나와 택시를 타고 병원에 왔다고 했다. 저녁 때 아들의 전화는,

"이번에도 산부인과 관찰실에서 치료를 받고 있는데, 지난번 보다 증세가 험하다."

는 것이다. 안도의 숨을 쉬고 있던 대농이 가족은 또 다시 놀랬다. 이번은 정말 힘든 고비 같았다. 대농이 부부는 일요일에 며늘아기 병문안을 갔다. 며늘아기는 낯익은 관찰실에서, 보다 완전한 출산을 위해 싸우고 있었다. 이번에는 '마그네슘' 주사와 '아토시반' 주사를 동시에 맞고 있었다. 아토시반 주사는 수축작용 방지효과가 탁월하고 값도 고가高價였다. 대신 한 달 이상 투입이 금지된 주사였다. 부작용 때문이다. 며늘아기는 모든 고통을 감내하며, 쌍둥이들이 출산 후 '인큐베이터' 나 신생아중환자실을 거치지 않기 위한 노력을 기우리고 있었다. 이런 목적을 달성하려면, 우선 아기들의 체중이 2.1Kg을 넘어야 가능했다.

예상보다 일찍 한반도를 찾아온 동장군은 혹한과 폭설을 몰고 왔다. 모두가 불편했다. 며늘아기가 전쟁을 하고 있는 대학병원 산부인과 관찰실에도 '마魔의 얼굴' 이 찾아왔다. 호사다마好事多魔! 즐거운 일에 꼭 따라다니는 악마惡魔말이다. 악마는 한번이 아니고 너무 자주 나타났다. 어쩌면 병실생활이라는 자체가, 잊을 만하면 찾아오는 악마와 싸워 이겨야하는 곳인지도 모른다. 첫 번째 악마는 며늘아기 옆 침대에 있었다. 옆 침대에 있는 임산부가 불면증이라는 마의 얼굴을 하고 있었다. 밤이면 부부가 커다란 소음을 만들어, 함께 있는 네 명의 환자들이 밤잠을 설치곤 했다. 묘하게도 이 임산부 남편은 아들과 고등학교 동창생이었다. 그러나 '불면증 악마'는 일주일 후 저절로 사라졌다. 대신 며늘아기 뱃속의 쌍둥이들은 일주일 동안 체중을 늘리지 못하는 피해를 입었다.

'마의 얼굴'이 찾아오는 고비마다, 악마를 극복하려는 며늘아기의 노력은 눈물겨웠다. 며늘아기는 혼신을 다해 잘 싸웠고, 사돈댁과 우리 가족들도 뛰어다녔다. 폭설과 빙판 진 도로를 운전하며 목숨도 걸었다. 산부인과를 찾는 환자가 너무 많아, 며늘아기가 퇴원해야 할 것 같다는 소식을 접했을

때도 그랬고, '아토시반' 주사를 더 이상 맞을 수 없어, 며칠간 집에서 조리하다 다시 오라고, 담당의사가 권유할 때도 그랬다. 어쩌면 처음 입원했던 날부터 퇴원한 날까지, 육십칠 일간 '마의 얼굴' 은 대농이 가족들 뒤에 숨어 있었는지도 모른다. 실제로 쌍둥이 손녀들은, 신생아실과 산후조리원 시절에, 부족한 인燐과 당糖을 보충하기 위한 주사를 맞곤 했다. 그때그때 마다 부모와 가족들의 가슴은 출렁거렸다.

드디어 십이월 초하루, 며늘아기가 임신 32주가 되는 날이 왔다. 지난 시월부터 기다리고 기다리던 날이었다. 며늘아기가 희미하고, 멀고, 아득하고, 부럽게만 보였던 그 고개를 결국 넘은 것이다. 아기들 체중은 1.74Kg, 1.44Kg 이었다. 기쁨은 계속되었다. 이틀 후 병원 측은 며늘아기에게 병실로 옮기라고 명령했다. 당시 아기들의 체중은 언니아기 1.70Kg, 동생아기 1.89Kg 상태였다. 병실생활은 산모나 가족들에게 편했다. 관찰실과는 비교할 수도 없게 넓고 편한 환경이었다. 이제 세월이 빨리 흐르는 것 같았다. '크리스마스'가 눈앞에 보였다. 며칠 지나면 임신 34주가 되는 날이었다. 마음이 많이 편해졌다. 그 단계에서 또 한 번 '마의 얼굴' 이 나타났다. 주치의사와 담당의사가 며늘아기에게

"삼일 후에 '아토시반' 주사를 중단할 계획이다. 이제 '마그네슘' 주사만 맞다 수축운동이 오면 인공분만을 할 계획."

이라고 말한 것이다. 아들부부와 양가 가족들은 놀랐다. 아기들의 체중이 아직 2Kg에도 모자라는 데, 인공분만은 말이 되지 않았다. 일주일만 지나면 임신 35주, 즉 쌍둥이들의 공식적인 정상분만 날짜가 되는 시점이었다.

산모와 대농이 가족들은 이번에도 '마의 마지막 얼굴'을 어렵게 극복했다. 하루하루가 길고 지루했다. 가족들은 모두 며늘아기의 눈치만 보고 있었다. 십이월 십육일 아침이 밝았다. 며늘아기는 이른 아침에 전화를 했다.

"아기들의 체중이 2.3Kg, 2.0Kg으로 성장했다. 이제 임신한지 34주도 지났고, 아기들 체중도 좋은 상태니 언제 분만해도 좋다."

고 말하며 대농이 부부를 안심시켰다. 너무 오래 기다렸던 말이었다. 며늘아기는 병실로 옮겼다. 이제 병원도 모레부터 '마그네슘' 주사를 중지하기

로 했다. 나흘 후 퇴원하고, 집에서 진통이오면 병원으로 와 분만하기로 일정이 결정되었다. 그렇게 하루가 끝나고, '쌍둥이를 출산하는 밤' 은 깊어갔다. 며늘아기도 가족들도, 모처럼 편한 마음으로 잠자리에 들었다. 긴 투병 생활에서 어려운 고비들을 모두 넘기고, 정상에 우뚝 선 가족들의 가슴은 조용했다. 전쟁에서 승리하고 돌아온 개선장군처럼 편안했다.

그런데 한밤중인 밤 열한시에 핸드폰이 울렸다. 아들이었다. 급한 말투였다.

"조금 전, 임산부가 진통을 시작했다. 의사들은 24:00부터 인공분만(복강경수술)을 하기로 했다."

는 내용이었다. 대농이는 즉시 기상했다. 며늘아기가 퇴원했다 다시 입원하여 분만하는 것 보다 더 잘된 것이었다. 대농이는 급히 옷갓을 차리고 택시를 탔다. 한 밤 중의 택시는 총알 같이 달렸다. 자정 십분 전에 대학병원 분만실에 도착했다. 이미 사돈 내외도 도착해 있었다. 대농이 가족들은 분만실 대합실에서 기다렸다. 며늘아기는 수술 중이었다.

양가 가족들의 지루한 기다림이 계속되는 가운데, 간호사들이 보호자를 찾는 소리가 산부인과 병동의 고요한 밤공기를 갈랐다. 자정이 지나 이미 날짜가 바뀐 다음날 새벽이었다.

"산모 환자 보호자 계셔요?"

양가 가족들은 함께 '엘리베이터' 앞으로 달려갔다. 간호사들은 큰 손녀를 태운 '신생아침대'를 밀고 엘리베이터에서 나왔다. 간호사들은 가족들에게 큰 손녀의 얼굴을 공개하고, 팔찌도 보여준 후 신생아실로 들어갔다. 순간적인 상면이었다. 열 달, 아니 평생을 기다렸던 손녀들과의 상면은 이렇게 30초 만에 끝났다. 번개같이 짧은 상면이라, 가족들 중 누구도 입을 여는 사람이 없었다. 강보襁褓에 싸여 형광등빛을 받고 있는 큰손녀는, 목 위 부분만 노출된 상태였다. 눈을 감은 조용한 얼굴이었고, 검붉은 색깔의 얼굴이었다. 신비롭게 새 생명이 태어난 현장은 계속 조용했다. 약 십분 후 또 다른 간호사들이, 신생아침대에 작은 손녀를 태우고 엘리베이터에서 나왔다. 가족들은 엄마 뱃속 위쪽에서 성장한 작은 손녀의 얼굴과 상면했다. 조금 전 만났던 큰 손녀와 똑 같았다. 구분을 할 수 없는 상태였다. 간호사들은 손녀들의 체중을 가족들에게 알려주었다. 큰 손녀가 2.18Kg, 작은 손녀는 2.33Kg이었다. 간호사들의 이런 전달은, 아기들이 기초체중을 넘겼으니 부모들은 걱정하지 말라는 신호였다. 손녀들이 태어난 시각은 각각 2010.12.22.00:14과 2010.12.22.00:15 이었다. 출생 시각이 일분 차이었다. 음력으로는 경인년(庚寅) 11월(無子, 무자) 17일(丙午, 병오) 00:14(子時, 자시)였다.

잠시 후 간호사 두 팀은 신생아침대를 각각 밀고 당직교수실로 이동했다. 아기들은 십분 후 신생아실로 돌아왔다. 그 후 가족들의 지루한 기다림 속에 입원실의 밤이 깊어갔다. 며늘아기가 수술을 마치고 산부인과 병실에 도착한 것은 새벽 두시 경이었다. 산모 며늘아기는 아직 마취에서 완전히 자유롭지 못한 상태였다. 겨우 사람들을 식별 하는 상태였다. 몸에는 링거, 무통주사, 소변 줄 등이 주렁주렁 매달려 있었다. 며늘아기의 입원실 복귀는, 아들 부부가 쌍둥이 분만이라는 커다란 고개를 무사히 넘었다는 승리의 발자국이었다. 정든 침대에 다시 누운 며늘아기는 마취기운 속에서도 밝게 웃고 있었다. 얼굴에서 명랑한 표정이 가시지 않았다. 그러나 이 때 신생아실에서

"밤 02:20부터 작은 손녀가 호흡곤란 증세로 산소를 공급받고 있다."

는 전갈이 왔다. 대농이 가족들은 주눅 들기 시작했다. 간호사들은 쉽게 극복할 수 있는 소소한 증세라고 일갈했다. 가족들은 그 말에 희망을 걸지 않을 수 없었다.

대농이는 바깥사돈과 함께 병실을 나와 가까운 면회실에 머물렀다. 아들 부부에게 조용하고 쉴 수 있는 시간을 주기 위함이었다. 간호사들이 자주 출입하는 병실에 많은 보호자까지 머무를 필요가 없었다. 산부인과 병동의 밤이 점점 깊어갔다. 대농이와 바깥사돈 및 손자는 면회실 의자에서 졸기 시작했다. 조용하고 따뜻한 면회실 분위기에 가족들은 자신도 모르게 잠속으로 빨려 들어갔다. 몇 시간 후 어깨를 두드리는 사람이 있었다. 아들이었다. 대농이는 아들 말대로 동東이 트고 교통체증이 오기 전에 택시 편으로 귀가했다. 이십 여분 후에 집에 도착했다. 아직도 어두운 새벽이었다.

지난밤을 하얗게 새운 대농이 부부는 아침 일찍 대학병원으로 향했다. 집사람은 과일, 고기, 김 등 먹거리를 챙겼다. 다행히 날씨가 포근했다. 어제 밤잠을 설친 대농이의 몸은 절반은 살아있고, 절반은 감각이 없는 것 같았다. 아들이 또 문자메시지를 보내왔다.

"작은 손녀의 산소부족현상(호흡곤란)이 완치되었다."

는 내용이었다. 대농이 가족들은 환호했다. 대농이 부부는 열한 시 병원에 도착했다. 사돈들은 이미 귀가했다.

그러나 점심식사 후 두 시경 또 비보가 날아 들어왔다.

"작은 손녀가 또 당糖 부족증세를 보여 주사를 맞고 있다."

는 것이었다. 아들은

"아기가 힘없이 늘어져 있는 상태"

라고 표현하며 걱정했다. 아직 며늘아기도 모르고 있는 상태였다. 대농이는 귓속말로 집사람에게 알렸다. 예기치도 못하였던 암초에 멀린 대농이 가족들! 대농이는 마음을 크게 먹고 한마디 했다.

"대학병원에서 못 고치는 병은, 다른 곳에서도 못 고친다. 모두가 하늘이 주는 운명이다. 크게 생각하고 최선을 다하는 것만이 인간이 할 수 있는 일이다."

대농이는 또 아들에게 용기를 갖으라고 독려했다.

"남편이 정정당당하게 언행하고, 산모를 보살펴야 한다."

고 깨우쳤다. 대농이는

"가정의 운명은 남자의 어깨에 달려있다. 모든 일에 최선을 다하면 후회가 없다." 는 말도 했다.

그 날 오후 네 시에 아들부부와 대농이 부부 네 명은 신생아실 근무 간호사들이 '신생아상담실'에서 주관한 이벤트event '아기들과 부모들의 만남' 행사에 참석했다. 쌍둥이 손녀 두 명은 침대에 나란히 누워 눈을 감고 있었다. 밝은 형광등 빛이 아름답게 손녀들을 비추고 있었다. 숨소리도 들리지 않는 분위기 속에, 잠에 빠진 손녀들은 황홀감을 불러일으켰다. 그 모습은 선녀로도 보였고, 곤히 잠든 아기부처 같기도 했다. 손녀들은 침묵으로 가족들에게 인사하고, 내일을 약속하는 것 같았다. 대농이의 감정도 조용했다.

"그래, 먼 길을 오느라 피곤했겠다. 실컷 자고 일어나 함께 걸어가자! 어서 자라 너희들이 우리집 대들보가 되어다오."

라고 무언의 대화를 했다. 간호사들은

"두 아기들에게 우유 10mg를 각각 먹였다."

고 대농이 가족들에게 강조했다. 이제 쌍둥이 손녀들이 모두 정상적이라는 의미였다. 출산 후 대농이 가족들이 열 시간이나 불안했던 요소들이 모두 해소되는 순간이었다.

다음날 오전, 며늘아기가 집사람에게 소식을 전해줬다.

"작은 손녀가 오늘도 당분 주사를 맞았다."

는 것이다. 대농이는 크게 놀랐다. 어제 오후 신생아상담실에서 '이벤트' 할 때, 간호사들이

"완치되었다. 우유도 10mg씩 모두 먹였다. 아기들은 정상이다."

라는 말들을 했었다. 대농이 그 때 그것으로 모든 상황이 끝난 것으로 생각하고 있었다. 그런데 또다시 떨어지는 청천벼락! 놀란 마음들은 방황했고 끝이 보이지 않을 것 같았다.

이런 분위기 속에서, 대농이는 어제 전화로 최도사에게 작명作名을 부탁했던 서류를 갖으러 갔다. 종로에 위치한 '최도사작명소'였다. 오랜만에 찾은 발길! 오후 네 시에 도착했다. 최도사는 미리 준비했던 작명장作名狀, 선명장選名狀, 좌우명座右銘,을 대농이에게 건네주었다. 대농이는 고마웠다. 이십여 년 전부터 구면인 최도사가, 옛정을 되살리며 친절하게 해결해 주었다. 두 사람은 추억을 더듬으며 많은 이야기를 했다. 최도사는 끊어졌던 우정을 되살려 살아가자고 제의도 했다.

대농이는 조계사로 이동하여, 대웅전에서 부처님께 삼배三拜를 올리고, 영구위패 단壇에 계신 조상님들께도 인사를 드렸다.

"손자 내외가 어제 쌍둥이를 얻었습니다." 라는 소식도 전해드렸고, "무사히 잘 자라도록 도와주십시오." 라고 빌었다.

경내로 나와 전화를 하니 집사람은 며늘아기의 퇴원 날짜를 전해주었다.

병원 측은 며늘아기에게

"내일 오후 한시에 퇴원하고, 수술부위 '실밥 제거 날' 다시 오라."

고 했단다. 쌍둥이 산모는 이제 길고 지루했던 입원생활을 마무리하고 퇴원하라는 명령이었다. 두 손녀들은 당분간 신생아실에서 보살펴준다는 게 병원 측의 의견이었다. 내일은 X-Mas Eve 날! 부처님과 하느님이 아들 부부에게 크고 행복한 은혜를 베푸셨다. 대농이는 갑자기, 보이지 않는 손들이 우리가족들을 보살피고 계시다는 생각을 했다. 머릿속으로, 목화송이처럼 하얗고 부드러운 구름 떼가 지나가는 것 같은 느낌을 받았다. 오늘 저녁에는 사돈 내외가 대학병원에 올라와 며늘아기와 밤을 지내고 퇴원도 도와줄 것이라는 소식도 들렸다.

오늘은 '크리스마스' 전야의 날이었다. 금년 경인庚寅 년도 며칠 남지 않았다. 아침에 들리는 소식은

"어제 오후 큰 손녀도 당糖 주사를 맞고 회복했다."

는 것이다. 또 예기치도 못했던 상황이 벌어졌던 것이다. 이제 이런 모든 상황들이 모두 쌍둥이들이 격어야 하는 시련같이 생각되었다. 남들보다 작은 체중을 하고 세상에 나왔기 때문에 겪는 시련이 분명했다. 그렇다면 앞으로도 계속 시련은 이어질 것이라는 예측도 가능했다. 대농이 머릿속엔, 엇그제 고등학교 동창이자 산부인과 의사인 친구가 했던 말이 스쳐갔다.

"쌍둥이는 낳기도 힘들지만, 키우기도 힘들다."

는 내용이었다.

초저녁에 아들이 전화를 했다.

"산모産母 며늘아기는 부모들의 도움을 받아 무사히 밤을 넘기고, 퇴원하여 편히 쉬고 있다."

는 전갈이었다. 한편 아들은 출산휴가 이틀이 끝나고, 오늘은 직장에 출근했었다. 아들은 또 밤중에 내게 전화를 했다. 귀가 즉시 병원 신생아실에 전화로 아기들의 안부를 물었단다. 간호사는

"아기들은 모두 건강하다. 주사를 맞거나 치료를 받는 아기는 없다."

고 대답했다. 아들은 기분이 좋아 전화하는 것이라고 말 했다. 대농이 가

족들은 모레, 일요일에 아들네 집을 방문키로 했다. 그날 대농이 부부는 손녀들의 옷과 작명서류(이름) 등을 전달하는 한편, 아들과 함께 신생아실로 가 쌍둥이 손녀들과 재 상면을 했다. 멀리서 온 두 손녀들은 세상에 출생 후 벌써 세 번째 부모들을 일희일비一喜一悲 하게 만들었다. 이제 대농이 손녀들도, 이 세상에 온지 사흘이 되었으니 매일매일 건강하게 자랐으면 좋겠다.

이틀 후, 딸아이와 대농이 부부는 승용차 편으로 아들네 집으로 출발했다. 아침기온이 영하 12도였다. 어제는 영하 16도였다. 눈이 내릴 것이라는 예보도 있었다. 집사람은 쌍둥이 손녀들 내복, 이불, 먹거리 등을 준비했다. 대농이는 작명장作名狀과 선명장選名狀, 좌우명座右銘 등을 준비했다. 모두 아들 내외에게 줄 것 들었다. 남부순환도로가 한산했다. 날씨도 추워 모두들 어제 실컷 놀은 것 같았다. 대농이 가족들도 금번 '크리스마스'에는 부처님께서 커다란 선물을 주신 것 같았다. 며늘아기가 험한 고개와 고비를 넘어 두 명의 손녀를 순산했으니 말이다. 대농이는 모처럼 즐거운 마음으로 운전을 했다. 이틀 전만해도 운전대를 잡은 대농이 손은 긴장되고 불안한 상태였다. 금년은 대농이 가족들이 모르는 사이에, 꽃다운 단풍도 떨어지고 된서리가 내렸다. 대농이 가족들은 어느새 겨울 한 중심에 서 있다. 이제 며늘아기도 건강을 회복했으며, 손녀들도 정상적인 상태가 되었다.

대농이 가족은 아들네 집에 열한시 경 도착했다. 아들 내외는 집에 있었다. 가족 다섯 명이 모두 모였다. 가족들은 우선 아기들의 이름을 선정했다. 대농이가 최도사작명소에서 미리 준비한 작명장과 선명장을 보며, 상의 끝에 최종결정은 부모가 결정했다. 모두 맑고, 밝고, 하얗다는 의미를 갖은 이름이었다. 선명장엔 각자의 출생일시(四柱), 성씨, 본관, 행렬, 수명, 건강, 부모형제, 부부관계, 결혼예상시기, 궁합宮合, 좌우명 등이 있었다. 대농이는 가족들이 잘 이해하도록 모든 내용을 상세히 설명해 주었다. 손녀들의 이름이 결정되자 모든 가족들이 좋아했다. 대농이도 옛정을 잊지 않고 상세하게 협조해 준 최도사가 고마웠다. 대농이는 며칠 전 발간한 문집, '죽을 고비' 한 권을 최도사에게 선물했었다.

회복중인 며늘아기를 제외한 가족 네 명은, 정오에 대학병원으로 이동했다. 두 명의 손녀를 상면하기 위해서였다. 상면은 신생아실에서 했다. 놀랍게도 언니는 눈을 뜨고 가족들을 쳐다봤다. 동생은 아직도 눈을 감고 잠만 잤다. 간호원이 손녀들의 상태를 설명해 주었다.

"아기들은 질소계열 원소의 일종인 인燐 성분이 적은 분유를 먹고 있다. 체중이 출생 때 보다 50g 정도 줄었는데, 일주일 후엔 다시 회복하여 집에 갈 수 있을 것이다. 오늘 신생아들의 마지막 테스트인 청력과 성대 '테스트'를 받을 예정이다."

라는 내용이었다. 집사람과 딸아이는 신비롭게 손녀들을 살폈다. 손녀들의 침대 뒤에는 호흡과 맥박 횟수가 자동적으로 집계되는 계기가 설치되어 있었다. 아버지가 된 아들도 손녀들이 정상적인 상태라는 말을 듣고 기분이 좋아보였다. 면회는 오후 한시에 끝났다. 대농이 가족들은 그동안 단골집이 된 동태찜으로 이동했다. 가족들은 모처럼 즐거운 이야기만 하며 맛있는 점심을 먹었다. 아들은 며늘아기가 주문한 '돈까스' 를 옆 가게에서 사 왔다. 그 모습을 보니, 이제 아들도 많이 컸다는 생각이 들었다.

매섭도록 추운 겨울날씨가 계속되었다. 쌍둥이 손녀들이 태어난 지도 벌써 일주일이나 되었다. 두 손녀의 이름은 동사무소 주민등록부에 기재되었다. 대한민국 국민자격을 획득한 것이다. 아들 부부는 아버지와 어머니가 되었고, 대농이 부부는 할아버지와 할머니가 된 것이다. 지금 생각하니, 손녀들이 엄마 뱃속에서 병원생활을 했던 지난날들이 오랜 세월같이 생각되었다. 긴장된 순간도 많았고, 절망적인 순간도 많았다. 그러나 그 무엇보다도 대견스러웠던 것은, 며늘아기의 인내와 꼭 성취하겠다는 의지였다. 밝고 명랑한 성격을 소유한 한 젊은 여성이, 젖 먹던 힘을 다해 일궈낸 성과라 더욱 값지게 생각되었다. 대농이는 모든 여성들의 모성애는 무한無限한 것이라는 사실도 이번에 다시 한 번 확인했다.

뿐만 아니다. 대농이는 인간이라는 한 생명이 태어나는 게, 얼마나 고귀한 것인지도 깨달았다. 엄마 뱃속에 있는 아기들 체중體重이, 출산 후 아기들의 생명과 직결된다는 사실도 이번에 알게 되었다. 새 생명의 탄생은, 어머니의 목숨을 건 희생이 없이는 불가능한 것이었다. 대농이는 인간의 생명

뿐만이 아니고, 동물, 식물, 곤충 등 모든 생명이 고귀한 것이라는 사실도 깨달았다. 인간의 어리석음과 영리함도 가늠할 수 있게 되 되었다. 대농이의 지난날, 젊고 경험 없는 상태에서 직장생활을 하고, 자식들을 낳고 양육하였다는 사실이, 얼마나 값진 결실인지도 알게 되었다. 그러나 자식들이 태어나고 성장하는 과정에서, 대농이는 무엇을 얼마나 기여했는지 생각나지 않는다. 지금도 사람들은 아가들의 분만이나 양육이, 모두 여성들의 몫이라고 생각하고 있는 것 같다. 그런 면에서 대농이 세대 사람들은, 이제라도 고개를 숙이고 여성들을 존경해야 할 것 같다.　　끝.

<기행문>

가난해도 행복한 비율빈 국민

오늘은 박대농 부부가 비율빈比律賓 '마닐라' 지역을 여행하는 날이었다. 날씨가 맑아 기분이 좋았다. 필리핀 항공기 편으로 밤 아홉시 출국하는 일정이었다. 대농이는 오전 내내 편한 마음으로 출국준비를 했다. 오후 네 시에 집을 나섰다. 서울대 정문 앞에서 출발하는 '리무진공항버스'Limousine를 이용해 인천국제공항에 가려는 행보였다. 집사람의 표정도 맑아보였다.

집에서 서울대까지는 거리도 가깝고 버스요금도 저렴했다. 대농이 부부가 탄 공항버스는 오후 네 시 반에 출발했다. 인천국제공항 고속도로 주변엔, 한참 피어나는 개나리꽃으로 노랗게 물들었다. 봄을 맞이한 한강도, 팔락이는 물결에 부서지며 눈이 부시게 출렁이고 있었다. 인천국제공항이 가까워지자 버스는 새로 개통된 도로를 달렸다. 섬과 섬 사이를 연결한 고속도로 좌우로 펼쳐지는 경치가 장관이었다.

공항에 도착한 대농이 부부는 '핸드폰로밍'부터 마쳤다. 그리고 아홉시에 비율빈항공사 '데스크'에서 탑승수속을 했다. 대농이는 항공사 여직원에게 부탁하여 창가 좌석을 배정 받았다. 곧이어 보안검색, 여권사열 등 출국수속을 마쳤다. 일 년 만에 다시 보는 상가 구조는 많이 변했다. 출국장 구조도 많이 변했다.

출국대합실에서 대기 중이던 승객들은 저녁 아홉시에 항공기에 탑승했다. 승객들은 만원이었다. 한국인 승객이 대부분이었다. 대농이 부부는 창가좌석에 앉았다. 대농이 아내는 좋아했다. 에어버스Air Bus 기종機種인 항공기는, 밤 아홉시 반에 이륙했다. 항공기는 어두움이 짙게 드리운 서해바다와 하늘을 박차고 올라갔다. 계속 남쪽으로 비행하며 고도를 높였다. 서해안에 인접한 도시 야경이 시야에 들어왔다. 항공기 승무원들의 안내방송은 영어와 비율빈 말뿐이었다. 비행 중 음악방송이나 '텔레비전' 상영 같은 서비스도 없었다. 간식시간에도 '파인애플주스' 한 병을 지급하는 게 고작이었다. 이륙 한 시간 후 기내식이 제공되었는데 밥, 소고기, 고추장, 빵, 야채 등이 나왔다. 항공기는 자정에 마닐라 '센테니얼 국제공항'에 도착했다.

창밖의 공항은 어두운 야경뿐이었다. 인적 드문 계류장엔 더위에 지친 가로등만 졸고 있었다. 대농이 일행은 입국수속을 마치고, 대합실로 나와 안내원을 만났다. 세관직원이 대합실을 나가는 승객들의 짐과 짐표를 대조했다. 도난예방을 위한 근무제도였다. 세관직원들의 짐 검사는 없었으며, 입국신고서와 세관신고서만 받았다. 대농이 일행이 이용할 관광버스는, 호화로운 치장을 하고 있었다. 버스가 출발하자 안내원이 안내방송을 했다.

"비율빈 수돗물은 석회질이 많아 음료수로는 부적합하다. 국민들의 생활수준은, 이십년 전 한국사회 정도 수준이다. 여행 중 잡상인들을 조심해야 한다. 한국여권은 이백오십만 원에 암거래 되며, 미국비자가 있으면 천만원도 받을 수 있다. 직장인들의 평균임금은 한국 돈 35만 원 정도다. 비율빈은 서유럽 풍습이 뿌리내린 나라이다. 화폐단위는 '페소'인데 일 페소는 한국 돈 25원 정도다."

대농이 일행은 새벽 두시에 호텔에 투숙했다. 객실이 넓어 마음이 후련했다. 텔레비전에선 한국 방송도 청취할 수 있었다. 대농이는 취침 전에 시계를 한 시간 뒤로 돌려놓았다.

비율빈 여행 두 번째 날이었다. 대농이 일행들은 다섯 시간도 못자고 아침 일곱 시에 기상했다. 이국땅에서 만난 첫 번째 아침, 날씨가 덥지 않고 하늘도 맑아 기분이 좋았다. 호텔 구내식당에서 아침식사를 했다. 동남아국가 특유의 열대과일과 각종 음식이 풍부했다. 대농이 아내도 낯익은 자세로 즐겁게 아침식사를 했다. 일행들은 아홉시 반에 버스를 타고 관광일정에 나섰다. '따까이따이' 화산지대로 향발했다.

어제 듣던 안내원의 설명이 또 시작됐다.

"비율빈은 1521년 '마젤란'에 의해 세부섬CEBU이 발견되어 세상에 알려졌다. 미국, 스페인, 일본의 통치를 받았던 나라다. '지프니' 차량은 미군들이 주고 간 '지프차'를 주민들이 개조하여 만든 것이다. 그러나 지프니는, 교통정체와 대기오염의 주범 이다. 마닐라는 '베이'Bey,灣가 있는 해변도시고, 과거와 현재, 미래가 공존하는 도시다. 빈부 격차가 극심하고, '마닐라' 시민들의 월평균임금은 한국 돈 35만원 수준이다. 중국, 스페인, 미국 혼혈아가 많으며, 종교는 천주교가 83%에 달한다. 정권政權은 두 차례 주민항쟁으로 교체되었다. '마르코스'가 퇴진하고 '에스트라다' 대통령과 '아로요' 대통령 정부가 탄생했었다. 비율빈은 사무四無의 나라다. 비율빈엔 신호등, 대머리, 안경 낀 사람, 아파트단지가 없는 나라다. 신호등과 도로표지판은 도로 양쪽에 있다. 기차에는 창문이 없는데, 쓰레기 무단투기와 무임승차를 예방하려는 조치다. '마닐라'는 '룻손섬'에 위치해 있고, 남부고속도로는 한국의 남광토건이 건설했다. 장례풍습은 평지에 매장하는 게 전통풍습이다."

대농이 일행이 달리는 도로 주변에는, 야자수, 바나나, 파인애플 농장이 즐비했다. 전형적인 열대지방 농촌이었다. 일행은 정오에 과일가게 앞에서 휴식을 취했다. 해발 칠백 미터 지역이었고, 멀리 화산지대가 보였다. 대농이 일행은 여덟 명씩 '지프니'를 타고, 비탈길을 따라 '따알호수' 가로 내려왔다. '따알호수' 는 화산으로 만들어진 '칼텔라호수' 인데, 바다 같이 넓어 보였다. 호수 안에는 섬들도 여기저기 보였다. 일행들은 호수 가 식당에서 점심식사를 했다. 휴식을 취한 후, 일행들은 여섯 명씩 조각배를 타고, 호수를 건너 '따가이따이' 화산지대로 이동했다. 드디어 일행들이 귓속에 배도록 들어 온 화산지대에 온 것이다.

마을 입구엔 조랑말과 마부, 상인, 관광객들이 초만원을 이루어 시장처럼 북적였다. 땅바닥에는 화산재가 두텁게 쌓여, 뿌연 먼지가 하늘에 가득했다. 많은 어린이들이, 손에 마스크 같은 상품을 들고 흔들며

"원 달러1$" "원 달러"

를 외쳤다. 어린이들이 너무 많아 무섭게 느껴지기도 했다. 대농이 일행은 한 줄로 늘어서 기다리며, 순서에 따라 한명씩 조랑말에 올랐다. 마부馬夫와 함께 화산지대 분화구까지 올랐다 내려오는 '조랑말 트레킹'이 시작된 것이다. 마부는 남자, 여자, 노인, 소년, 소녀 등 다양했다. 조랑말들도 큰놈,

작은놈, 갈색, 흰색, 회색 등 다양했다. 대농이 부부는 회색 조랑말을 만났다. 그런데 대농이 아내에게 작은 조랑말이 배정되었다. 대농이 아내는 작은 조랑말 등에 소녀마부와 함께 탔다.

조랑말을 타고 '따알분화구' 까지 오르는 고갯길은 좁고 험난했다. 약 삼 킬로미터 정도의, 좁은 고갯길을 오르는 인파들이 법석을 피우는가하면, 관광을 마치고 내려오는 인파들도 많아, 서로 뒤엉키고 아수라장을 이뤘다. 계속되는 말발굽으로 화산재가 뿌연 연기처럼 공기를 타고 올라왔다. 화산재가 땀에 젖은 관광객들의 얼굴과 옷에 사정없이 달라붙었다. 위험한 낭떠러지도 여기저기 숨어있어 몹시 불안했다. 큰 사고가 날 수 있는 최악의 여행조건이었다. 대농이 뒤에는 아내가 조랑말을 타고 따라 올라왔다. 대농이는 아내가 끝까지 해낼 수 있을 지 걱정스러웠다. 대농이는 뒤돌아보고 또 돌아보고, 주의도 주고 소리도 지르며 정상을 행해 올라갔다. 대행이 대농이 아내도 험한 환경을 모두 극복했다. 조랑말 트래킹은, 고개를 오를 땐 몸을 앞으로 굽히고, 내려갈 땐 몸을 뒤로 제처야, 말과 사람의 호흡이 맞는 것이었다. 일행들은 땀과 화산재가 뒤범벅 된 상태에서 정상에 있는 분화구에 도착했다.

분화구에 오른 관광객 모두의 얼굴은 붉게 상기되었다. 대농이 부부는 우선 '코코넛'을 한 개씩을 사 물을 빼 마셨다. 타들어가는 목을 축이고 생기도 회복되었다. 관광객들은 유황성분이 검붉게 남아 있는 분화구와, 호수를 발밑으로 굽어보았다. 분화구 호수 주변의 흙도 검붉게 물들어 괴상스런 느낌이 들었다. 일행들은 숨을 죽이고 조심스럽게 호수를 내려다보며 감탄 했다. 안내원은

"이곳이 세계에서 가장 작은 활화산 분화구와 호수다."

라고 소개했다. 대농이 일행은 분화구정상에서 휴식을 취하고 기념촬영도 했다.

하산 길은 등산 길 보다 더 힘이 들었다. 조랑말 등위에서 몸을 뒤로 살짝 제치는 자세를 취해야 하는데, 그게 그리 녹록碌錄한 동작이 아니었다. 험난하고 좁은 비탈길을, 말들이 사람을 태운 채로 서로 비켜가는 모습은,

아슬아슬하기도 하고 불가사의不可思議하게 생각되기도 했다. 일행들 모두 안전사고를 걱정하면서 지루하게 내려왔다. 대농이는 집사람과 소녀마부가 고맙기까지 했다. 대농이 일행은 마을에 도착하여 소녀마부에게 수고비소를 지불했다. 힘들고 걱정이 많았지만 보람 있는 체험을 했다. 대농이는 처음으로 활화산 분화구와 유황냄새 풍기는 호수를 보았다.

대농이 일행은 다시 '벙커선'을 타고 넓고 넓은 '따알호수'를 건넜다. 빠른 속도로 달리는 배는 파도와 물방울을 만들어, 관광객들의 옷을 젖게 만들었다. 호수가 아닌 바다라고 말해야 옳을 것 같았다. 호수 주변 야산 이곳저곳에서 산불이 난 것처럼 연기가 피어오르고 있었다. 화산지대 지열군이었다. 안내원은

"관광객을 위한 조랑말을 농촌에서 오백여 마리 사육하고 있다. 활화산을 상품화하여 생계를 유지하고 있는 마을이다."

라고 소개했다. 일행들은 '지프니' 편으로 주차장으로 이동하여 호텔로 향발했다. 조랑말 트레킹에 지친 관광객들은 코를 골며 낮잠으로 체력을 회복했다.

오늘이 예수가 탄생한 부활절이었다. '마닐라' 주민들이 시가지에서 부활절 기념행진을 하는 모습이 보였다. 안내원의 방송이 단잠을 깨웠다.

"천주교가 뿌리내린 비율빈 주민들은 부활절에 '예수부활재현행사'를 한다. 미리 선발된 남자신도 한명을, 십자가에 못 박고, 칼로 배를 찔려 피 흘리게 하는 행사를 한다. 상상이외로 행사 대상인물로 선정되기를 희망하는 청년들이 많다. 비율빈 국민들에게 천주교는 생명 그 차체다. 비율빈 주민들은, 가난해도 '파티문화' 가 발전했고, 행복지수도 높다. 비율빈의 일몰시간은, 일 년 내내 오후 다섯 시 경이며, 밤이 약간 길은 나라다. 비율빈 내 한국인 교포 규모는 십만 여명 수준이다."

라고 소개했다. 대농이 일행은 초저녁에 취침하여, 어제 밤 부족했던 잠을 보충할 수 있었다.

비율빈 관광 셋째 날이 밝았다. 일행들은 오늘도 일찍 기상했다. 호텔 구내식당에서 아침식사를 끝낸 후 자유시간도 즐겼다. 오늘도 열대과일을 많

이 먹은 대농이 아내의 표정은 밝았다. 대농이 일행은 '히든벨리'로 출발했다. '히든벨리는' 산림욕과 온천욕이 가능한 '칼라완시' 지역 내 '마킬링산' 속에 있었다. 제2차세계대전에 참전했던 일본병사 한명이, 오십여 년 간 동물과 함께 살아오다 최근에 발견되어, 화제의 대상이 되었던 그 곳이었다.

안내원의 안내활동이 시작되었다.

"차도에는 '자전거택시'와 '오토바이택시'도 많다. 아들보다 딸을 더 귀하게 여기고, 가난과 행복을 함께하는 나라가 비율빈이다. 자동차 번호판은, 앞판만 진짜고 뒤판은 소유자가 자유롭게 새겨 달고 다닌다. 이혼율도 세계적으로 적다. 이혼소송이 제기되면 법원의 조정기간이 사년이고, 가정법원의 판결을 받는데도 이년이 소요된다. 이혼하는데 육년이 걸리도록 의도적인 법적장치를 마련한 것이다. 쌀농사는 일 년에 세 번 이상 경작이 가능하지만, 농지휴식년제도에 따라 쌀, 보리, 쌀, 기타, 등 순서로 윤작輪作을 한다.

관광객들은 열한시에 1972년에 발견된 계곡 '히든벨리'에 도착했다. 일행들은 간단한 삼림욕을 한 후, 식당으로 안내되어 점심식사를 했다. 비율빈 전통음식점이었다. 식사 후 온천욕이 시작되었다. 그러나 물의 온도가 낮아 대농이 부부는 온천욕을 포기했다. '뉴질랜드' 같은 온천욕이 아니고, 계곡물이 모이도록 욕조를 만들어, 노천욕을 하는 곳이었다. 욕탕 물의 온도도 계곡물과 다름없고 지저분해 보였다. 탈의실도 근무자 없이 허술하여, 여권, 돈, 귀중품 등을 보관할 수 없는 상태였다.

대농이 부부는 삼림욕을 하고, 육백년이 넘는 열대림을 구경하며 시간을 보냈다. '히든벨리'는 관광객들에게 별다를 인기를 끌지 못했다. 히든벨리는 한 때, '아퀴노' 대통령의 영부인 '이멜다' 여사의 소유였다. 대농이 일행은 오후 세시에 호텔로 출발했다. 모든 관광객들이 버스에서 낮잠을 즐기며 셋째 날의 여독旅毒을 풀었다. 일행은 마닐라 시내 한정식집에서 저녁식사를 하고 호텔로 귀환했다. 대농이는 여유시간에 호텔 일층에 있는 바bar에서 포도주를 즐겼다.

비율빈 관광 네째 날이 밝았다. 대농이 일행은 오늘도 호텔 구내식당에서 아침식사를 했다. 마지막 일정인 '팍상한폭포'로 출발했다. 세계 칠대 절경 중 한 곳이라는 '팍상한폭포'는, 마닐라에서 동남쪽으로 백 킬로미터 떨어져 있었다. '라구나주'에 소재하고 있는데, 버스 운행 시간이 두 시간이었다. '버스투어' 중 계속 농촌풍경이 눈에 들어왔고, 벼농사, 과일농장이 자주 보였다. 대농이 일행은 이제, 야자수와 바나나 같은 열대과일을 보는 게 당연시 여겨졌다. 일행들은 모두 자신이 지금 열대지방에 몸담고 있다는 생각을 자연스럽게 했다.

대농이 일행은 정오에, '팍상한폭포'에 도착하였다. 날씨가 맑고 더웠다. 일행들은 낡은 탈의실에 안내되어 수영복으로 갈아입었다. 계곡으로 내려가 두 명씩 '카누'에 몸을 맡겼다. '카누'는 한강처럼 넓은 계곡 급류를 거슬러 올라갔다. 대농이 부부가 탄 카누의 사공들은, 늙은 아버지와 그의 아들이었다. 사공들은 손과 몸으로 카누를 밀며, 3Km정도 되는 급류急流를 거슬러 올라갔다. 대농이는 부자夫子 사공들이 애쓰는 모습을 보고 크게 감동했다. 힘과 요령 및 재주가 보통이 아니었다. 카누 좌우로 계속 이어지는 계곡의 절벽 풍경은, 수천억년을 거쳐 조성된 절경이었으며, 자연문화재였다. 세계 삼대 폭포 중 하나였다. 대농이는 미국의 대협곡 '그랜드캐년'이 생각났다.

사공들이 힘을 쓰며 만드는 물방울과, 카누가 기우러질 때 흘러들어오는 물은, 관광객들의 옷을 적시기에 충분했다. 대농이도 카메라가 물에 젖을까 조바심을 했었다. '팍상한폭포'는 계곡이 끝나는 지점이 있었다. 백 미터 이상 되는 절벽에서 폭포수가 떨어졌다. 폭포는 엄청난 분량의 물이 한꺼번에 쏟으며, 깊고 넓은 웅덩이를 만들고 있었다. 관광객들을 태운 '카누'는, 웅덩이를 한 바퀴 돌아 나오며, 관광객들이 쾌감을 느끼게 했다. 운집한 관광객들은 감탄사를 연발하며 사진촬영에 여념이 없었다. 폭포수에 혼魂이 빠져 웅덩이에 빠지는 사람도 있을 것 같았다. 그렇게 힘들게 올라온 곳의 풍광은, 힘들었던 만큼 아름다웠다. 지금 생각해도 '팍상한폭포'는 시원하고 웅대한 명승지였다.

흘러 내려가는 계곡물을 따라 귀환가하는 카누는 너무 수월했다. 우선 사공들이 힘을 들이지 않아 관광객들의 마음이 편했다. 순식간에 출발지에 도착했다. 대농이는 오후 한시에 부두에 돌아와 부자 사공들에게 수고비를 주었다. 대농이 일행은 비율빈 전통음식으로 점심식사를 했다. 현지 주민들의 식사를 체험해본 것이다. 비율빈 전통음식은 느끼한 감각이 돌았다. 문명인들의 식사가 아니고, 옛날 사람들이나 인디언들이 먹는 음식 같이 생각되었다. 식사 후, 대농이는 가게에서 야자 한 개를 구입하여 물을 마셨다. 무더위와 갈증을 달래보기 위해 먹었다. 안내원 말대로, 야자수는 많이 먹어도 배탈이 나지 않았다. 대농이는 야자수 물을 여러 번 마셨다. 일행들은 무더위를 이기며 '버스투어' 로 호텔에 도착했다. 내일은 귀국하는 날이다. 일행은 마닐라호텔로 이동하여 저녁식사를 했다. 호텔 방 마다 짐 꾸리는 소리가 요란했다.

비율빈 관광 마지막 날이었다. 아침식사 후, 버스로 시내관광을 시작했다. 먼저 '리잘공원'Jose.P.Riza으로 갔다. 시인, 의사, 독립운동가인 리잘은, 스페인 통치시절 에 비율빈 국민들의 국부적國父的인 인물이었다. 후세 국민들은 '리잘' 을 영원히 기리기 위해, 세계에서 제일 규모가 큰 공원을 '마닐라베이'에 만들어 놓았다. 공원 안에는 1531년 축조한 '마닐라대성당' 도 있고, 미국과 비율빈이 전쟁 후 '국가이양양해각서'를 교환하였던 '기적의교회' 도 있었다. 비율빈 국민들은, 수백 년 간 원형을 그대로 간직하고 있어 기적의교회라고 부르고 있다. 공원에는 스페인 군부대의 본부였던 '샌디에고 요새'도 있다. 국부國父 '조세 리잘' 이 수형생활을 했던 감옥이다. 요새 옥상에 오르면 마닐라호텔과 해변이 눈앞에 펼쳐진다.

주마간산走馬看山 격으로 시내관광을 마친 일행들은 쇼핑시간을 가졌다. 마닐라호텔 건물 안에 있는 상점이었다. 진주, 노니, 라텍스, 꿀, 과자, 민속공예품등 여러가지 상품을 판매하고 있었다. 출국을 서두른 일행들은, 마닐라 '센테니얼국제공항'에 도착했다. 공항 근무자들의 나이가 많아 보이는 점이 특이했다. 안내방송도 영어와 비율빈어로만 나왔다. 그러나 승객은 거의 한국인이었다. 대농이는 후진적인 항공기 서비스라고 생각 했다. 하늘에서 내려다보이는 '마닐라'는, 바닷가에 위치해 있고, 고층건물이 없는 도시라는 점이었다. 시가지의 도로망은 그런대로 잘 정리되었지만, 현대식 건물다운 건축물들이 보이지 않았다. 마닐라는 비율빈의 수도라는 생각을 할 수 없었다.

대농이 부부가 탑승한 항공기는, 지평선 너머로 붉게 물드는 저녁노을 속에, 태평양 상공에서 북상했다. 짧은 여행이었다. 대농이가 현직 근무시절, 그토록 와보고 싶었던 비율빈이었다. 십년이 넘도록 관심을 갖고 공부했던 비율빈은 생각보다 가난한 나라였다. 그러나 국민들은 가난을 탓하지 않고, 순박하고 정직하게 살아가며, 어제도 오늘도 행복을 만들고 있었다. 비율빈 국민들은 내일도 행복할 것이다. 하늘도 무심치 않아, 그들에게 종교와 일년 내내 따듯한 기후를 선물한 것 같았다. 대농이 일행이 인천국제공항에 도착한 건 초저녁이었다. 서울의 밤은 아직도 쌀쌀했다. 서울의 야경은 분명히 마닐라 보다 화려했다. 한국이 비율빈 보다 한 수 위에 있다는 사실은 틀림없는데, 우군과 적군을 구별 못하는 국민정서가 문제인 것 같았다. 국민 행복지수는 비율빈이 한국보다 한참 높았다. 끝.

<기행문>

노동골의 절규

아침하늘이 청명하다. 오월 날씨답게 구름 한 점 없다. 텅 빈 하늘을 헤치고 박새 한 쌍이 동쪽으로 날아갔다.

"박새들도 강릉으로 가나?"

박대농이는 그런 생각을 하며 아침산책을 끝냈다. 오늘은 대농이 친목회원들이, 강원도 강릉지방으로 여행가는 날이다. 정년퇴직을 한 옛 직장에서 마련한 여행이다. 옛 직장은 일 년에 한 번씩 퇴직직원들에게 국내여행을 시켜준다. 회사 측은 현직 간부들도 동참하도록 조치했다. 고마운 일이다. 전,현직 직원들이 일박이일 간 어울리면, 현직직원들은 자연스럽게 선배들의 경험담을 들을 수 있다. 사장님께서도

"퇴직 직원들의 회사 사랑이, 웬만한 홍보사업보다 더 효과적이다."

라는 견해를 밝히시곤 한다. 대농이가 몸담았던 회사 사장님은 정말 대단한 분이시다. 이번 여행에서 친목회원들은, 강원도에 있는 월정사, 설악산, 낙산사, '이승복기념관' 등지를 여행할 예정이다.

(주)두무실 버스는 서울시 '서초구민회관' 주차장에서 대기하고 있었다. 출발 삼십분 전인데 십여 명의 회원들이 도착해 있었다. 가족들도 보였다. 엊그제 비가 내려 내심 걱정을 했는데, 오늘 날씨는 화창했다. '스승의 날'을 하늘도 아는 것일까, 아니면 '두무실친목회' 회원들을 봐주는 것일까. 회원들의 표정도 날씨만큼 맑았다. 아침인사를 하는 회원들의 손은, 힘과 자신감으로 꽉 차있었다. 총무과장과 섭외담당은 출발준비에 여념이 없었다. 사장님이 도착하자 버스 안 분위기는 일순간 웅성거렸다. 총무과장의 인원보고가 뒤따랐다. 버스는 예정대로 열시 정각에 출발했다. 경부고속도로를 주행하다 영동고속도로로 진입해 동해안 쪽으로 시원스레 달렸다. 용인시

지역을 통과하는데 버스 안은 조용했다. 대화가 없었다. 정적을 깨뜨리며 버스 기사가 음악을 서비스했다. 가족 한 명이

“음악 감상 대신 조용히 밖의 봄 경치를 감상하는 게 좋겠다.”

는 의견을 제시했다. 총무과 직원들은 미리 준비한 주전부리 용 음식을 들고 부지런하게 버스 통로를 오갔다. 생수, 과자, 땅콩, 마른오징어, 음료수, 맥주 등 음식도 많았다. 현직 직원들이 자주 쓰레기도 수거해, 선배들은 편했다.

회원들의 눈은 창밖에 고정되어 있었다. 오월이 만들어 낸 싱그러운 연록색 산하를 감상하고 있었다. 빗물로 목욕한 신록의 숲들이, 눈부신 초여름의 햇빛을 반사시키며, 도심생활에 찌든 회원들의 가슴을 씻어주고 있었다. 하얗게 만개한 아카시아 꽃 군락도 여름을 노래했다. 산 밑에 수줍게 얼굴을 내밀고 있는 분홍빛 철쭉꽃도, 봄의 꼬리를 장식하고 있었다. 이천시 관내에 들어서자, 모내기를 끝낸 넓은 벌판이 나타났다. 흰옷을 입고 산 밑에서 논일하는 농부의 모습이, 동양화처럼 아름다웠다.

대농이는

“이렇게 아름다운 자연을 감상할 수 있는 계절에, 여행을 주선한 사장님이 참으로 고맙다.”

말을 친구에게 했다. 행사 참석 회원들은 여행이 끝날 때까지, 계절의 여왕 오월의 신록과, 꽃들이 어우러진 장관을 감상할 수 있었다. 대농이는 차창 밖으로 다가오는 오월의 잔치에 흠뻑 빠져 있었다. 대농이는 오대산국립공원과 설악산국립공원도, 온갖 식물들이 잎을 내밀고 꽃을 피워, 열매로 후손을 이으려는, 대자연의 교향곡을 연주하고 있을 것이라고 생각했다.

이천휴게소가 가까워지자 사장님의 인사말씀이 시작되었다. 회원들은 자세를 고쳐 앉으며 눈길을 전방으로 주었다.

“사장 얼굴이 못생겨 미안하다.”

고 인사했다. 사장님의 관심집중을 위한 동기부여에, 회원들의 입은 가볍게 열렸다. 몇 사람은 낮은 웃음도 만들었다. 사장님은 계속 말을 이었다.

“ ‘두무실친목회’ 회원들에게는 계급도 없고 차별도 없다. 모두 평등할

뿐이다. 일 년에 한 번 하는 모임이니, 모두 적극적이고 긍정적인 자세로 동참해, 좋은 추억 만들기 바란다. 하루하루를 멋지게 살면 인생 전체가 멋지게 엮어지는 것이다. 내가 양보하고 솔선하는 자세가, 단체활동을 성공적으로 끝낼 수 있는 열쇠다."

라고 강조하셨다. 인사말을 끝 낸 사장님은, 참석한 가족들에게 세수수건을 한 개씩 선물했다. 사장님은

"여성들은 술을 마시지 않을 것이기 때문에, 여성들만 드리는 것."

이라고 밝혀 박수와 함박웃음을 끌어냈다.

가족들의 박수가 끝나기 무섭게, 총무과장의 여행일정 소개가 이어졌다. 상당히 꼼꼼하게 만들어진 일정이었다. 식당이나 절의 전화번호는 물론이고 이동 거리와 소요시간도 파악되어 있었다. 선발대가 사전답사를 했던 것 같았다. 일행들의 박수가 끝나자 버스는 여주휴게소에 주차했고 휴식시간이 주어졌다.

버스는 문막, 새말을 지나고 '진부나들목'에서 빠져나왔다. 오후 한시가 넘어 점심식사가 예약된 식당에 도착했다. 개울가에 있는 사십여 년 된 고옥古屋이었다. 외벽을 돌담으로 처리해 산골 냄새가 물씬 풍겼다. 점심식사는 회원들이 마주하는 첫 번째 만남이었다. 참석자 사십삼 명 전원에게, 자기소개의 기회가 주어졌고, 박수 소리도 계속되었다. 그래도 남자들만 앉은 자리와는 분위기가 달랐다.

사장님은 건배사를 통해

"나는 매일 아침 잠자리에서 눈을 뜨면, 우선 손발을 움직여 보고 이상이 없으면, 오늘도 하루를 신나게 살 수 있는 기회가 주어졌다. 긍정적으로 일과를 시작하자."

고 다짐 한다며 분위기를 띄웠다. 식사 중반전이 넘어 분위기가 익어가자, 회원들은 맥주와 소주를 서로 권하며, 자기 특유의 건배사를 했다. 완전히 부드러운 분위기가 만들어졌다. 웃음소리가 집 밖으로까지 흘러나왔다. 전직직원과 현직직원들은 너무도 쉽게 옛정을 회복시켰다.

버스는 월정사로 향발했다. 명소탐방이 시작된 것이다. 차도가 좁아지며

오대산 원시림이 나타났다. 이십 분 만에 도착한 월정사는 일주문과 사천왕문이 방문객들을 맞이했다. 오대산 명당에 자리 잡고 있는 월정사는 넓고 웅장했다. 신라 선덕여왕 12년 (643)에 창건되었다는 안내판 문구가 돋보였다. 회원들은 우선 국보8호 '팔각구층석탑'八角九層石塔 앞에서 기념촬영을 했다. 많은 사람들의 축원祝願이 계속되고 있는 적광전大雄殿을 시작으로 경내境內를 관람했다.

부처님 진신사리 37과가 소장되어 있는 성보박물관, 보물 139호 '석조보살좌상'石造菩薩坐像, 삼성각, 무량수전, 금강루, 용금루, 요사채 등 전각殿閣이 스물 두개나 있었다. 월정사는 대한불교 조계종 제4교구 본사本寺고, 43개의 말사末寺를 거느린 불교성지였다. 방문객들의 발걸음도 계속 이어졌고, 금년 초부터 오늘 현재까지의 방문객 수가 칠십 이만 여명으로 집계되었다. 경내는 깨끗하고 질서 있게 정돈되었으며, 스님들의 행보도 활발해 보였다. 회원들은 전나무 숲 삼림욕장을 거닐며, 원시림을 감상하고 맑은 공기도 충전시켜다. 주차장으로 향하면서 사장님의 화두話頭 제시로 계속된 이야기는 '호국불교정신'이었다.

회원들은 월정사를 뒤로하고 진고개를 넘어, '두무실수련원'으로 출발했다. 수련원은 동해 바닷가에 있다. 버스는 해발 700m 지점인 진고개 정상을 통과하고, 구불구불한 비탈길을 천천히 내려갔다. 모두 안전벨트를 착용하라는 운전기사의 당부도 전달되었다. 고산지대답게, 산봉우리 위에 떠도는 뭉게구름들이 손에 잡힐 듯 다가오고, 굽이굽이 이어지는 산등성이와 운무 서린 계곡들이, 발 아래로 아득했다. 비탈길 좌우에는 형형색색의 들꽃이 어우러져, 신선神仙들이 사는 세계처럼 느껴졌다. 인적 없는 이곳 심심산천深深山川의 꽃들이 모두 고독해 보였고, 대농이를 추억 속으로 빠지게 만들었다. 군데군데 수줍게 피어 있는 철쭉꽃은, 고향 뒷동산에서 울던 뻐꾹새를 생각나게 했다. 아카시아 꽃잎은, 여인들의 버선을 닮은 꽃이라며, 너나없이 무작정 따먹던 생각을 불러왔다. 뿐만 아니었다. 희고 붉은 꽃잎이 함께 어우러진 찔레꽃은, 초등학생 시절에도 너무 많이 꺾어 먹다 입술을 다친 꽃이었다. 보라색 오동나무 꽃은, 돌아가신 어머님께서, 누나가 시집갈

때 농을 짜 줄 것이라던 꽃이었다. 붉은 들장미! 들장미야말로, 사춘기 때 우리들의 자화상이 아니었던가. 박대농은

"이렇게 아름다운 날, 아름다운 경치를 보고, 나는 왜 아련한 생각만 하는 것일까. 즐거운 생각을 해야지."

하고 놀라며 자세를 고쳐 앉았다. 그런데 다른 회원들도 창밖의 무릉도원 같은 풍경에 넋을 잃은 모습이었다. 모두들 말이 없었고, 버스 안은 오직 적막감만 흐르고 있었다. 대농이는

"아! 나이가 먹어서 그럴 것이다."

하며 다시 창밖을 보았다. 모내기를 막 끝낸 산골 다랑이들이 나타났다. 꿈길 같았던 비탈길이 끝났다고 생각되자, 버스는 국도로 진입하여 양양군 쪽으로 달렸다. 주문진, 남애항, 하조대를 지나, 해가 서쪽 산등성이에 걸렸을 무렵 '두무실수련원'에 도착했다.

정문을 통과하자 백사장과 동해바다가 보이고, 어선들이 점같이 아득하게 사라졌다. 깨끗한 주차장과 본관건물이 눈길을 끌었다. 회원들은 숙소를 배정 받았다. 십여 평 구조로 지어진 숙소는 오십 여동 되었다. 난방장치는 물론 침구, 텔레비전, 화장실, 샤워시설 등 모든 게 호텔 부럽지 않았다. 창문을 열면 동해바다가 눈앞에 펼쳐지고, 식당도 있어 휴양지로는 더 부러울 게 없었다.

여장을 풀고 편하게 휴식을 취한 회원들은, 다시 본관건물 휴게실에 모였다. 회사발전을 위한 토론과 저녁식사 및 화합의 시간을 소화하기 위한 모임이었다. 사장님이 먼저 말문을 열었다.

"토론시간은 길고 지루하게 할 필요가 없다. 회원들이 소신을 자유롭게 말할 수 있는 분위기가 중요하다. 지금 이 곳에서 간단하게 하는 게 좋겠다."

는 의견을 제시했다. 위층에 있는 회의실을 이용할 것으로 예상했던 대농이의 생각은 빗나가고 말았다. 사장님의 특이한 지휘력을 감지할 수 있는 순간이었다.

사장님은

"토론 같은 무거운 단어를 생각하지 말고, 조직발전에 도움이 될 것 같다고 생각되는 의견들이 있는 사람은, 서슴없이 한마디씩 해주고, 없는 사람은 듣기만 해도 된다. 오늘은 모두 잘 먹고, 잘 즐기고, 잘 쉬는 하루가 되어 주기 바란다."

고 보충설명을 하셨다. 총무과 소속 섭외담당 직원은, 이 곳에서도 주전부리 용 음식을 제공했다. 분위기가 더욱 부드러워졌다. 전현직 직원들이 한마디씩 의견을 발표하는 데는, 많은 시간이 필요하지 않았다. 제기 된 의견 중 공감대가 형성된 내용들은 아래와 같았다.

● 내년부터 전직과 현직 직원이 모두 참여하는 행사로 격상한다.

● 등산대회도 개최하고, 가족들이 동참할 수 있도록 문호를 넓힌다.

● 전현직 직원들의 지위와 자격은 동일하다는, '회원동일체의식'을 확산시킨다.

땅거미가 내려앉아, 회원들이 저녁식사를 위해 도착한 곳은, 남애항 부두가 횟집이었다. 해가 지자 시커먼 산 그림자가 동해바다에 드리워졌다. 오징어잡이 어선들이 등불을 환하게 켜고, 멀리 바다 위에 떠 있었다. 식당 종업원들은 바닷고기 회와 매운탕을 비롯 한치, 해삼, 멍게, 오징어무침 같은 밑반찬을 풍성하게 진설했다. 어촌다운 인상이 짙게 풍기는 식단이었다. 두 번째 함께 하는 저녁식사! 회원들의 마음도 활짝 열렸고 가족들의 입도 모두 열렸다. 좌중座中을 명랑한 분위기로 바꾸고, 함성과 박수를 유도하는 데는, 사장님의 능란한 화술이 돋보였다. 대농이는 양주가 보이지 않아, 폭탄주 없이 그럭저럭 넘어가나 했더니, 사장님이 소주와 맥주로 '소맥탄'을 만들어 돌렸다. '노털카'는 기본이었다. 사장님을 중심으로 우측으로 돌아갔는데 벌주가 제법 잘 팔렸다. 한잔을 더 마시고 싶어, 고의로 노털카를 위반하는 회원도 있었다. 웃음소리가 식당을 떠나지 않았다. 사장님과 전직직원인 '두무실친목회' 회장의 짓궂은 대거리가 좌중의 폭소를 자아냈다.

식사를 마친 회원들은 버스로 이동하여 수련원 노래방으로 들어갔다. 화합의 시간이 시작되었다. 노래자랑은 남자회원들이 먼저 한 곡조씩을 부른

다음, 가족들이 부르는 순서로 진행되었다. 남자들이 우선 분위기를 조성해야 되는 거라는, 흑기사 같은 신사도가 발휘되었다. 여섯 명의 회원이 불렀는데 모두 구십 점 이상의 점수가 나왔다. 나머지 회원도 모두 불렀지만 백점도 없고 팔십 점대도 없었다. 노래방 기계가 고장이라는 의견이 팽배한 가운데, 가족들의 노래가 계속되었다. '개똥벌레'를 부른 가족이 백점을 받았다. 우뢰 같은 박수가 쏟아졌다. 기계 고장이라는 꼬리는 내려야 했다. 이어 '부부노래자랑'이 계속되었다. 부부합창이라고는 하지만, 주로 여자들만 열심히 부르고, 남자들은 대부분 어정거리기만 했다. 회원들의 관심이 이완된 상태에서, 군대생활을 많이 했던 회원 부부가 백점을 받았다. 노래방이 떠날 것 같은 박수를 받았다. 그리고 벌금도 만원을 진행자에게 냈다. 노래를 너무 잘했고, 박수도 많이 받은 대가의 벌금이었다. 웃기는 벌금이었다. 대농이는 대부분의 회원들이 노래도 잘했고, 자세 또한 세련되었다고 평가했다. 모두가 다 가수 같이 보였고 노래방 출신 같았다. 예로부터 가무를 즐겼던 백의민족의 후예들! 화합에는 노래자랑이 제일 좋은 것 같았다. 회원들은 시원한 바닷바람을 마시고 달빛을 밟으며 각각 숙소로 향했다.

어제 밤 잠 자리에 들며 동해의 일출을 보겠다고 다짐했는데 다행히 성공했다. 눈을 뜨자마자 거실 커튼을 밀어붙이니, 장엄한 일출이 영롱한 운무 속에 숨어있었다. 대농이 부부는 해가 완전히 운무를 헤집고 나올 때까지 일출을 구경했다. 일출이 끝나니 숙소마다 웅성거리는 소리가 들렸다. 대농이도 귀가를 위한 짐을 완벽하게 챙겼다. 그리고 구내식당에서 회원들과 합류했다. 삼삼오오 모여 있는 회원들은 이런저런 이야기꽃을 피우고 있었다. 밤사이 우정이 더욱 두터워진 것 같았다. 식사를 마친 회원들은, 밤새워 고기잡이를 잡고 귀가하는 오징어잡이 어선들을 뒤로하고, 설악산국립공원으로 출발했다.

전에도 몇 번 보았던 설악동 길은 반가웠다. 권금성에 오르려고 '케이블카'를 기다렸다. 계절이 좋아 관광객들도 많았다. 오십 명이 정원인 '케이블카' 두 대가 쉴 사이 없이 오르내렸다. 그래도 대합실은 항상 만원이었다. '용금산성' 으로도 불리는 권금성은, 몽고의 침략을 막기 위해 축조되었는데, 거의 형체를 발견 할 수 없었다. 해발 700m 지점에 대합실이 있었고, 800m 지점인 봉우리 정상까지는 도보로 이동했다. 사방으로 전망이 좋았다. 울산바위, 신흥사, 통일불상, 주전계곡이 굽어보였다. 내설악의 아름다운 절경도 만끽할 수 있었다. 몇 십 년 만에 올라 본다는 회원들이 많았다. 나이가 많은 회원들은, 자식들이 어렸을 때 케이블카를 타 봤고, 지금 두 번째라고 말했다. 대농이도 마찬가지였다. 회원들은 주차장으로 이동하며 '통일불상'에 관한 이야기를 했다.

회원들은 속초시 동명동에 있는 식당으로 이동해 해물전골로 점심을 먹었다. 이 곳도 해물 밑반찬이 풍성하고 싱싱하게 나왔다. 그러나 어제 저녁 식사 때와는 다르게 술이 남아돌고 전골만 바닥났다. 귀가하는 일정 때문인 것 같았다. 회원들은 낙산사洛山寺로 이동했다. 우선 의상대義湘臺에 들렀다. 바닷가 절벽 에 있는 전각이었다. 관동팔경關東八景 중 한 곳이라는 낙산사에서도, 가장 전망이 좋은 위치였다. 회원들은 기념촬영 후 도보로 낙산사까지 올랐다. 대부분의 전각들이, 삼 년 전에 발생한 화재로 소실되어 복원되었다. 그래도 주변 환경조성공사는 이직도 진행 중이었다. 부처님 진신사리가 보관되어 있는 보탁전과 거대한 '해수관음보살' 석상만 화재를 면했다. '해수관음보살석상'은, 오늘도 의구하게 동해바다를 응시하며, 자비스런 인상을 보여주고 있었다. 이제 낙산사는 신라 문무왕 때(671년) 의상대사義湘大師가 창건한 고찰古刹이라는 이미지는 발견할 수 없었다. 회원들은 신라 화랑도들이 이곳에서 심신을 수련하였다는 설명에 관심을 집주했다.

명소탐방을 마친 회원들은 강원도 평창군 용평면 노동리 노동골에 있는 '이승복기념관'으로 출발했다. 어제 왔던 국도를 달려 영동고속도로로 진입했다. 속사 '인터체인지'를 거쳐 기념관에 도착했다. 이미 해가 서산 위에 걸려 있었다. 노동골은 사방이 산으로 둘러싸인 분지형 산골마을 이었다. 회원들은 정문을 통과해 정원으로 들어섰다. 넓고 깨끗하게 관리된 잔디밭과 정원수들이 눈길을 끌었다. 오른편으로 고 이승복 석상이 보였다. 흰색 화강암으로 만들어 졌다. 고 이승복 실상크기의 석상은, 반석 위에서 그 누구인가를 향해 무슨 말을 외치는 모습을 하고 있었다. 반석에는 "이승복상"

이라는 글씨도 보였다. 석상 상하좌우로 보호석이 연결되었는데, 상부에는 "나는 공산당이 싫어요" 라고 써있다. 고 이승복석상은 저녁햇살을 반사하여, 그늘진 정원의 잔디와 정원수에, 햇빛을 반사해주고 있었다.

회원들은 석상 앞으로 이동하여 함께 묵념을 올렸다. 숙연한 분위기가 계속되었다. 회원들은 대화도 낮은 소리로 했다. 이십 구년 전에 조성된 '이승복기념관' 구내에는 본관전시실, 강원도교육홍보관, 자연학습자료전시관, 이승복이 다니던 초등학교 분교, 이승복 일가 묘소 등이 있었다. 회원들은 본관전시실을 시작으로 모든 시설들을 관람했다. 회원들은 북한 무장공비들이, 1968.12.9 초등학교 이학년생인 이승복을 비롯 어머니, 남동생, 여동생 등 가족 네 명을, 흉기로 무참하게 살해한 만행을 재확인했다. 고 이승복(1959.12.9생) 사건내용이 전시되어 있는 본관전시실엔, 이승복의 생애, 유족의 근황, 분향실, 이승복 일대기, 가족살해 현장모습, 유품, 북한의 이모저모, '울진 · 삼척 무장공비침투사건'과 이승복 가족 살해사건 개요 등이 전시되어 있었다.

전시된 이승복 살해사건 내용의 요지는 다음과 같다.

"북한은 1968.1.21 김신조 일당 31명을 남파시켜 청와대 습격을 기도했다. 같은 해 10.30과 11.2 및 11.3에는, 울진·삼척 지구로 15명을 1개 조로 하는, 무장공비 120명을 침투시켰다. 공비들은 사전에 한국의 민간 부락을 점령하고 정보망을 구축하여 유명인사 대동월북과 각계 정보수집 등 임무를 부여받았다. 1968.12.9 이승복 학생의 집에 잠입한 무장공비 5명은, '나는 공산당이 싫어요' 라고 소리친 이승복 학생의 입을 찢고, 흉기로 무참히 살해되었다. 집에 함께 있던 어머니 주대하(34세), 동생 이승수(7세), 여동생 이승자(4세) 무참히 살해했다. 할머니 강순길(56세)과 아버지 이석우(37세)는 이삿짐 운반을 도와주려고 이웃집 강기환 댁에 가 있어 화를 면했다. 형 이학관(15세)은 현장에서 36곳을 칼에 찔렸으나, 극적으로 생존하여 이웃 주민에게 공비침투 사실을 알렸다. 형 이학관은 현재도 생존해 있다. 할머니는 정신분열증을 심하게 앓았으며, 사건 12년 후 사망하셨다. 아버지는 생존해 계시지만 정신분열증과 투병중이다. 만행을 저지른 무장공비 5명은,

이틀 후 오대산 십이 번 도로 부근에서, 한국군 공수부대원에게 모두 사살되었다."

기념관 이곳저곳을 관람한 '두무실친목회' 회원들은, 십 년 전부터 희미해지기 시작한 국민들의 반공의식이, 심각한 수준에 이르렀다는데 의견을 함께했다. 뿐만 아니라, 좌파세력이나 친북세력이라는 단어가 공공연히 신문지상을 장식하고, 이들의 반국가적인 행위에 속아, 맹목적으로 동조하는 국민들을 계도할 수 있는, 정책차원의 대책도 시급하다는데 동감했다. 주차장으로 향하는 회원들의 발걸음은 무거웠다. 고 이승복상이 가까워지자 저절로 회원들의 발걸음이 멈춰졌다. 대농이는 자세히 이승복상의 자세와 표정 그리고 손짓과 외치는 모습을 살펴봤다. 고 이승복이 하늘을 향해 "나는 공산당이 싫어요" 라고 외치고 있는 모습이었다. 얼마 전 묵념을 올릴 때만 해도 궁금하였던 의문이 이제야 시원하게 풀렸다. 그렀다! 이승복은 아직도 살아있다. 오늘도 노동골 하늘을 향해

"나는 공산당이 싫어요!"

라고 절규絶叫하고 있었다. 그 절규는 노동골에 메아리쳐, 오대산과 삼천리 방방곡곡으로 퍼져나가고 있었다.

기념관을 출발한 회원들은 귀갓길에 올랐다. (주)두무실 전현직 직원들은, 영동고속도로와 중부고속도로를 달리며, 합동여행을 평가했다. 직원들은 '의미 있는 외출'이었다는 반응이었다. 회원들은 버스에서 '이승복기념관'과 국민들의 반공의식에 관한 이야기를 많이했다. 대농이도 이승복기념관 같은 시설이, 최근과 같은 사회분위기 속에서도 건재해 있다는 사실에, 커다란 의미를 부여했다. 이승복기념관을 학생들 뿐 아니라, 성인들의 학습장으로도, 적극적으로 활용하는 게 좋겠다는 생각을 했다. 귀가 버스 속에서도 총무과 섭외담당 직원의 주전부리 음식 서비스는 여전했다. 버스 안의 쓰레기도 모아갔다. 남을 위한 봉사활동이 몸에 밴 직원이었다. 회원들은 양재역에서 모두 하차했다. 낮보다도 더욱 바빠야 하는, 서울의 밤이 내려앉아 있었다. 끝.

<수 필>

쌍둥이 양육

박대농이가 살고 있는 아파트엔 산수유가 많다. 특히 길고 높은 담장을 따라 만들어진 산책로에 많다. 대농이는 요즈음 하루에 한 두 번씩 산책을 한다. 맑은 공기도 마시고, 봄이 오는 골목을 지켜보기 위함이다. 경칩驚蟄이 며칠 전에 지났다. 그 후 봄볕이 한결 부드러워졌다. 아침저녁으론 한기가 느껴져도, 한 낮에는 봄이 오는 소리가 들린다. 봄의 발자국 소리는 산수유 꽃망울에서 제일 크게 들린다. 산수유는 봄의 전령傳令 중 첨병尖兵이다. 산수유 꽃망울을 자세히 살펴보면, 속에 노오란 꽃잎들이 동그랗게 뭉쳐있다. 이미 성급한 꽃망울들은, 입을 조금 벌리고 꽃잎 끄트머리를 밖으로 내밀었다. 봄은 정말 통통하게 물오른 산수유 꽃망울을 타고 온다.

하기야 오늘 아침 라디오 뉴스에선, 섬진강 변 매화마을에서 연례적으로 베푸는 '매화축제' 내용을 보도했다. 며칠만 참으면 대농이네 아파트도, 산수유와 매화꽃, 목련, 개나리, 진달래, 복숭아, 살구꽃이 어우러져 꽃대궐로 변할 것이다. 그래서 대농이는 부지런히 산책로를 오간다. 금년辛卯年 겨울, 소련 '모스크바' 보다도 더 추었다는 서울의 기온이, 계절의 순서에 따라 봄을 타고 상춘가절賞春佳節을 만들고 있는 것이다. 대농이는 지난 이년 간 봄이 오는 소리를 못 들었다. 뒤늦게 문단에 등단해 보려고 골방에서 컴퓨터와 싸웠다. 신인상 수상 후엔, 문집文集 발간을 위한 작품창작활동만 했었다.

이제 모처럼 봄이 오는 모습을 보고, 발자국 소리도 들어 보니, 살맛이 나는 것 같다. 대농이의 기분이 들떠 있는 이유는 또 하나 있다. 두 달 반 전에 쌍둥이 손녀를 본 게 또 하나의 이유였다. 고희古稀를 몇 개월 앞두고 손녀 두 명을 한꺼번에 얻었다. 그러나 손녀 두 명을 거저 얻은 건 아니다. 며늘아기가 대학병원에 두 달 반이나 입원했었다. 뿐만 아니다. 쌍둥이 손녀들은 출산 후에도, 여러 번 당糖이나 인燐 성분이 부족해 부모들을 놀라게 했다. 당은 단맛이 나는 탄수화물이고, 인은 질소원소의 한가지다. 특히 백린白燐은 습한 공기에서 빛을 내기도한다. 이런 현상은 쌍둥이들의 체중이 3Kg에도 못미처 나타나는 현상이었다. 대부분의 쌍둥이들은 임신 삼십오 주 때, 인공분만으로 출산出産하여, 체중이 가벼운 상태로 태어난다. 지금 생각하면, 쌍둥이 손녀들과 대농이 가족들에겐 금번 겨울이 너무 추웠다. 그러나 이젠 이런저런 고통들이 봄눈처럼 사라졌고, 손녀들도 정상적으로 성장하고 있다. 봄이 찾아온 덕분이다.

오늘 아침에는 봄바람을 타고 며늘아기의 명랑한 목소리가 '핸드폰' 속에서 흘러나왔다. 대농이 아내에게 온 전화였다.

"안녕하세요, 어머님! 별일 없으시죠. 아기들은 잘 있어요. 잘 먹고 잘 자요. 아무 걱정 마세오. 많이 건강해 졌고, 체중도 많이 늘었어요. 오늘 병원에 가서 아기들은 DPT 예방접종도 했어요. 체중은 언니아기가 4.1Kg, 동생아기는 4.9Kg입니다. 많이 컸지요! 공기가 맑은 곳이라 그런가 봐요."

며늘아기의 전화는 쌍둥이 손녀들이 친정에서 잘 지내고 많이 컸다는 내용이었다. 며늘아기는 보름 전에 쌍둥이들을 데리고 친정으로 갔다. 그 후 며늘아기는 정기적으로 전화를 하며 대농이 가족들의 궁금증을 풀어주었다. 대농이는 손녀들이 외가外家에서 잘 있다고 하니 다행이라고 생각했다. 며늘아기의 오늘 전화는, 쌍둥이 손녀들이 이 세상에 태어난 후 처음 들어보는 반가운 소식이었다.

돌이켜보면, 쌍둥이 아빠와 엄마는 지난겨울에 고생이 많았다. 쌍둥이 손녀 분만과 양육養育 때문이었다. 쌍둥이 부모는 몇 백 년 만에 찾아온 강추위와 싸우며 입원생활을 했다. 엄마는 병상생활을 하고, 아빠는 보호자 활동을 했다. 특히 아빠는 병실에서 새우잠을 자고 새벽에 직장으로 출근했다. 쌍둥이 부모들의 얼굴은 말이 아니었다. 엄마는 병색이 여전했고, 아빠는 항상 피곤하고 지친모습이었다. 대농이 부부는 아들과 며느리가 걱정스러웠다. 그런 분위기 속에서 피 말리는 하루하루가 흘렀다. 다행스럽게도 아들부부는 병마와 싸움에서 승리했다. 아들부부는 임산부 입원생활이라는 우환憂患을 경사慶事로 바꿔놓은 주인공이 되었다.

쌍둥이 손녀들이 태어난 건 호랑이해庚寅年 '크리스마스 이브' 전날 자정 후였다. 대농이 손녀들은 '고고呱呱의 성聲'을 울리며 대학병원 산부인과 병동을 진동시켰다. 쌍둥이 손녀들의 체중은 각각 2.180kg과 2.325kg이었다. 간호사들은 가족들에게 말했다.

"두 아기들 모두 최소한의 기본 체중인 2.1kg을 넘겼고, '신체 각부 기능 테스트'에서도 합격하여 신생아실로 들어가는 것입니다. '인큐베이터'나 '신생아중환자실'로 배치되지 않은 게 다행입니다."

라고 귀 뜸해주었다. 대농이 아들 부부도 입원생활 중 온갖 시련을 이겨내며, 아기들이 출산 후 신생아실로 배치되기를 학수고대鶴首苦待 했었다. 쌍둥이가 아닌 신생아들의 체중은 대부분 3kg~4kg 수준이었다. 대농이 손녀들이 작은 체중으로 신생아실에 배치된 건 쾌거 중 쾌거였다.

대학병원은 대농이 손녀들을 며칠 더 신생아실에서 양육했다. 간호사들은 체중이 적은 쌍둥이 신생아들에게 각별한 관심을 갖고 분유를 먹이는가하면, 신체 각종 기관의 기능도 수시로 점검했다. 체중도 측정하며 건강상태를 점검했다. 그러나 대농이 손녀들의 건강에 문제가 생기기 시작했다. 출산 두 시간 후 간호사가 보호자에게 말했다.

"동생 아기가 호흡곤란 증세를 보이고 있어, 인공으로 산소공급을 하고 있다."

는 내용이었다. 가족들은 모두 놀랬다. 청천벼락 같은 충격이었다. 쌍둥이 부모, 대농이 부부, 사돈 내외가 모두 정상적 분만에 만족하고 있었다. 쌍둥이 손녀들이 '인큐베이터' 나 '신생아중환자실' 을 거치지 않아 좋아하고 있었다. 가족들은 주눅이 들은 상태에서 새벽을 맞았다. 오전 열시 경 쌍둥이 아버지가 대농이에게 전화를 했다.

"동생아기의 호흡장애현상이 완치되었다."

는 전갈이었다. 밤새도록 우울했던 양가 가족들의 표정이 맑아졌다. 양쪽 가족들이 두런두런 이야기하는 모습도 보였다.

그러나 양가 가족들의 행복한 순간은 오래가지 못했다. 병원 구내식당에서 점심식사를 끝낸 가족들에게 쌍둥이 아빠가 또 비보悲報를 보냈다.

"작은 아기가 당糖 부족 증세를 보여 주사를 맞고 있다. 체력도 기진해 아기가 축 늘어져있다."

며 비통해했다. 쌍둥이 아빠는 신생아실 출입이 가능하여 수시로 병실에 있는 가족들에게 아기들의 상태를 알려주었다. 대농이는 면회실에서 병실로 이동했다. 주사 를 맞고 있는 손녀도 걱정이지만, 보호자인 아빠도 문제였다. 며칠 째 밤잠을 설친 쌍둥이 아빠에게, 손녀들의 건강악화 증세가 계속 전달되어, 아빠도 심신이 불안해 보였다. 쌍둥이 아빠는

"아기를 만져도 아무 반응도 못하며 누워만 있다."

며 비통해 했다. 대농이는 마음을 크게 먹었다. 과로로 지쳐 있는 아들에게 꾸중을 했다.

"이 대학병원에서 고치지 못하는 병은, 다른 병원에서도 고칠 수 없다. 환자가 병원에 있는 한 발전된 현대의술을 믿어야한다. 아버지는 가장이다. 가장은 무슨 일이 있어도 의젓해야 한다. 우선적으로 산모를 보살펴야한다."

고 충고했다.

그 때, 산모인 며늘아기는 마취여파로 잠을 자고 있었다. 동생아기의 계속되는 기능장애를 모르고 있었다. 그 후 작은 아기는, 세 시간 후 정상상태로 돌아왔다. 쌍둥이 출산 후 대농이가족과 사돈 가족들은 벌써 두 번째 비상상황을 만났다. 이제 양가 가족들은 모두 침착해졌다. 정상분만正常分娩의 기쁨에만 빠져있을 때가 아니라는 사실을 깨달았다. 대농이는 대응조치를 강구 했다. 가족들에게

"쌍둥이 손녀 분만사실을 친인척들에게 알리지 말아라."

는 강력한 지시를 했다. 가족들에게 입단속을 시킨 것이었다. 대농이는

"쌍둥이 손녀들의 체중이 더 좋아지고 건강해지면 외부에 알리는 게 도리."

라고 강조했다. 동생 손녀의 당 부족현상은 다음날에도 재발되었다. 간호사들의 주사로 쉽게 회복할 수 있었지만, 동일한 증세가 여러 날 재발되었다.

대학병원도 쌍둥이 손녀들의 체중 늘이기 노력에 적극적이었다. 병원 측은 산모 며늘아기의 퇴원을 '크리스마스 이브' 날로 확정했다. 며늘아기는

쌍둥이 출산 후 삼일 만에 퇴원하게 되었다. 그러나 쌍둥이 손녀들은 며칠 더 신생아실에서 간호사와 의사들이 돌보기로 했다. 대농이는 대학병원이 고마웠다. 아기들이 퇴원해도 걱정 없을 때까지 양육하고, 체중을 늘려주려는 성의가 고마웠다. 쌍둥이 손녀들은 엄마가 퇴원한지 오일 후에 퇴원했다. 손녀들이 퇴원하던 날은 매우 추웠다. 영하 십이도였다. 손녀들은 혹한을 헤치고 산후조리원으로 이동했다. 그 때 쌍둥이들의 체중은 각각 2.03kg과 2.30kg이었다. 엄마 뱃속에 있을 당시 보다, 체중이 줄었다 다시 회복한 것이었다.

산후조리원은 개인사업장이었다. 병원처럼 신생아실 시설을 마련하고, 육아, 간호 경력이 있는 직원들을 보모保姆로 채용해, 아기들을 돌봐주는 사업장이었다. 산후조리원에는 산모 부부가 숙식할 수 있는 방과 식당도 있었다. 신생아들이 산후조리원에서 조리를 받는 기간은 이 주일 이었다. 조리원시설이 부족하여 생기는 현상이었다. 그래도 젊은 산모들이, 부모들의 도움 없이 신생아 양육능력을 터득할 수 있는 좋은 제도였다. 산후조리원은 병원과도 횡적 협력관계를 유지하고 있었으며, 인터넷을 통해 계약이 가능했다. 손녀들의 산후조리원 생활은, 대학병원을 떠나 보모와 부모들의 보살핌을 받는 다는 데 의미가 있었다.

대농이 손녀들이 태어난 지 열흘 째 되던 날이었다. 대농이는 승용차를 산후조리원으로 몰았다. 오늘아침 최저기온은 영하 십사도였다. 서울의 모든 것이 얼어붙었다. 대농이 가족들의 몸과 마음도 얼어붙었다. 대농이는 승용차에 아내를 비롯, 아들, 쌍둥이 손녀들을 태우고, 대학병원으로 갔다. 손녀들의 첫 번째 외래진료 날이었다. 손녀들은 소아과에서 우선 채혈採血을 하고, 키와 체중을 측정했다. 언니손녀 박소연朴素延이가 2.1kg이고, 동생손녀 박소민朴昭玟이는 2.7kg이었다. 의사의 진료소감과 처방이 떨어졌다.

"아기들이 모두 인燐 과잉상태에 있습니다. 오늘부터 저인분유를 먹이세요. 혈액형은 언니아기가 A형이고 동생아기는 O형입니다." 라는 내용이었다.

산후조리원으로 돌아온 쌍둥이 손녀들은 보모保姆들로부터 저인분유를 먹기 시작했다. 그래도 체중이 부족한 쌍둥이 손녀들의 건강 이상증세는 그칠 줄 몰랐다. 이런저런 증상들이 계속 나타났다. 앞으로 이십 여일은 계속될 것 같았다. 임신 후 열 달이 되는 날까지는 고생을 할 것 같았다. 가족들도 편한 마음을 가질 수 없었다. 이런 여건에서 산후조리원 생활도, 십사일 이상은 할 수 없는 상태였다. 다행이 며늘아기는 인터넷을 이용해, 집에서 쌍둥이들을 돌볼 보모를 선정해 놨다. 며늘아기는 산후조리원 생활이 끝나면 보모와 함께 집에서 쌍둥이들을 돌볼 계획이었다.

드디어 새해辛卯年가 밝았다. 쌍둥이 손녀들은 생후 십오일 되던 날, 두 번째로 대학병원 소아과에서 외래진료를 받았다. 오늘도 대농이는 손녀들의 진료에 승용차를 운전하는 서비스를 제공하기로 했었다. 아침 기온이 영하 십육 도였다. 그러나 아내의 감기몸살로 대농이 부부는 함께 참여할 수 없었다. 손녀들은 사돈 승용차로 대학병원으로 이동했다. 대농이 부부는 예쁜 얼굴과 영롱한 눈망울이 빛나는 손녀들과 헤어졌다. 아쉬운 이별, 핏줄에서 혈육의 정情이 뜨겁게 흘러 퍼졌다. 대농이는 하루 종일 손녀들의 진료결과가 궁금했다. 마침 저녁 때 며늘아기가 전화를 했다.

"어머님, 아버님! 아기들 진료 잘 받고 왔어요. BCG 접종도 했고, 체중은 소연이가 2.4kg, 소민이가 3.0kg이래요. 의사 선생님이 이제 큰 병원만 오지 말고, 동네병원에 가도 된다고 말씀하셨어요."

라는 희소식이었다.

대농이는 저녁식사를 하던 수저를 놓고, 핸드폰으로 아들 부부에게 문자 메시지를 보냈다.

"오늘은 소연이와 소민이가 대학병원을 졸업한 날이다!"

는 내용이었다. 이제 손녀들 체중도 좋고 예방접종도 하여 정상적인 아기로 성장했다는 의미였다. 아들도 대농이에게 답신문자를 보내왔다.

"아~그렇네, 이제 잘 키우는 것만 남았네."

아들의 답신을 받은 대농이의 마음은 울적해졌다. 지난해 초가을부터 계속되었던 쌍둥이 손녀 출산문제가 주마등 같이 머릿속을 달렸다. 대농이는 따듯한 정종 한 컵을 마셨다. 오늘은 감기몸살로 고생하는 우리 가정에 낭보朗報만 날아든 승리勝利의 하루였다.

대농이의 머릿속에는 그동안 나타나고 없어졌던 수많은 희로애락喜怒哀樂들이 필름 되어 스쳐갔다.

"오늘이 있기까지 고생한 주인공들은 쌍둥이 부모들이다. 이제 아버지가 된 아들은 지난 삼 개월 너무 많은 고생을 했다. 직장과 병원을 오가는 날도 너무 길었고, 풍찬노숙風餐露宿도 다반사茶飯事였다. 잠이 부족해 얼굴이 핼쑥해 지고, 끼니를 때우지 못해 축 늘어진 날도 많았다. 산모와 아기들이 병원에서 산후조리원으로 이어지는 와중에서도, 아들은 집주인에게 전세보증금을 일억 원 올려달라는 횡포도 당했었다. 대농이가 옆에서 보아도 아들은 너무 힘들고, 바쁘고, 괴로운 날들을 힘겹게 보냈다. 오늘 지나간 발자국들을 뒤 돌아 보니, 아들놈이 너무 대견스러웠다. 오늘은 며늘아기도 남편에게 '집에 가 푹 자고, 내일 직장에 출근하라'는 배려를 했단다.

한편 임산부 며늘아기의 투병생활도 눈물겨운 행로行路였다. 며늘아기는 결혼한지가 일 년이 넘어도, 임신소식이 없다는 말을 들어왔었다. 어느 날 갑자기 출혈이 있어 병원엘 간 게 임신한 사실을 알게 된 동기였다. 임신은 시집과 친정의 분위기를 즐겁게 만들었다. 축하 분위기는 거기서 끝나지 않았다. 기쁜일 위에 또 즐거운 일이 겹쳤다. 뱃속의 아기가 두 명이라는 사실이었다. 며늘아기는 양가兩家의 복덩이로 부각되었고, 아기들을 기다리는 가족들의 세월은 빨리 흘렀다.

어느 듯 초가을, 그날 며늘아기는 심한 통증을 느꼈다. 미리 예약해 두었던 대학병원 산부인과에 입원했다. 심각한 자궁수축작용, 즉 유산증세流産症勢였다. 뱃속 아래쪽에 있는 아기가 외부로부터 15mm 지점까지 내려와 있었다. 의사들은 2mm만 더 내려오면 치료가 불가능하다는 소견을 밝혔다. 며늘아기와 유산증세와의 전투가 숙명적으로 시작되었다. 전투는 삼 개월간 계속되었다. 며늘아기는 분만실 옆에 있는 산부인과 응급실觀察室에서 치료를 받았으며, 상태가 양호할 땐 입원실 생활도 했다. 며늘아기는 입원에서 퇴원까지 칠십사일 간 병마와 싸웠다. 장기간 전투가 계속되는 굽이굽이마다, 며늘아기가 얼마나 힘들고, 괴롭고, 위험했었는지는 아무도 말할 수 없다. 오직 임산부 며늘아기만 말할 자격이 있는 것이다. 대농이가 보기에도, 금번 쌍둥이 손녀의 정상적인 출산은, 영특英特한 며늘아기의 기지機智와 불굴不屈의 의지, 그리고 희생적인 모성애母性愛의 발로가 한데 어우러진 승리였다. 힘든 전투 때 마다, 꼭 승리해야 한다는 며늘아기의 대응이 눈물겨웠다. 아슬아슬한 고비가 한두 번이 아니었다."

오늘 쌍둥이 손녀들이 산후조리원을 졸업했다. 대농이 손녀들이 출생한지 이십일일이 되는 날이었다. 손녀들은 산후조리원에서 지난 두 주간 엄마와 함께 자유롭게 먹고 놀며 성장했다. 특히 쌍둥이 부모들은 보모保姆들로부터 신생아 양육에 대한 지식과 요령을 많이 배웠다. 자신감도 생겼다. 보모도 신생아 양육에 관한 풍부한 경험과 지식을 아낌없이 가르쳐주었다. 손녀들은 오늘도 외할아버지 승용차로 조리원에서 집으로 이동했다. 대농이는 아내의 감기몸살로 오늘도 입주入住 편의를 제공하지 못했다. 대농이는 손녀들이 외할아버지의 도움을 받을 때마다 미안한 마음을 금할 수 없었다. 나이와 세월이 원망스러웠다. 오늘도 아침기온은 영하 십이도였다. 오후에는 함박눈이 탐스럽게 내렸다. 겨울의 정취를 만끽할 수 있었다. 눈 덮인 관악산의 겨울풍경도 가관이었다.

오늘은 손녀들이 닷새 째 집에서 생활하는 날이었다. 출생 이십육일이 되는 날이기도 했다. 대농이 부부는 모처럼 손녀들과 만나는 날을 만들었다. 겨울날씨가 너무 추웠다. 최저기온이 영하 십육 도였다. 대농이 부부는 전철을 이용해 손녀들을 만났다. 손녀들은 거실에 나란히 누워 있었다. 보모도 부모들과 함께 있었다. 쌍둥이 엄마가 인터넷으로 소개받은 보모였다. 대농이는 이름도 성도 알 수 없는 보모가 불안했다. 이 험난한 세상에, 신원, 보안, 폭력 등 사회 이면에 관한 내용들이 전혀 확인되지 않은 사람이었다. 그래도 별다른 대책을 제시할 수 없는 실정이라 내색을 않고 참았다. 그날 이후 보모는 삼주일 간 손녀들을 돌봤다. 쌍둥이 손녀들이 출생 한지 삼십오 일이 되는 날 보모는 떠났다. 이제 쌍둥이 손녀들의 양육활동은 쌍둥이 부모들에게 맡겨졌다. 대농이 부부는 걱정스러웠다. 그간 쌍둥이 부모들이 병원과 산후조리원에서 신생아 양육방법과 지식을 배웠다지만, 그래도 걱정이 앞섰다.

며칠 후 며늘아기가 전화를 했다.

"어머님, 오늘 아기들이 동네병원에 다녀왔어요. 아기들에게 별다른 이상이 없답니다. 아기들은 간염 예방접종도 받았어요. 체중은 언니 소연이가 3.3kg, 동생 소민이가 3.9kg이랍니다."

이 소식을 들은 대농이는 즉시 핸드폰으로 문자메시지를 보냈다.

"그간 수고들 많았다. 이제 우리 아기들도, 십 개월 만에 출생한 아기들처럼, 정상적인 아기로 거듭 태어난 것이다."

그날 쌍둥이 아버지는, 대농이 부부에게 딸들의 사진을 핸드폰으로 전송하여 입력시켰다. 이제 대농이 부부는, 손녀들이 그리울 때마다 핸드폰으로 쌍둥이 손녀들의 얼굴을 볼 수 있게 되었다. 대농이는 "참, 편한 세상" 이라며 독백을 했다.

오늘도 대농이 부부는 손녀들을 찾아갔다. 며늘아기 혼자 쌍둥이를 돌보기가 너무 힘들기 때문이었다. 쌍둥이 양육養育을 엄마 혼자 하기엔 사실상 불가능했다. 때문에 할아버지, 할머니인 대농이 부부도 양육활동에 동참한 것이다. 하기야 쌍둥이가 아니라도, 조부모가 손녀 양육에 동참하는 건 자연스러운 임무다. 문제점이 있다면, 연로한 조부모들을 젊은 며늘아기들이 편하게 생각하느냐 하는 점이다. 쌍둥이 손녀들은 거실에 나란히 누워있었다. 아직 신생아 상태인 손녀들은, 네 시간 간격으로 분유를 먹고 잠을 자는 게 주요 일과였다. 소변과 대변은 울음으로 처리하고, 혼자 놀 땐 손짓과 발짓을 하며 몸을 움직였다. 이제 손녀들도 자기 힘과 요령으로, 얼굴과 머리 방향을 좌우로 바꾸는 능력이 생겼다. 신생아들의 선천적인 응급신호는 울음이었다. 느닷없이 울음을 터뜨려 가보면, 소변이나 대변, 베개이탈 같은 손을 볼 일들이 꼭 생겨있었다.

대농이 부부도 쌍둥이 손녀를 돌보며 많은 것을 보고 배웠다. 쌍둥이들은 어머니 뱃속에서부터 함께 자라, 자기 짝을 식별하는 기능이 예민했다. 잠을 자다가도 옆의 짝이 움직이거나 신음을 하면, 쉽게 잠에서 깨어나 함께 울거나 신음한다. 아직 출생 백일이라는 고지가 멀고 먼 시점인데도, 눈과 귀, 코의 기능이 발달되지 못한 상태인데도, 쌍둥이들의 상호 인지감각은 선천적으로 예민했다. 쌍둥이들을 돌보는 활동은 생각보다 어려웠다. 한사람이 하기는 너무 힘든 일이었다. 언니 손녀가 울면, 동생 손녀도 함께 울어버리는 상황이, 하루에도 수없이 발생했다. 쌍둥이는 항상 두 사람이 함께 돌봐야 집안이 조용했다. 그렇다고 두 사람이 함께 밤을 새울 수도 없는 노릇이었다. 쌍둥이들을 낮에 돌본 두 사람은 밤에 자고, 밤에 잠을 잔 '돌봄이' 들은 낮에 활동하는, 네 명의 손길이 필요했다. 이렇게 어려운 쌍둥이 돌보기 활동을 터득한 대농이는, 산부인과 의사인 친구가 자신에게 했던 말이 생각났다.

"쌍둥이는 낳기도 힘들지만, 키우기도 어렵다."

는 짧은 한마디였다.

이제 대농이 부부는 쌍둥이 양육을 떠맡은 아들내외의 심경을 훤히 알 수 있었다. 대농이는 이런 상황이 밀어닥칠 것을 예상하고, 오래전부터 보모保姆를 구해 보았다. 지난 가을부터 고향 친지들이나 여성단체, 자선단체, 병원 등지를 대상으로 광범위한 구인활동을 했다. 그러나 실패했다. 한국의 사회풍조가 이제 완전히 선진국가로 발전해 있었다. 대농이가 젊었을 때인 사십년 전의 한국사회가 아니었다. 젊은 여성이나, 나이가 든 여성이나, 남의 집에 들어가서 하는 일은 하지 않겠다는 답변이었다. '아르바이트' 는 해도 남의 집 노예 같은 일은 하지 않겠다는 자세였다. 이제 한국은 '아이티' 강국으로, '스마트폰'과 우주항공 기술이 모든 것을 선도하는 선진국으로 부상해 있었다.

쌍둥이 손녀들이 부모들의 보살핌 속에 성장하는 날도 벌서 이십팔일이나 지났다. 그동안 쌍둥이 부모들은 혼신을 다해 두 딸의 성장을 뒷바라지 했다. 이제 쌍둥이들도 많이 컸고 부모들의 양육활동도 손끝에 뱄다. 그렇다고 문제점들이 모두 해결된 건 아니었다. 쌍둥이 부모들이 수면부족으로 건강에 이상증세를 느끼기 시작했다. 대농이가 봐도 쌍둥이 부모들의 몰골이 정상이 아니었다. 쌍둥이 아버지는 수면부족으로 직장생활을 원만히 수행할 수가 없었다. 며늘아기도 낮이면 체력부족과 피곤증세로 쌍둥이들을 보살필 수 없었다. 엄마가 낮잠을 자면, 용케도 알아차리고 합창하며 울어대는 쌍둥이들! 엄마는 기진氣盡하여 사물이 두 개로 보일 때가 한 두 번이 아니었다. 그럴 때 마다 쌍둥이 엄마의 마음은 새카맣게 타들어갔다.

참고 또 참았던 쌍둥이 엄마가 움직였다. 쌍둥이 손녀들이 탄생한 지 육십삼일 째 되는 날이었다. 며늘아기는 쌍둥이들을 외할아버지 승용차에 태웠다. 쌍둥이 가족들은 외갓집으로 떠났다. 외갓집은 서해바다가 지척에 있는 대도시 외곽이었다. 공해가 없는 청정지역이었다. 쌍둥이들과 엄마의 편안한 외갓집 생활이 계속될 때, 새봄이 산수유 꽃망울을 타고 왔다. 쌍둥이 손녀들이 집을 떠난 지 이십일 째 되던 날, 눈부신 봄볕이 어린이놀이터에 가득했던, 일요일 저녁이었다. 쌍둥이 아버지가 대농이에게 전화를 했다.

"쌍둥이들은 잘 먹고 잘 자란다. 서울에 있을 때와는 다르게 울지를 않는다. 항상 짜증이 많고 보채던 언니 아기도, 이제 어른처럼 울지도 않고 잠도 잘 잔다."

는 내용이었다. 대농이는 아들에게

"손녀들이 외갓집으로 간 게 다행스럽다. 사돈댁에 안부 전하고, 너도 장인어른 내외를 잘 모셔야한다." 고 당부했다.

사람들은 길가에서 쌍둥이를 만나면 그냥 지나치지 않는다. 얼굴이 빼어나게 닮았고, 둘이 똑같은 옷을 입고, 함께 발맞춰 걸어가는 쌍둥이를, 눈여겨보지 않는 사람은 거의 없다. 여자 쌍둥이인 경우 더욱 그렇다. 사람들이 쌍둥이들에게 호기심을 갖는 건 인지상정人之常情이다. 그러나 쌍둥이 양육은 생각보다 어렵다. 고희古稀를 몇 달 앞두고 있는 대농이 부부는, 앞으로 삼년을 '쌍둥이 돌보기' 기간으로 정했다. 쌍둥이 손녀들이 초등학교에 입학할 때까지, 마지막 봉사활동을 하기로 작정했다. 앙증스러운 자태로, 모든 사람들의 눈길을 사로잡는 쌍둥이들의 그림자 속엔, 계량計量할 수 없는 가족들의 희생犧牲과 끝없는 모정母情, 그리고 눈물이 숨어있다. 끝.

<수 필>

극락정토(極樂淨土)

박대농이 큰누님 효희孝姬씨가 타계他界하셨다. 뇌출혈로 스러지신 후, 십육 년간 투병생활 끝에 한恨 많은 세상을 하직하셨다. 그날은 따듯한 봄날이었다. 목련, 개나리, 진달래, 벚꽃, 조팝꽃 같은 봄꽃들이 후두러지게 핀 날이었다. 향년享年84세를 누리셨다. 못다 풀어버린 한恨들은 하늘나라로 가져가셨다. 옥황상제玉皇上帝 앞에서 풀어 볼 심산心算을 하셨다.

효희 누님은 일본의 한국 식민지정책이 극성을 부릴 때 탄생하셨다. 용띠해戊辰,1928였다. 아버지 박무봉씨와 어머니 최향순 사이에서 태어났다. 일곱 명의 자식들 중 맞 자식으로 태어났다. 아버지 무봉씨는 가난한 농촌생활 속에서도 큰 딸 효희를 공부시켰다. 소학교初等學校에 입학을 시켰다. 효희가 이른바 신식교육을 받을 수 있도록 한 것이다. 당시 농촌 어린이들은 글방이나 서당書堂에서, 유교식 한문교육을 받거나, 문맹 상태로 농업에 종사하며 살았었다.

그러나 효희 누님은 달랐다. 소학교에서 국어, 셈본(산수), 사회, 윤리 같은 현대식 교육을 받았다. 남들이 말하는 신식여성으로 성장했다. 큰누님의 인기는 좋았다. 동네 사람들은 큰누님을

"신식교육도 받고, 실력과 재주가 대단한 여성"

이라고 평가했다. 큰누님은 결혼도 일찍 했다. 시집도 명문가였고, 신랑은 소학교 교사였다. 당시도 선생님은 좋은 직업으로 인정받았다. 효희 누님의 결혼은 양가兩家 문중門中에서 중매로 성사되었다. 결혼식은 조선시대부터 내려오는 전통예식으로 치렀다. 큰누님의 시집은 고향마을에서 도보로 삼십분 거리에 있었다. 결혼한 지 일 년 후1949엔 딸을 순산했다.

큰누님의 기막히는 인생살이는 여기서부터 시작되었다. 큰누님이 딸을 순

산했던 다음해 봄이었다. 대농이 매형인 소학교 선생님은, 아내인 큰누님을 소박疏薄보냈다. 소박의 이유는

"여자가 너무 말이 없어 답답하고, 가정을 화목하게 만들지 못한다."

는 것이었다. 칠거지악七去之惡에 해당되는 사항도 아니었다. 칠거지악은 며느리가, 시부모에게 불순한 행동했을 때, 자식을 낳지 못하는 경우, 음탕한 행위를 한 경우, 질투를 한 경우, 나쁜 병이 있는 경우, 쓸데없는 말이 많은 경우, 도둑질을 한 경우 등 일곱 개 사항이었다. 매형은 큰누님을 강제로 대농이네 집으로 보내고, 농, 이불, 찬장, 식기 등 혼수품과 어린 딸까지 함께 보냈다. 대농이 매형은 큰누님를 내보내면서, 어린 딸은 큰누님이 키우도록 한 것이었다.

매형 집 하인들은 혼수품을 등에 지고, 큰누님은 어린 딸을 가슴에 안고, 대농이네 집으로 들이닥쳤다. 유교사상이 수백 년 간 뿌리박힌 당시 사회는, 남편이 아내를 쫒아낼 수 있는 칠거지악이라는 사회규범이 있었다. 남존여비男尊女卑 사상도 함께 횡행橫行하고 있었다.

소박을 맞은 대농이 부모와 형제들은 아연俄然 질색했다. 창피해서 모든 가족들이 얼굴을 들고 자유롭게 활동할 수가 없었다. 대농이 부모들은

"동네 사람들을 처다 볼 체면도 없다,"

는 말을 자주하셨다. 특히 대농이 아버지 무봉舞鳳씨는 동네사람들과 어울리지도 않고 묵묵히 농사일만 했다. 농한기에도 공회당엔 나가지 않고, 집에 틀어박혀 고독한 세월을 보냈다. 큰누님도 충격을 받은 여파로 정상적인 사람이 아니었다. 심각한 우울증에 빠져 두문불출杜門不出하고, 집안에서 열심히 어린 딸만 키웠다. 그래도 신식 지식과 인격을 갖춘 큰누님은, 대농이 형제들의 숙제를 지도하고, 공부도 가르치며 그날그날을 보냈다. 그런 세월 속에서 6.25한국전쟁이 발발勃發했다. 남북한 모든 국민들의 생명은 풍전등화 같았다. 그 해 늦가을, 대농이 매형 측에서 큰누님에게 하인下人들을 보냈다. 어린 딸의 첫돌이 지나자, 매형측은 딸을 달라고 큰누님에게 요청했다. 하인들의 자세는 당당했다. 자식은 아버지의 것이라는 논리였다. 대농이 부모와 큰누나는 크게 반발했다. 그러나 사흘에 걸친 실랑이는 결국

매형 쪽이 승리했다. 당시 한국사회는 "자식은 남편의 것." 이라는 관습이 뿌리박혀 있었다.

첫돌을 겨우 지낸 아기를 빼앗기자, 큰누님은 울며불며 아기 쪽으로 달려갔다. 아기도 엄마의 손을 잡으려고 발버둥 치며 울어댔다. 대농이 부모는 큰누님을 붙잡으려 애썼지만, 필사적으로 반발하는 큰누님을 당해내지 못했다. 차마 인간으로는 눈 뜨고 볼 수 없는, 처절한 생이별이, 두메산골 농촌에서 벌어졌다. 모정의 절규絶叫를 생생하게 읽은 봄 하늘이, 따뜻한 햇볕을 대농이 가족들에게 쪼여주고 있었다. 금쪽같은 자식을 강제로 빼앗긴 큰누님은 슬펐다. 어디에도 하소연 할 수 없는 사회구조가 원망스러웠다.

농촌의 좁은 초가삼간에서, 아홉 명의 가족들과 슬픈 나날을 보내던 큰누님은, 어느 날 밤 정처定處 없는 발길을 옮겼다. 아무도 모르게 피난민 속에 묻혀 남쪽으로 남쪽으로 걸었다. 사흘 간 걸어 피난처를 발견한 큰누님은, 어느 낯선 마을에 머물렀다. 대농이네 집에서 남동쪽으로 백리나 떨어진 타지他地였다. 십여 일 후, 큰누님은 동네 아낙네로부터 낯선 남자를 소개받았다. 큰누님의 새로운 배필이 될 젊은이였다. 중매쟁이와 마주 앉은 큰누님과 젊은 남자는 쉽게 부부가 되었다. 온 나라가 전쟁으로 밀고 밀리는 상황이라, 혼례식 같은 건 생각할 수도 없는 사치였다. 죽느냐 사느냐가 문제였다. 이런 세상 속에서 큰누님의 두 번째 인생살이가 숙명적으로 시작되었다.

큰누님은 굳게 마음을 다짐하며 열심히 살았다. 농한기엔 아버지 무봉씨도 행상行商길에 큰누님 집에 들르시곤 했다. 한국전쟁이 정전停戰될 무렵, 큰누님은 떡두꺼비 같은 아들을 낳았다. 대농이네 가족들도 모처럼 안정을 되찾았다. 그러나 식구는 많고 농토는 적어 항상 가난한 생활을 했다. 대농이는 "가난 속의 행복이란 있을 수 없는 것." 이라고 단정하며 살았다. 그래도 아버지 무봉씨는, 오일五日 장터를 찾아다니는 행상으로, 부족한 식량과 자식들의 학비를 마련했다. 무봉씨는 모처럼 가족들이 웃음을 되찾은 사실을 다행스럽게 생각하고 있었다.

대농이네 가족들의 행복은 오래 가지 못했다. 행복은 짧은 순간에 화살처럼 날아갔다. 대농이 매형이 타계하신 것이다. 세 살 박이 아들과 큰누님을 남겨두고 이 세상을 등졌다. 큰누님과 대농이 부모는 며칠간 기력을 회복하지 못했다. 대농이 어머니 최향순 씨는

"내가 무슨 죄가 있어 이런 변고變故가 생긴단 말이냐! 하늘도 원망스럽다."

며 통곡했다. 대농이 형제들도 기약할 수 없이 침통한 세월을 보냈다. 무봉씨는 사위 장례식을 마치고, 큰누님과 세 살 난 외손자를 대농이네 집으로 데려왔다. 대농이네 식구는 이제 열 명으로 늘었다. 큰누님 박효희의 두 번째 인생살이는, 6.25전쟁 때문에 허무하게 무너졌다.

식구가 많은 대농이네 가정은 항상 시끄러웠다. 조용하고 화목한 분위기를 기대할 수 없었다. 대농이 형제들보다도 세 살 박이 외손자가 오히려 더 점잖았다. 이런 가정 분위기에 '스트레스'를 받는 건 대농이 어머니였다. 최향순씨는 타오르는 화禍를 숨기지 않고, 직선적으로 표현하고 처리하는 자세를 보였다.

"얘! 큰애야, 안마당에서만 빙빙 돌지 말고, 뒷동산이라도 한 번 올라갔다 오렴."

하고 자식들을 지도했다. 그러나 어머니의 몸과 마음은 새카맣게 타들어 가고 있었다.

끝이 보이지 않았던 한국전쟁이 끝났다. UN 회원 국가들이 많이 참전했던 한국전쟁은 1953.7.27 삼년 만에 정전이 되었다. 수백만 여명의 인명피해가 발생했고, 한반도는 처참하게 파괴되었다. 대농이 조국의 얼굴은 비참했다. 가난과 빈곤, 살아보려는 아우성 소리가 거리마다 가득했다. 먹을 것을 찾아 헤매는 거지와 상이군경들도 들끓었다. 대농이네 마을도 어수선했다. 피난 갔던 가정들이 속속 귀환했다. 대부분의 가정들이 무고했다. 그러나 피해를 당한 가정은, 생존한 가족만 돌아왔다. 그래도 농사가 천직인 대농이네 마을은 쉽게 안정을 되찾았다. 동네 모든 주민들은 열심히 농사일에 전념했다.

군인들이 물러간 대농이네 동네도 한여름의 무더위와 정적靜寂 속에 빠졌다. 그 고요를 밟고 대농이 큰누님 효희가, 집에서 사라졌다. 그러나 여섯 살 난 조카는 남아있었다. 대농이 부모들은 외손자에게 온갖 정성을 다 기

우렸다. 엄마를 잃은 소년이 불안을 느끼지 않도록, 자식들 보다 더 많은 관심을 보였다. 삼년 후 조카가 국민학교에 입학했던 봄에, 효희 큰누님이 대농이네 집을 찾았다. 저녁나절이었다. 대농이네 집은 갑자기 초상집으로 변했다. 생이별 했던 큰누님과 조카의 울음소리가 그칠 줄 몰랐다. 엄마와 아들은 꼭 부둥켜 안고, 하염없이 눈물을 흘렸다. 어머니 향순씨는 바깥마당에서 서성거리기만 했다.

며칠 후 효희 큰누님과 조카는 함께 대농이네 집을 떠났다. 밝은 대낮 정오경이었다. 두 모자는 효희 누님이 마련한 새로운 가정에서 세 번째 인생살이를 시작했다. 큰누님의 새로운 생활 둥지는 농촌마을이었다. 대농이의 새 매형은, 6.25한국전쟁 당시 '흥남철수작전'으로 북한에서 남하한 농민이었다. 매형님은 큰누님 보다 세 살이 더 많았다. 천성天性이 부처님 같이 온순하고, 착하기로 소문난 농민이었다. 큰누님 박효희 부부는 행복했다. 새 가정을 꾸며 서로 의지하고 합심하며 열심히 일했다. 큰누님 가정에 흠이 있다면 농토가 많지 않다는 것뿐이었다.

큰누님 부부는 조용히 살아가며 삼남 일녀를 두셨다. 여섯 식구가 함께 사는 큰누님 가정은 행복했다. 조카들의 성장 속도도 빨랐다. 대농이가 직장생활에 전념하는 동안, 조카들의 키는 대농이보다 더 높아졌다. 대신 큰누님 효희 부부의 얼굴은 반대였다. 얼굴에 주름살이 많이 늘었다. 효희 큰누님은, 그날도 텃밭에서 열심히 농사일을 했었다. 그런데 저녁식사를 짓던 효희 큰누님은, 우측 머릿속이 뜨거워지는 느낌을 받았다. 눈앞도 침침했고, 사물이 두 개로 보이기도 했다. 손에 힘이 빠지며 부엌일을 할 수 없었다. 큰누님은 엉금엉금 기어 안방으로 들어가 누웠다. 뇌출혈이었다. 63세에 뇌출혈을 당한 효희 큰누님! 큰누님의 한평생은 너무도 힘들고 어려운 여로旅路였다. 가족들은 신속하게 어머니를 큰병원에 입원시켰다. 큰누님 효희는 천만다행으로 몇 달 후 퇴원했다. 그러나 걷고, 말하고, 움직이는 행동들이 자유스럽지 못했다. 이 소식을 들은 대농이는 일요일을 택해 시골 큰누님 집을 방문했다. 큰누님은 안방에서 밥상에 손과 몸을 의지하고 대농이를 맞이했다. 대농이는 큰누님의 병세를 물었다. 큰누님은

"대농아, 너 앞으로는 여기 오지 마라. 내 병문안 오지 말라는 말이다. 공직에 있는 사람이 이런데 오면 네 앞날에 도움이 되지 않는다. 명심해라."

말을 끝낸 큰누님은 자리에 누웠다. 대농이는

"그런 걱정 하시지 않아도 됩니다."

라고 대답했다. 그러나 가슴속은 뜨거워졌다. 큰누님의 말씀이 돌아가신 어머니 말씀 같이 생각되었다. 일찍 가족들 곁을 떠나신 어머니 역할을, 큰누님이 자리매김하고 있는 것이라고 생각했다.

큰누님의 투병생활은 길고 억척스러웠다. 병상생활 동안 환자의 투병의식은 초인적이었고, 자식들이 어머니를 모시는 정성도 지극했다. 조카들은 어머니를 살리려고, 농촌생활을 정리하고 서울로 이사했다. 불구의 어머니를 대학병원에 입원시키려는 의도였다. 조카들의 이런 효성은 삭막한 아파트촌에서도 주민들에게 회자膾炙되었다. 자식들의 뜨거운 효성은 주민들의 입을 통해 십년도 넘게 퍼져나갔다. 지역출신 국회의원 이 큰누님 병실을 찾아 문병을 오고, 구청장은 자식들에게 효자상을 내렸다.

대농이는 큰누님이 타계하시기 보름 전에 대학병원을 방문하고 문병했다. 그날 큰누님은 발목에 있는 암덩이를 제거하는 수술을 받았다. 큰누님은 중환자실에 계셨다. 큰누님은 대농이 말을 알아듣고 눈을 감은 채 무슨 말씀을 열심히 하셨다. 그러나 발음이 불분명해 내용을 전혀 이해할 수 없었다. 그 후 큰 누님은 눈물만 흘리셨다. 대농이는 그때 큰누님이 자신에게 무슨 중요한 말씀을 하셨던 것이라고 생각했다. 발음은 분명하지 않았지만, 생이별한 딸에 관한 당부 같았다. 그때 그 대화가 대농이와 큰누님과의 마지막 대화였다. 며칠 후 큰누님은 한 많았던 이 세상을 뒤로하고 하늘나라로 떠나셨다.

따듯한 봄날 정오였다. 큰누님 장례식은 고향이 가까운 천안공원에서 치러졌다. 몇 년 전에 먼저 떠나신 매형님 옆에 안장되셨다. 산소 주변에선 진달래, 개나리, 벚꽃 같은 봄꽃들이 아름다운 꽃동산을 만들고 떠나는 큰누님을 환송했다. 천안 삼거리 능수버들도 봄바람에 춤을 추며, 파아란 새싹들을 뽑내고 있었다. 맑은 봄 하늘과 따듯한 봄볕도, 착한 농부 부부의 승천昇天을 배웅했다. 대농이는 큰누님이 생시 강조했던 말씀이 생각났다.

"빼앗긴 내 딸을 한 번 보고 싶다. 우리 아이들이 잘 살도록 네가 도와주었으면 좋겠다. 내말은 우리 아이들에게는 알리지 말아라."

큰누님의 목관木棺 위로 붉은 흙이 떨어질 때! 자식들이 삽을 들고 어머니 목관에 붉은 흙을 뿌릴 때, 조문객들의 눈은 붉게 물들었다. 하늘도 무심치 않았던지, 산봉우리에 서려있는 뿌연 안개를 바람으로 밀어 내렸다. 큰누님 부부의 현실玄室은 뿌연 안개로 가득했다. 안개는 십여 분 간 현실에 머물다, 바람을 타고 하늘로 솟구쳤다. 구름같이 생긴 안개는 태풍처럼 빙빙 돌며 올라갔다. 안개태풍 한가운데는 달걀처럼 생긴 새파란 핵核이 서서히 돌아가고 있었다.

대농이는 안개태풍 한가운데서 돌아가고 있는 둥근 핵이 큰누님의 한恨덩어리라고 생각했다. 대농이는 큰누님의 한 덩이가 구천九天을 떠돌다, 옥황상제玉皇上宰의 부름을 받고 심판을 받게 될 것이라고 믿었다. 하늘의 심판을 거쳐 큰누님은 극락정토極樂淨土로 가시고, 아름다운 꽃밭에서 선녀들과 함께 살게 될 것이라고 자신했다. 대농이도, 큰누님의 한이 옥황상재의 심판을 받을 때, 조계사 대웅전에서 부처님께 축원하며, 줄탁동기卒啄同機 할 예정이다. 대농이는 지장보살地藏菩薩님께도 축원을 드려, 큰누님의 한恨을 극락極樂으로 제도濟度해 주시라고 축원할 각오를 했다. 끝.

<수 필>

아름다운 전화소리

"아- 목동들의 피리 소리들은, 산골짝 마다 울려 퍼지고----♪♪"

박대농이 허리춤에서 그윽한 노래 소리가 들렸다. 순대국집 넓은 홀로 울려 퍼졌다. 노래소리는 와글거리는 젊은이들의 소음을 뚫고 계속 퍼졌다. 핸드폰에서 흘러나오는 소리였다. 대농이 아내가 남편에게 귀띔해 주었다.

"당신 핸드폰 왔나봐."

몇 달 후면 고희古稀를 맞는 대농이는 그제야 전화를 받았다. 전화가 끝나자, 대농이 집사람이 남편에게 또 한마디 했다.

"강 회장님 아니세요! 당신 지난번에도 강 회장님이 주최하신 오찬에 못 나갔던 것 같은데, 그렇게 답변해도 되는 건가요?"

대농이도 반사적으로 대꾸했다.

"그래도 그렇지, 이번엔 내가 모셔야지. 항상 은혜를 받기만 해 되겠어요!"

강 회장은, 대농이의 직장 선배고 음지산악회 회장이다. 육군대령ROTC 출신으로 명랑한 성격과 탁월한 통솔력으로 700여명의 회원들로부터 존경을 받고 있다.

저녁식사는, 대농이 아내가 고개를 끄떡이며 긍정적인 표시를 한 후 계속되었다. 넓은 유리창 밖은 지하철 서울대입구역이고, 주변은 모두 '로데오거리'다. 네온사인들은 형형색색의 단풍으로 얼굴을 꾸미고, 으스대는 가로수들에게 황홀감을 덧칠하고 있었다. 대농이 부부는 로데오거리 야경과 젊은이들을 구경하며 귀가했다. 그러나 대농이 머릿속에선 강 회장 생각이 좀처럼 지워지지 않았다. 대농이는 모처럼 자신이 최근 걷고 있는 일상日常을 되돌아보는 생각을 더듬었다.

"나는 왜 산악회 같은 모임에도 제대로 참석하지 못하는 처지가 되었나?"

하는 석연찮은 것들에 대한 까닭을 집어보았다. 3,000여 명이나 되는 군대동기생모임엔, 수십 년 간 착실히 참여하고 있다. 그러나 음지산악회 쪽은 아무래도 많은 시간을 할애하지 못했다. 그 이유는 간단하게 결론 났다. 자신이 타고난 능력이 그 정도 밖에 되지 않는 다고 단언했다. 그래도 대농이 부부는 평생을 맞벌이를 했고, 지금도 국가로부터 연금을 받고 있다. 그런 생각을 하니 조금은 마음이 편해졌다.

또 딸아이를 생각하니 마음이 더 편해졌다. 딸은 유명여자대학교를 우수하게 졸업하고 공기업에 재직 중인데, 나이가 서른 살이 넘도록 결혼을 못했다. 그래도 부모가 별보기운동을 하는 자식의 뒷바라지를 외면할 수는 없는 노릇이다. 여하튼 대농이 부부의 희망은 항상 밝게 빛나고 있다. 내년 이맘때면 자신들도 가정에 얽매이는 굴레에서 벗어날 것 같기 때문이다. 남들처럼 자유롭게 등산·여행 다니고, 손자손녀 안고 다닐 수 있을 것 같았다. 왜냐하면 아들놈이 결혼 한 지 삼년이 되어오기 때문이었다.

대농이 부부에게 어두운 것들만 계속되는 건 아니다. 대농이는 일 년 전에 문인文人 자격을 얻었다. 그러나 (사)한국문인협회 회원자격은 지난달에 받았다. 문인협회는 서울시 종로구 회화동 대학로 회화역 부근에 있었다. 지난 10월 중순경, 대농이는 자신이 쓴 문집文集 '두무실'과 '죽을 고비' 한 권씩 들고 예고도 없이 문인협회 문을 두드렸다. 회원가입신청서를 얻어 현장에서 기록하고 문집 두 권과 함께 제출했다. 간부들은 모두 외근 중이었다. 대농이는 전철로 귀가하며 마음을 가다듬었다. 자신의 창작능력이 어느 정도인지를, 이번에 객관적으로 평가 받아 봐야한다고 생각했다.

그런데 막상 회원가입신청서를 제출하고 보니, 그 게 생각했던 것보다 너무 어려운 도전이라는 사실을 알게 되었다. 결재과정도 복잡하고 자격검증과정도 객관적이고 치밀하기 때문이었다. 장르genre가 수필인 문인은, 우선 수필분과위원에 문집을 보내, 원로문인들이 꼼꼼히 확인하고, 평가와 의견을 문인협회에 넘긴 다음, 협회는 전문가들의 평가와 결재를 통해 최종가부를 결정하는 것이었다.

신청서 제출 후 두 주일을 기다리는 대농이는 지루했다. 멀리 떠난 임의 귀가를 기다리는 마음 같았다. 기다리고 기다리다 지쳐 마음이 안정을 찾았던 어느 날, 그날도 대농이는 장착작업을 했었다 따듯한 가을 햇볕을 찾아 아파트 단지 내 산책로를 거닐고 있었다. 그런데 모처럼의 정적을 깨고 허리춤에서 핸드폰 소리가 터졌다.

“여름이 가고 꽃은 떨어지면, 너도 가고 또 나도 가야지. 저 목장에는 여름철이 가아고, 산골짝마다 눈이 덮여도. 나 항상 여기 사알리이라, 아~ 목동아 아~아 목동아, 내 사랑아…♪”

문인협회 직원이었다.

“박 선생님의 회원 가입이 결정되었습니다. 많은 심사위원님들이 훌륭한 창작능력을 갖은 분이라고 평가했습니다.”

전화가 끝나자 대농이는 길섶에 있는 의자에 털썩 앉았다. 그리고 혼자 중얼거렸다.

“참으로 아름다운 전화소리”

라고. 그 때 대농이 주변 정원수에선, 까치 두 마리가 사랑의 노래를 부르고, 하늘에는 원앙새 한 쌍이 비행기처럼 날아가고 있었다. 대농이는 더 이상 아무 생각도 나지 않았으며, 그냥 무심코 빈 하늘만 쳐다봤다.

다음날, 대농이는 내버려두었던 신사복을 모처럼 꺼내 입었다. 정오 전에 문인협회 사무실에 도착할 계획이었다. 회원가입절차도 밟고, 점심식사는 협회 전 직원들과 보쌈정식으로 함께 할 심산心算이었다. 그러나 대농이 혼자만의 설계는 아쉽게 허물어지고 말았다. 정오가 넘어 이미 점심식사 시간이었다. 문인협회 당직 직원이 대농이를 안내했다. 신입회원들이 알아야할 기초적인 내용들을 설명했다.

“월간문학은 (사)한국문인협회가 발간하는 문학잡지다. 협회는 원고제출 자격을, 회원 가입 후 1년 6개월이 경과된 회원, 문집을 3개 이상 발간한 회원 등으로 제한하고 있다. 원고의 질 과 잡지의 품격을 높이려는 의도적인 조치다. 결국 월간문학은 우리나라 문학잡지들 중에도 최고봉에 위치하고 있는 잡지라는 말도 된다. 많은 작품들 중에도, 수필과 단편소설은 누구나 읽고 즐길 수 있다. 한국문인협회 회원 수는 약 12,000여명이다. 그 중 절반인 6,000여명이 시인이나 시조시인이고, 수필가는 약 3,000여명이며, 나머지 3,000여명이 소설, 동시, 동화, 희곡, 평론, 콩트 등 분야의 문인들이다. 문인협회가 하는 일은 아주 많았다. 잡지발간사업 이외에도, 작품토론회, 저명문인 특강, 조직 강화활동 등 많다. 조직은 전국에 시·군 단위 지회支會가 있고, 15개 시·도 지역에는 지부支部가 있다. 해외 교포 문인들과도 활발한 교류와 협력을 하고 있다."

문인협회 직원의 설명은 조용하고 자상했다. 대농이는 고등학교에서 문예반원으로 활동할 때, 담임선생님이 하셨던 말씀이 떠올랐다. 시인이고 국어를 담당하셨던 담임선생님은

"착하고 아름다운 마음씨와, 맑은 영혼을 간직하지 못하면 좋은 작품을 창작할 수 없다."

고 늘 강조하셨다.

한시가 되어 협회 직원과의 대화는 끝났다. 대농이가 출입문을 나오려 하자, 협회 직원은 명함제작상점을 소개해 주었다. 협회 사무실 부근이었는데, 능숙한 기술자들이 대농이 명함을 만드는 데는 불과 30분도 걸리지 않았다. 대농이는 문인협회 엠블렘Emblem인 펜Pen이 새겨진 명함을 손에 쥐는 순간 묘한 감정을 느꼈다. 고희古稀 언저리에서 평생처음 명함을 받아보는 사람들만 느낄 수 있는, 달갑지도 않고 절반은 저항적인 감각, 그런 심정이었다. 귀갓길엔 전철 밖으로 내려다보이는 한강물도 흥겹게 노래 부르며 흐르는 것 같았다. 그때 또 전화소리가 울렸다. 군복무 시절, 비무장지대 최전방 수색중대에서 함께 소대장으로 근무했던 친구였다. 대농이는 친구에게 최근에 있었던 일들을 대충대충 말해 주었다. 친구의 대답이 명언이었다.

"네가 변신하는 능력이 부럽고, 발전하는 속도도 상당히 빠르다."

라며 부러워했다. 대농이는 대답했다.

"고목나무에 핀 꽃이 얼마나 견딜 수 있을까 하는 게 문제다. 고목古木의 진면목을 보여주려고 작년에 두 권의 문집을 발간했다. 그러나 금년의 건강

은 예측하기 어렵다."

그날, 전철에서 내려 집으로 향하는 대농이의 발걸음은 상쾌했다.

대농이는 며칠 전에도 문인협화가 주관하는 문학특강에 참석했다. 당시 회의실 좌석은 회원들로 만원이었다. 원노문인이 고 김광균金光均 시인에 대한 특강을 했다. 강사는 한국문학대학원 국학과 석좌교수였다. 고 김광균 시인은, 우리 민족이 모두 우울했던 일제 강점기强占期 때 창작활동을 했던 유명시인 이었다. 시 '설야'雪夜의 저자이다. 1938년 조선일보 신춘문예 작품이다. 자유시 '설야' 는 6개 연 중 4연에서

"머언 곳에 여인의 옷 벗는 소리"

라는 표현을 하여, 기념비적인 작품으로 평가되고 있다.

설야雪夜

김광균

어느 머언 곳의 그리운 소식이기에
이 한밤 소리 없이 흩날리느뇨

처마 끝에 호롱불 여위어 가며
서글픈 옛 자췬 양 흰눈이 내려

하이얀 입김 절로 가슴에 메어
마음 허공에 등불을 켜고
나 홀로 밤 깊어 뜰에 나리면

머언 곳에 여인의 옷 벗는 소리

희미한 눈발

이는 어느 잃어진 추억의 조각이기에
싸늘한 추회追悔 이리 가쁘게 설레이느뇨

한 줄기 빛도 향기도 없이
호올로 차디찬 의상衣裳을 하고
흰눈은 내려 내려서 쌓여
내 슬픔 그 위에 고이 서리다

구십 분 간 계속된 특강내용은 대학교수들이 대학생들 대상으로 하는 강의 수준이었다. 참 유익한 내용이었다. 문인협회는 여러 가지 활동을 매달 정기적으로 하고 있었다.

일주일 후, 대농이의 핸드폰에서는 또 한 번 아름다운 소리가 울려 퍼졌다. 또 수색중대 소대장 친구였다.

"어이, 대농 문인! 나흘 후인 다음 월요일 12:00까지, 서울 명동에 있는 음지휴게실로 나와. 내가 친구 몇 명을 모아놓았어. 대농 문인을 축하하는 '크리스마스' 파티야 빠지면 안 돼, 꼭 와야 해." 끝.

제 3부 : 생활수기 生活手記 부문

세모歲暮에서 본 한해살이

아들 결혼

* 생활수기*

세모歲暮에서 본 한해살이 <2010년도>

Ⅰ. 요지 (要旨)

서기 2010년은 단기 4343년이고, 불기 2554년이었다. 태음력太陰曆으론 경인년庚寅年이고 하얀 호랑이 띠였다. 그래서 어렵고 힘든 일들이 생겼는지도 모르겠다. 연말연시 한파와 폭설이 계속되었다. 언론들은 103년 만에 찾아온 추위라며 야단법석이었다. 새해 첫 출근날인 1.4(월)에도 영하15도의 추위가 왔고, 25.8Cm의 눈이 내렸다. 온 천지가 하얀 눈으로 가득했다. 기차와 항공기가 멈췄고, 자동차는 물론 수도관, 가스관 등 생활필수시설도 고장 났다. 전국적인 '비닐하우스' 붕괴도 농민들의 가슴을 때렸다. 박대농이는 1.4.09:00 대학병원에서 MRI(자기공명촬영)이 예약되어 있었다. 뇌조직과 뇌혈관 상태를 미리 진찰 받을 요량이었다. 그러나 3Km 거리에 위치한 병원까지 걸어야 했다. 등산화를 신고 무릎까지 빠지는 눈밭을, 출근인파들과 함께 걸었다. 최근에 벌어진 기록적인 도전이었다.

금년에 있었던 일들을 우선 국내적인 측면에서 보면, 북한은 올해도 각종 도발행위를 멈추지 않았다는 점이다. 북한은 작년에 핵실험(2회)과 대륙간탄도미사일(ICBM)로 한국과 강대국들을 괴롭혔었다. 금년에는 영변 '우라늄 농축시설'을 전략적으로 공개하여 세인世人들을 놀라게 하더니, 한국 해군함정 천안함을 어뢰로 폭침시켰다. 해안포와 방사포를 동원하여 한국영토 연평도를 포격했다. 대낮에 공격하여 초토화시켰다. 한국 해병들은 물론 주민들도 희생되고, 주택 등 생활시설들이 처참하게 파괴되었다. 국민들은 놀랬고, 정부도 우왕좌왕했다. 이런 북한의 만행은 한반도의 온도를 급냉急冷시켰다. 한반도가 일촉즉발一觸卽發의 화약고로 다시 변한 것이다. 이제 한반도는 전 세계인들에게 불안한 나라로 각인되었다. 한국의 혈맹국가들이 뭉치고, 북한의 혈맹들도 뭉치는 세상으로 변했다. 한반도가 새로운 분쟁의 핵심지역으로 떠오르는, 냉전구도冷戰構圖가 형성되어 가고 있다. 그렇다고 지구에서 또 다른 '팍스 아메리카' 시대를 기할 수는 없는 형편이다. 지구의 미래는 신 냉전구도로 재편되는 과정에서, 6.25한국전쟁 같은 또 하나의 돌파구를 만들지도 모른다. 수많은 한국인이 희생되어야하는 그런 비극 말이다.

북한의 계속되는 만행은 김정일의 차남 김정은(27세)을 후계자로 부각시키는 과업과 연결되어 있다. 그래서 세인世人들을 더욱 경악하게 만들었다. 북한은 이미 후계구도 정착을 위한 노력을 다방면으로 기울였다. 북한은, 4.15 김일성 탄생 100주년 기념 '군사퍼레이드' 를 하며 홍보했다. 김정일 위원장은 5.5-5.7 간 중국 북경을 방문하고, 후진타오(胡錦濤) 국가주석과 정상회의도 했다. 군사적 혈맹관계를 재확인 하고, 후계체계도 확고히 한 것이다. 김정일은 9.28 제2차 노동당대표자회의를 개최하고 김정은을 인민군 대장으로 승진시켰다. 여동생 김경희도 인민군 대장이 되었으며, 처남 장성택은 군사위원회 부위원장으로 승진시켰다. 뿐만 아니다. 김정일은 8.26-8.27 간, 중국 지린성(吉林省) 수도인 장춘시(長春市) 난후호텔(南湖)에서, 중국 '후진타오' 국가수석과 또 정상회의를 했다. 후진타오 수석이 김정일이 묵고 있는 호텔을 방문해 회담을 하는 형식을 취했다. 양국의 혈맹관계를 전 세계에 과시한 것이다. 당시 국제정세는 천안함 피폭 사건이 UN 안전보장이사회에 제출 되어 있는 시점이었다.

김정일은 '스텔스' 기능을 갖춘 열차여행을 즐기며 '하얼빈(哈爾賓)' 공업단지와 무단강(牧丹江)을 시찰하는 여유도 보였다. 10.10에는 노동당 창당 65주년 기념 열병식도 하며, 김정은 후계체제 구축에 매진했다. 열병식에는 북한이 개발한 탄도미사일 무수단(IRBM)도 공개했다. 무수단은 사거리가 3,000Km 이다. 행사는 80여명의 외국 기자들이 중개하도록 개방했다. 외국 홍보에 총력을 기울이는 모습이었다.

북한의 도발에 대응하는 한국의 대응도 불붙었다. 이명박 정부는 "북한의 천안함 폭침사건, 연평도 포격사건에 대한 사과 없이는 여하한 협상도 없다." 는 원칙을 확정했다. 나아가 군비증강, 군사조직 개편, 대응책 강구 등 전투태세를 강화하고 있다. 한국과 미국은 7.25-7.28 간 동해에서 합동군사훈련을 실시했다. 천안함 사건에 대응하기 위한 훈련이었다. 훈련에는 미국의 핵추진 항공모함 '조지워싱턴호'(97,000톤급, 승조원 6,250여명, 항공기 탑재 87대)를 비롯, 잠수함, 순양함, 구축함 등도 동참했다. 북한의 도발 의지를 꺾으려는 의지표명과 화력시범이 훈련의 목적이었다.

한국은 육·해·공·해병 합동으로 8.5-8.9 간 연평도 부근 서해 NLL(북방한계선)남쪽에서 사격훈련도 실시했다. 북한의 침략에 대응하겠다는 의지를 행동으로 보여줬다. 외교적으로는 천안함 폭침사건을 'UN안전보장이사회'에 의제 안건으로 상정했다. 한국과 미국의 외교장관, 국방장관들이 참석하는 합동회담도 7.21 서울에서 개최했다. 천안함 사건에 대응하는 방안을 모색했고, 북한의 핵개발을 저지하기 위한 공동노력을 지속적으로 경주하기로 했다. 한국 측에서 외무장관, 국방장관이 참석하고, 미국 측에서는 '힐러리' 국무장관과 '로버트 게이트' 국방장관이 참여했다.

이런 분위기 속에서도, 북한은 사과는 커녕 11.23 대낮에 한국 영토 연평도를 포격했다. 방사포와 해안포로 무차별 공격을 하는 만행을 저질렀다. 국민들은 분노했다. 넓이 7.3㎢의 연평도는 초토화 되고, 509 가구의 주민 1,756명은 넋을 잃었다. 농토는 폐허되었고 어업도구도 망가졌다. 주민들은 다음날 인천으로 피난했다. 찜질방에서 장기간 피난민 생활을 했다. 한국은 김대중 · 노무현 대통령 통치하에, 공식, 비공식적으로 대북지원을 강화하여 총 3조 3,356억 원을 지원했었다. 그러나 이런 동포애는 결국 한국영토 침략이라는 배신으로 돌아왔다. 그런데도 한국정부는 연말까지도 대응행동이나 대책강구를 마무리하지 못했다. 국회는 파벌지어 대립하고 국론은 양분되었다. 친북세력과 이들을 옹호하는 세력들은, 한국정부를 비난하고 북한에게 유리한 언행을 자행했다. 정부는 서해5도 전력을 증가하기 위한 예산 2,636억 원을 지원키로 했을 뿐이다.

국제적인 측면에서 올해는 지구온난화로 인한 지진, 화산폭발, 홍수, 태풍 등 자연재해가 인류에게 피해를 주었던 한해였다. 연초였던 1.12 '아이티공화국' 의 대지진이 그것이었다. 프랑스 자치령인 '아이티' 강진은 7.0 규모였다. 대도시 '포르토프랭스' 가 흔적도 없이 땅 속으로 사라졌다. 인구

22만 여명이 사망했고, 생존한 사람들도 폐허 속에 굶주리며 몸부림쳤다. 처참한 광경을 종식시키려는 세계 각국의 지원활동과 구호활동이 계속되었다, 그러나 아이티는 세모歲暮인 지금도 빈곤과 질병에서 헤매고 있다. 남미 칠레는 2월 8.8도의 강진과 '쓰나미' 로 5,000여 명의 사망하고 30억 원의 재산피해를 보았다.

'파키스탄'은 대홍수가 국토의 20%를 침수시켰고, 17,000여명이 사망했다. '아이슬랜드' 에선 4.2 '에이아프 알라요쿨' 산이 폭발했다. 유럽 24개 국가들이 분진과 연기로 피해를 입었다. 항공기 취항 금지가 1,700편이었고 승객 70,000 여명이 피해를 봤다. 전 세계인들이 피해를 본 것이다. 화산폭발은 22조원의 경제적 손실을 가져오고 2주일 후에 멈추었다. 러시아에서는 8월의 건조한 날씨로 대형 산불이 났다. 유럽 18개 국가가 사상 최고의 폭염暴炎을 기록하며 고생했다. 이제 인류는 자연을 훼손한 대가를 받아야하는 본격적인 시대에 직면했다.

폭로사이트 '위키리크스'의 미국 외교 전문電文 공개는 전 세계를 뒤흔들었다. CIA 비밀 내용은 물론이고 '스위스은행' 비밀계좌에 관한 내용도 만천하에 공개되었다. 많은 국가원수들도 피해를 입었다. 북아프리카 '튀니지' 공화국 '벤 알리' 대통령 일가의 부정축재 내용도 공개됐다. 알리 대통령은 시위대에 쫒겨 23년간의 독재정치를 청산하고 '사우디아비아'로 망명했다. 금년 후반기엔 전 세계가 '스마트폰'과 '태블릿PC' 로 뒤끓었다. 금년 한 해 동안 지구의 인구 10%가 하나로 연결되었다. 바야흐로 디지털시대(Digital)가 밀려가고 스마트시대(Smart)가 도래 한 원년이었다.

한편 G2 미국과 중국은 환율문제로 대립했고, 유럽은 그리스에서 시작된 재정위기로 몸살을 앓았다. 아일랜드, 포르투칼, 스페인, 이탈리아 등 국가들이 재정위기를 맞았다. 반면 한국과 중국 등 아시아 신흥국가들은, 경기회복으로 세계경제 회복에 중심적인 역할을 했다. 미국과 중국이 노벨평화상 수상자 '류사오보' 의 인권문제, 북한의 핵개발문제, 연평도 포격행위, 천안함 폭침사건 등으로 대립하고 군비경쟁도 계속했다. 반면 일본은 '센카구열도' 소유권 문제로 중국과 대립하고, '러사아'와는 '쿠릴열도' 소유권 문제로 대립했다. 미국 '오바마' 대통령이 11.2 실시된 중간선거에서 대패하여, 공화당이 다시 부활한 사건은 세계인들의 관심거리였다. 일본 도요타 자동차는 전 세계에서 1,000만 대 이상을 '리콜'하여 수리하는 가관을 보여줬다. 사장 도요다 아키오(豊田章男)가 미국하원 청문회에 출석했었다.

국제문제들도 일 년 내내 복잡하게 얽혀 묘책이 나오지 않았다. 우울한 분위기들이 자연재해와 어우러져 지구인들의 각성을 촉구하고 있었다. 그러나 저마다 연말연시를 설계하던 10.13, 남미대륙 칠레에서 '스콜' 같이 시원한 소식이 들렸다. 매몰광부 구출작전 성공소식이었다. 지하 700m의 구리광산에 매몰되었던 33명의 광부들이, 69일 만에 전원 구조되었다. 광부들은 소형 구조캡슐(4.5m x 50cm)로 한 명 씩 차례차례 구조 되었다. 첨단기술이 동원된 구조 활동을, 전 세계 10억 인구가 생방송으로 지켜봤다. 페닉스(불사조) 같은 인간승리의 드라마였다.

위와 같은 국내외 환경 속에서 박대농이의 한해살이도 힘들었다. 다행이 대견스럽고 성취감도 느낄 수 있는 결과들이 도출되었다. 대농이는 진인사盡人事를 우선 실천하고, 후에 결과를 지켜보라고, 가족들에게 말하곤 했다. 건강문제만은 세월을 쫒아 한 단계 낮아졌다. 세밀하게 생각하고 대책을 게을리 하지 말아야겠다. 대농이가 금년에 특별히 많은 노력을 경주했던 일들은, 문집 '죽을 고비' 발간, 며늘아기이의 쌍둥이 출산 후원, 등이었다. 다행스럽게도 작년 같이 가족이 타계하는 경우는 없었다.

문집 '죽을 고비' 발간은, 작년 10월 신인상을 받고 문단에 등단한 이후 계속 진행되던 과제였다. 다행히도 금년에는 건강이나 가정운영에 별다른 어려움이 생기지 않았다. 대농이는 창작활동에만 전념할 수 있었다. 7개월간 외출도 자제했다. 친목모임이나 각종행사 참여도 자제했다. 대농이 몸과 마음은 항상 창작활동에 있었다. 대농이는 마루에 놓여있는 식탁에 얽매어, 춥고 눈 내리는 1월과 2월을 보냈다. 그 후 꽃피는 봄이 보였다. 얼어 붙은 추위가 녹아내리자 창작활동도 더욱 속도를 낼 수 있었다. 작품구상→ 제목선정→자료확보→배경지식연구→초안작성→타자→교정작업→오탈자 수정→15일 후 재검토 등 9개 과정이 연속되었다. 만산萬山이 꽃대궐을 차리고 있는 4월이 되자 완성된 작품들이 제법 쌓였다. 대견스러웠다. 이제 창작활동을 문집 목차와도 연계시키며 계속할 수 있었다. 작품의 배경지식으로 활용한 '근대사 연대표와 낱말풀이' 를 문집에 첨부시키기로 결심한 것도 이 때였다.

금년은 유난히도 비가 많이 내렸다. 4개월이 넘도록 열대지방 같은 비(스콜)가 계속 내렸다. 기상대도 장마기간 설정을 올해부터 중지하기로 결정했다. 변덕스러운 날씨로 일기예보의 정확성에 흠이 갔기 때문이다. 대농이에게 많은 문학작품 창작시간을 주려고 하늘은 그토록 많은 비를 지구에 뿌렸나보다. 그래도 세월은 빈틈없이 흘렀다. 6월이 가고 7월 휴가철이 되었다. 장대 같은 빗속에 휴가철이 왔다. 대농이는 서둘러 문학작품 창작활동을 마무리 했다. 홀가분하게 아무런 부담 없이 빈 머리로 휴가를 갈 수 있었다.

일본 오사카大板, 나라奈羅, 교토京都 등지를 여행했다. 대농이 부부는 3년째 계속 일본을 관광했다. 나이 때문인지 이제 미국이나 유럽 같은 먼 나라는 싫었다. 무덥고 병이 많은 동남아 국가들도 많이 다녀봤다. 그런데 일본은 심적 부담이 없었다. 며칠 간 편히 쉬고 올 수 있는 나라는 일본이 제격이었다. 일본에서 지낸 2박3일은 하루 같았다. 대농이는 귀국한 후, 7.22부터 문집발간 작업에 매달렸다. 그 살인적인 더위철도 어떻게 보냈는지 생각나지 않는다.

며늘아기의 쌍둥이 손녀 출산은 기적적이고 어려운 도전이었다. 부처님이 내려주신 인연因緣아라고 생각되었다. 대농이가 며늘아기의 임신사실을 알게 된 건 6.10이었다. 당시 대농이 가족들은, 아들 부부가 결혼 일년이 지나도, 임신 징후가 안 보인다고 걱정하고 있었다. 이런 분위기 속을 뚫고 들려온 며늘아기의 임신 소식은, 단숨에 대농이 가정을 경사스럽게 바꿨다. 사돈댁도 마찬가지였다. 그러나 호사다마好事多魔! 즐겁고 행복한 일엔 항상 궂은일도 찾아오게 마련이었다. 대농이 가정도 마찬가지였다. 며늘아기의 쌍둥이 임신은, 짧은 즐거움을 남겨놓고 고통으로 변했다. 며늘아기에게 갑자기 유산기가 찾아와, 10.12부터 대학병원에 입원하는 사태가 발생했다. 대학병원

산부인과 입원실에서 마주하게 된 며늘아기는 가엽게 보였다. 환자 중에도 중환자 같았다.

대농이는 우선 산모에게 희망과 용기를 주었다. 그리고 각오했다.

"나는 무슨 수를 써서라도 산모와 아기들을 구하겠다."

고 다짐했다. 이 문제는 아들 부부와 뱃속의 아기들 문제 뿐이 아니고, 대농이 가족, 사돈가족 등 모든 일가친척들과도 연결된 문제라고 생각했다. 며늘아기의 투병생활 기간, 대농이는 자신이 할 수 있는 온갖 노력을 기울였다. 아들 부부, 대농이 가족, 사돈댁도 함께 협력했다. 모두가 마음을 하나로 모았다. 며늘아기는 아슬아슬한 고비를 많이 넘겼다. 고비마다 가족들도 주눅 들었다. 그러나 삼 개월 만에 "지성至誠이면 감천感天"이라는, 철칙鐵則이 며늘아기에게 찾아왔다. 12월부터 그랬다.

고비를 넘고 넘어 지치고 지쳤던 12.15, 며늘아기의 발길이 임신34주(8개월)에 도착했다. 이제 인공분만을 해도 아기들이 신생아중환자실이나 '인큐베이터' 생활을 하지 않아도 되는 경계점을 돌파한 것이다. 이제 가족들의 얼굴에서 웃음을 읽을 수 있었다. 영리하고 명랑한 며늘아기의 인내와 투쟁은 결국 기다리고 기다렸던 35주라는 경계선을 돌파했다. 드디어 찬란한 12.22이 밝았다. 그토록 기다리고 기다렸던 두 손녀들은 12.22.00:14 먼 곳에서 내려와 인간 세상에 얼굴을 보여주었다. 두 명의 손녀들이 수술실에서 나와, 신생아실로 들어가는 모습을 양가 가족들이 도열했다. 강보襁褓에 싸인 두 손녀들은, 눈을 감고 아무 말도 없이 얼굴만 잠깐 보여주었다.

대농이의 건강문제 중 가장 큰 사건은 부정맥이었다. 하루가 다가도록 대학병원과 은행을 돌아다녔던 대농이는 피곤했다. 11.22.20:20 경, 이미 땅거미가 내려앉은 초저녁이었다. 저녁식사 후 대농이는 아파트 운동마당에서 걷기운동을 했다. 그런데 갑자기 보행장애 현상이 나타났다. 발걸음이 몹시 무거웠다. 전신에 힘도 없었다. 어지러운 증세도 있었다. 집으로 돌아와 혈압을 측정해 봤다. 생전처음 저혈압현상이 나타나고 부정맥 증세도 분명했다. 맥박이 매우 불규칙하고, 심장근육이 수축하는 힘도 약했다. 비상사태가 발생했다.

대농이는 집사람을 안심시키고, 혼자 택시로 이동했다. 대학병원 응급실로 갔다. 심전도측정을 하고 '링거'도 팔 혈관에 맞으며 시간이 흘렀다. 그 후 병원 측은 별다른 조치를 취하지 않았다. 대농이는 수속을 마치고 23:49 퇴원했다. 다시 택시를 잡아 며늘아기가 입원해 있는 대학병원 응급실로 옮겼다. 응급실 시설이 무척 크고 근무자들도 많았다. 병원 측은 '심장초음파 검사'를 한 결과 위급한 상태가 아니라고 설명했다.

대농이의 한해살이는 이런 내적·외적 와중 속에서 계속되었다. 조계사 대웅전에 아버지와 어머니, 할아버지와 할머니, 그리고 여동생의 영구위패를 봉안해드렸다. 연초에는 대학대병원에서 뇌와 뇌혈관 MRI 촬영을 했다. 병원까지 새벽에 폭설을 뚫고 걸어갔다. 작년에 착공했던 임프란트(2개)를 장착하여 끝냈다. 인후염 치료는 여전 했고, 우측 무릎에 관절염도 조금있다. 신종플루 예방접종도 2회했고, 폐렴 예방접종도 했다. 그러나 그 무엇보다도 보람된 일은 쌍둥이손녀의 탄생을 보게 된 행복이었다.

Ⅱ. 국내사항 (國內事項)

1. G20 정상회의 성공적 개최(엠블렘 : 위기를 넘어 다함께 성장)

제5회 G20(주요20개국)정상회의가 11.11 - 11.12 간 서울 '코엑스'에서 개최되었다. 의장국인 우리나라 이명박 대통령이 의장 자격으로 회의를 진행했다. G20정상회의를 뒷받침한 'B20비즈니스서밋'Business Summit도, 재무장관 20명과 중앙은행장 20명이 참가한 가운데 10.22 - 10.23간 경주 '힐튼호텔'에서 개최되었다. 참가자들은 보호무역반대, 녹색성장, 환율전쟁 종식, 경상수지 관리, 무역흑자상한선 설정 등에 관한 합의 후 선언문을 채택했다. 회의에는 세계 34개 국가 CEO들 1,000명도 참석했다.

G20정상회의(Summit)는, 기존의 7대 강대국 모임인 G7에, 12개 신흥국

가와 유럽연합(EU)가 합세한 조직이다. 2008.9.6 '리먼브러더스' 은행 도산으로 미국에서 발생한 금융위기를 타개하기 위해 만들어진 조직이다. 2008.11 미국 워싱턴에서 1차회의가 있었고, 한국은 2009.9 미국 '피츠버그' 4차 회의 시 의장국가로 선정되었다. 정상회의 참석을 위해 각국 각계 인물 4,000여명, 취재진 1,500여명이 방한했다. 의전차량 250대가 동원되었고, 행사진행요원과 경호원이 7,500명 투입되었다. 한국은 과거 88서울올림픽을 성공적으로 개최하여, 지구상에서 공산주의를 붕괴시킨 경험을 바탕으로, 행사를 준비하고 진행했다. 행사기간 차량운행도 자발적인 홀짝제를 택했다. 온 국민이 합심하고 참여해 대회를 마무리했다. 결과도 좋아 성공적이라는 평가를 받았으며, 또 한 번 세계의 이목을 한국에 집결시켰다.

G20서울정상회의은, 한류韓流가 전 세계로 퍼져나가는 분위기에, 또 다른 국격國格을 높이 쳐들었다. 신흥국가들도 G20정상회의의 의장국이 될 수 있다는 모범을 전 세계에 보여주었다. 20개 정상들은 '서울선언'을 채택했다. 3,000여명의 보도진들이 정상회담 이모저모를 실시간으로 타전打電했다. 며칠 동안 한국의 이모저모도 숨김없이 전 세계에 소개되었다. 서울선언의 주요 뼈대는 (1)강하고 지속 가능한 균형성장을 위한 협력체계 구축 (2)국제금융구조 개편(IMF) (3) 글로벌금융망 강화 (4)개발도상국 지원확대 (5) 환율문제와 경상수지의 가이드라인 설정 등 이었다. G20서울선언문은, 경제성장의 중요성과 이를 위한 국가의 역할을 강조했다. 다음 제6차 G20정상회의 장소는 프랑스 '칸'으로 결정되었다.

- G7(선진7개국) : 미국, 일본, 영국, 프랑스, 독일, 이탈리아, 캐나다,
- 신흥12개국 : 아르헨티나, 호주, 브라질, 인도, 인도네시아, 한국, 멕시코, 러시아, 사우디아라비아, 터키, 남아프리카공화국, 베트남
- EU : 유럽연합

2. 북한, 한국 해군 천안함 폭침

한국해군 제2함대사령부 소속 천안함이, 3.26.21:22 서해 백령도 부근 해역에서 북한의 어뢰 공격으로 폭침爆枕되었다. 천안함은 1,200톤 급 초계함으로 해군장병 104명이 탑승하고 있었다. 장병 46명이 전사하고, 58명은 구명되었다. 천안함 관련 국제합동조사반은, 5.20

"천안함은 백령도 서남방 1.8Km 지점에서 북한의 연어급 소형 잠수함이 발사한 중어뢰 CHT-02D에 의해 폭침된 것"

이라고 발표했다. 천안함은 어뢰공격을 받고 '버블젯트 효과'로 함수艦首와 함미艦尾로 두 동강이나 30분 만에 침몰했다. 천안함 사건이 국민들에게 알려진 것은 사고 당일 21:50경이었다. 대부분의 국민들은 21:00 뉴스 청취 도중 자막보도로 알았다.

천안함 사건은 시간이 갈수록 점점 심각한 사건으로 발전했다. 드디어는 방송들은 실황방송을 계속했다. 다음날 3.27부터, 온 국민들은 TV를 통해 천안함 사건만청취했다. 천안함 사건은 너무 크고, 잔인하고, 서럽고, 기막히는 사건으로 전 세계의 이목을 집중시켰다. 두 동강이 난 천안함에서 바다로 뛰어 들어 구조를 외치는 장병들의 호소! 캄캄한 밤중에 파도에 휩쓸려 사라져가는 시신들, 생존을 위해 발버둥치는 아비귀환의 처절한 현장모습이 그대로 방송되었다. 텔레비전에 매달린 국민들도 넋을 잃었다. 그 당시는 북한이 저지른 만행일 것이라는 분통만 마음속에 있었지, 노골적으로 단정하며 울분을 토할 수도 없었다. 국민들은 답답한 가슴을 손으로 쓸어내는 게 전부였다.

해군과 해양경찰들의 구조활동이 본격화 되었다. 생존한 장병들은 '헬기'로 해군 제2함대사령부로 이송되고, 행방불명된 장병들을 구조하려는 수중폭파대UDD/해난구조대SEAL 요원들의 구조활동도 시작되었다. 선수船首 속 시신 구조활동을 먼저 했다. 많은 국내외국 언론들이 생중계했다. 깊은 바다 밑 선체와 주변에서 희생된 장병들이 한구씩 구조되었다. 강태민 일병(21세), 이상희 병장(21세), 이창기 원사(40세), 최한권 상사(38세)…… 조용하던 대한민국은 초상집으로 변했다. 희생된 장병들의 시신이 UDT대원들에 의해 구조될 때마다 울음바다가 됐다. 유가족들도 울고, 국민들도 울었다. 구조활동은 힘든 과제였다. 살을 도려내는 바다 속 추위를 이겨내고, 빠르게 흐르는 해류와 싸워야하는 난제였다. 이 과정에서 한주호 준위(50세)가 사망했다. 과로로 희생된 것이다. 휴식을 취해야한다는 부하들의 권유를 외면하고 "시간이 없다." 며 계속 잠수하다 변을 당했다. 슬픔은 또 다른 슬픔을 낳았다. 한 준위는 영웅으로 국민들의 가슴에 박혔다. 이명박 대통령도 빈소에 조문하고, 충무무공훈장을 수여했다. 정부는 4.3 고 한 준위를 해군장례로 함대사령부에서 영결식을 거행했다. 대전 현충원에 봉안되었다.

서해 바다 백령도 쪽에서 들리는 통곡은 26일이나 계속되었다. 희생자마다 애절한 사연을 간직하고 있었다. 당국은 4.15, 두 동강이 나 바다 밑에 침몰된 천암함 뒷부분 선미船尾를, 대형 바지선으로 바닷물 위에 들어올렸다. 우선 시신을 수습했다. 국민들은 또다시 처절한 광경을 보아야 했다. 유족들의 통곡도 다시 시작되었다. 그때 까지도 실 같은 희망을 안고 살아오기를 기대했던 유가족들이었다. 한숨과 눈물! 그리고 통곡과 탄식 속에 열흘이 흐른 4.24, 천안함 함미는 처참하게 파괴된 모습을 하고 바지선에 실려 함대사령부로 옮겨졌다. 함대사령부는 부산했다. 희생된 장병 46명의 시신이 안치되고, 갈기갈기 찢어지고 구멍 뚫린 모습의 천안함 함수와 함미도 함께 있었다.

천암함 폭침으로 전사한 해군 장병 46명의 영결식이, 4.28 함대사령부에서 해군장으로 거행되었다. 수많은 유족과 조문객들의 울음소리가 서해바다를 향해 날아갔다. 원통하고 한 많은 영혼들은 하늘로 날아가며 몸부림쳤다. 영정 앞에서 실신한 아내와 어머니가 한 둘이 아니었다.

"나 혼자 어떻게 살라고! 어린 것들은 어떻게 하란 말이냐!"

"여보! 당신 죽지 않았어! 오늘 갔다, 내일 바로 돌아와야 해!"

생이별의 현장을 지키고 있는 국군 수뇌들과 정당, 정부 고위층들의 눈가에도 이슬이 맺혔다. 못된 놈들에게 희생당한 해군장병들은, 노오란 국화꽃에 싸여 대전 현충원으로 떠났다. 장병들은 거기서 선후배들과 함께, 영혼과 하늘을 벗 삼아 영웅으로 살아 갈 것이다.

모두가 가버리고 고요와 적막이 깃든 해군제2함대사령부! 이제 원인과 대책을 찾아내라는 국민들의 성화에 들볶였다. 46명의 영혼을 받아들인 하늘도 무심치 않았다. 천암함 폭침 현장 부근에서 사건의 단서를 수집하던 쌍끌이 어선이, 5.15 예기치 못했던 개가를 올렸다. 북한제품인 "중어뢰 뒷부분 동체胴體" 를 인양했다. 추진체에는 한글로 '1번' 이라고 손으로 쓴 파란 글자가 선명했다. 폭약 250Kg이 들어가는 음향추적 중어뢰重魚雷였다. 한국해군은 인양된 중어뢰를 북한의 어뢰 설계도와 대비하여, 정확하게 일치하는 증거를 만들고 만천하에 공개했다.

"북한의 연어급 소형 잠수함이 중어뢰로 천안함을 폭침시켰다."

는 사실이 입증된 것이다. 미국, 호주, 영국, 스웨덴 등 4개국 전문가 24명이 포함된 총 73명의 국제민군합동조사단도, 천안함은 북한의 어뢰에 폭침된 것이라고 공식 발표했다.

정부는 천안함 폭침 사건을 UN 안전보장이사회에 안건으로 제출했다. 그러나 상임이사국인 중국의 반대로 실패했다. 원통한 세월도 빠르게 흘렀다. 6.2동시지방선거가 전국에서 실시되었다. 결과는 이명박 대통령의 한나라당 참패였다. 각종 지방선거 대부분을 민주당이 차지했다. 국민들은 나라와 국민들을 올바르게 지키지 못한 질책이라고 평가했다. 천안함 폭침은, 북한이 2009.11월에 대패했던 대청해전을 복수하려는 공격 같았다. 당시 북한 경비정은, NLL(북방한계선)을 침범하고 남하하면서, 50여발의 함포를 한국함정에 발사했다. 한국군함은 대응사격으로 북한 경비정을 반파半破시켜 승리했다. 이제 서해5도는 한반도의 화약고다. 북한은 1956.11 - 2009.11 기간 중 17번의 도발행위를 자행했다. 한국영토 서해5도(백령도, 대청도, 소청도, 연평도, 우도)를 되찾으려는 북한의 야욕은 끝이 보이지 않는다. 천안함 사건도, 북한의 김정은 후계체제 구축과 관련이 있는 행위라는 평가가 떠돈다.

3. 북한, 연평도 포격

성큼, 초겨울 추위가 찾아왔던 11.23 대낮! 대한민국 국민들은 'G20정상회의' 성공적 개최라는 승리감을 만끽하고 있었다. 공산주의를 붕괴시켰던 '88서울올림픽'과 비슷한 성과를 거두었고, 선진국가로 국격國格도 높아졌기 때문이었다. 국민들의 가슴 속엔 자긍심도 퍼져있었다. 즐거운 연말연시를 설계하는 발길도 가벼웠다. 그러나, 햇볕도 따사했던 오후 14:45, 라디오에서 긴급뉴스가 전파되고 있었다.

"북한군이 서해 연평도에 포격砲擊을 가해와, 국군도 대응사격으로 맞서고 있다."

는 내용이었다. TV들도 한국의 영토 연평도가 불타고 처참하게 파괴된 현장을 계속 방영하고 있었다. 북한군은 곡사포, 평사포등 해안포와 장사정포(170mm 곡사포), 방사포(122mm, 다연장로켓포)까지 동원해 기습 포격을 했다. 장사정포는 27Kg의 열압력계열 탄두가 장착된 포砲였다.

한국군은 그날 오전 10:00 - 14:00 간 연평도 근해에서 육·해·공·해병 합동 군사훈련을 실시했었다. 북한군은 이 국군의 호국훈련을 침략훈련이라며 응징할 것이라고 으름장을 피웠었다. 북한군은 자신들의 경고를 실천하듯, 6.25전쟁 이후 최초로 한국영토를 공격한 것이다. 북한군의 포격으로 연면적 7.3㎢의 연평도는 초토화되었고, 509가구 1,756명의 주민들은 혼비백산魂飛魄散했다. 북한군의 공격에 한국 해병대들의 대응 포격은 14:47부터 시작됐다. 해병들은 K-9자주포로 우선 무도기지를 공격했고, 이어 개머리해안진지를 포격했다. 80여발의 포탄을 퍼부었다. 해병들은 파괴되거나(2) 고장 난 포(1)를 제외한 3대의 자주포로 포격해야하는 실정이었다. 한국해병들의 대응 포격에, 북한군들도 15:10부터 2차 포격을 가해왔다. 남한•북한 군인들이 포격으로 교전交戰한 것이었다.

북한군의 포격은 15:41까지 계속되었다. 북한군이 쏜 포탄들은 연평도 육지에 80여발, 서해상에 90여발 등 총 170여발로 집계되었다. 한국 해병측의 피해는 막심했다. 전사자 2명(서정우 하사 22세, 문광욱 일병 20세),

중상 5명, 경상 11명 등 총 18명이었다. 주민 피해도 막심했다. 사망자 2명, 부상자 3명을 비롯하여 산불, 건물파괴 30개소, 배전선로 단선(2), 통신기지국 유선두절(25회선), 살림도구 및 농기계와 어업도구 파괴 등 헤아릴 수 없는 피해를 당했다. 정부도 망연자실茫然自失 했다. 지난 3.26 벌어진 해군 천안함 폭침사건 여파가 계속되는 시점이었다.

정부는 국지전 비상조치인 '진돗개 하나'를 발령하고, 북한 감시태세인 '워치콘' 상태를 한 단계 높였다. 이명박 대통령도 직접 나섰다. 합참의장에게

"몇 배로 응징하라! 북한 해안포 진지 부근에 '미사일기지'가 있기 때문에, 도발조짐을 보이면 타격하라."

고 지시했다. 청와대 관계자가 잘못 전달했던

"단호하게 응징하데 확전擴戰이 되지 않도록 관리하라."

는 실수도 효과가 없어졌다.

아비규환阿鼻叫喚의 생지옥 같은 밤이 되자, 주민들은 칠흑같이 캄캄한 뱃길 145㎞를 달려 인천으로 피난했다. 정부와 군부도 이들 피난민을 도왔다. 다음날 새벽이 밝고 동東도 텄다. 대한민국 국민들과 전 세계인들은, 북한군의 만행으로 처참하게 파괴된 연평도 모습을 생생하게 볼 수 있었다. 놀란 피난민들의 증언도 외신 전파를 타고 전 세계로 방송되었다. 시간이 갈수록 많은 외신 기자들이 운집했다. 북한군 포격으로 일그러진 연평도의 얼굴은, 지구인들에게 너무도 많은 이야기를 무언無言으로 전파했다. 그러나 피난민들의 휴식 공간은 없었다. 갈 곳도 없었다. 반기는 곳도 없었다. 피난민들은 손과 마음을 하나로 뭉쳤다. 피난민들의 찜질방 생활이 시작되었다. 그러나 하루 끼니는 자원봉사원들의 희생으로 따듯하게 때울 수 있었다.

국민들은 북한의 만행을 규탄했다. 뿐만이 아니다. 한국정부의 무능無能도 규탄했다.

"계속되는 북한의 무력도발을 언제까지 방관만 할 것이냐."

하는 여론이 공공연하게 떠돌았다.

"국가방어 전략에 구멍이 뚫렸다."

는 여론도 횡행橫行했다. 천안함이 팔 개월 전, 백령도 앞바다에서 폭침爆

枕 당했을 때, 정부는 "완벽한 국가방어 전략을 재수립하겠다." 고 장담했었다. 그러나 그 약속은 이제 허구였음이 입증됐다. 이에 어느 누구도 정부를 믿을 수 없는 세상이 되었다. 참으로 비참한 시국이었다. 정부 뿐 아니다. 국민들도 제정신이 아니었다. 국난國難과 위기를 맞으면, 단결하여 대응해야 할 국민들이, 두 갈래로 찢어져 싸우고 있었다. 정치인은 국회에서 싸우고, 국민들은 애국파와 친북파로 양분되어 다퉜다. 북한을 옹호하는 단체들이 백주白晝에 공공연히 활동했다. 우국 인사들의 탄식소리도 여기저기서 들렸다. 우국인사들은

"아…! 애달프다 내 나라, 내 조국! 오늘의 대한민국이 어쩌면 그렇게도 닮았느냐? 육십년 전 6.25전쟁 전야와 꼭 같은 모양이구나."

라며 걱정했다.

연평도 피폭사건 여파로 국방장관이 퇴진했다. 나라를 걱정하는 거센 비판여론들은, 서해 5도를 굳건한 군사기지로 만들어, 국가안보의 상징으로 바꾸라고 요구했다. 국민들은 낡은 군사장비도 조속히 교체하고, 장병들의 해이된 국가관도 되찾으라고 요구했다. 땅에 떨어져 있는 장병들의 사기와 정신전력도 재구축하라고 요구했다. 군부 내의 부정부패도 타도하라고 요구했다. 이러한 여론에 따라 국방부는, 서해5도 전력증강 예산 2,636억 원을 국회에 제출했다.

한국 · 미국 양국의 대응조치도 현실화 되었다. 한미 양국은 2010.11.28 - 12.1(4일)간 충남 태안군 격열비도 해상에서 연합훈련을 실시했다. 북한의 공격의지를 꺾고, 기습도발에 대응하는 훈련이었다. 훈련에는 미국 핵추진항공모함 '조지워싱턴호'를 비롯, 구축함 스텔담호 및 사일로함(9,750톤급), 순양함, 카우펜스함(9,600톤급), '피츠제럴드함' 등 군함들이 참가했다. 특히 97,000톤 급의 조지워싱턴호는, 길이 332.8m, 높이 74m, 폭 76m의 웅장한 항공모함이었다. 모함에는 6,250여명의 승조원이 탑승했고, 갑판에는 전투기 87여대, 조기경보기 6대, 수송기, 헬기 등이 탑재되어 있었다. 금번 훈련에 참가한 양국 병력은 약 8,000여명이었다. 이번 훈련에는 한미 양국 병력이외에도 미국의 '사이버사령부' 소속 장병들도 동참했다. 북한은 한

미 합동 군사훈련을 침략행위라고 비난했다. 황주 및 흥남지역에서, 전투기 미그-23기를 전개했다.

북한의 도발행위를 저지하기 위한 한국군 단독 사격훈련도 있었다. 한국의 육•해•공•해병들이 참가하는 대잠수함훈련이 8.4-8.9(5일) 간 백령도 인근 서해상에서 실시되었다. 천안함 폭침 해역 부근이었다. 국군 합동참모본부 주관으로 실시된 연합훈련에는 독도함(1,400톤급), 구축함(4,500톤급) 신형 잠수함(1,800톤급) 등 29척의 해군 함정과, KF-16 공군 전투기, 해군 링스헬기, 육군 AH-1 코브라공격용헬기 등이 참가했다. NLL(북방한계선) 남쪽에서 실탄사격훈련도 했다. 서해상의 백령도, 연평도 등지에서 K-9자주포 실탄사격훈련도 병행했다. 북한의 공격을 저지하기 위한 전술기동훈련, 대잠수함추격훈련, 대잠수함자유공방훈련, 해안포공격대응훈련, 적특수작전부대 해상침투대비훈련, 적어뢰탐지훈련, 공기부양전투함대응훈련 등 갖가지 훈련을 실시했다.

북한의 천안함 폭침 만행과 연평도 포격 공격 만행은, 한국정부와 국민들의 인내력을 완전히 짓밟았다. 김대중 노무현 대통령 시절에 구축된 남북한 교류와 협력체계도 완전히 붕괴되었다. 한반도는 다시 초긴장의 대치국면으로 변했다. 한국은 미국과 일본의 협력관계를 굳건히 다지고, 북한은 중국과 러시아와 혈맹관계를 재확인했다. 이제 한반도는 평화와 번영의 땅이 아니다. 남한과 북한을 주인공으로 하는 양측 혈맹들이 함께 각축하는 일촉즉발의 위험지역으로 변했다. 육십년 전, 강대국들의 이해득실利害得失을 위해 전투장을 제공하고, 수많은 국민들이 희생되었던 약소민족의 서러움이, 또 다시 재현될 가능성도 농후하다. 이것이 한반도의 지정학적 가치이자 취약점이고, 우리민족의 서러움인지 모른다.

이제 한국정부도 이런 국내외정세에 걸맞는 정책과 전략을 확실하게 정했다. 남북한 양측의 맹주들인, 미국과 중국 정상회담이 2011.1.19 미국 워싱턴에서 개최되었다. '오바마' 미국 대통령과 '후진타오' 중국 국가주석은, 북한의 핵무기개발저지 같은 한반도 평화정착을 위한 방법에 아무런 합의도 도출해내지 못했다. 상호 날 선 언쟁만 했을 뿐이다. 한국 대통령실(청와대) 외교안보수석보좌관은, 2011.1.14 미국 TV와 실명 인터뷰에서, 북한의

도발에 관한 한국의 입장을 분명히 밝혔다. 수석보좌관은

"북한이 천안함 폭침爆枕과 연평도 포격砲擊에 대하여 성의 있는 조치를 취해야 남북한 대화가 가능하다. 북한이 군대와 미사일, 핵무기 프로그램에 예산을 투입하면 나라가 소멸되는 지름길이 될 것이다."

라고 분명히 했다.

4. 한국 · 미국 FTA 재협상 타결

한국과 미국은 2007.6.3 FTA(자유무역협정)체결 협상을 끝내고 국회 비준을 기다리고 있었다. 양국 국회가 협상결과에 이의를 제기하며 3년도 넘게 잠재웠다. 그렇게 홀대받던 FTA가 재협상을 통하여 12.3 최종 타결되었다. G20서울회의와 연평도 포격 사건으로 한미韓美 혈맹관계가 재확인 된 분위기였다. 이제 양국은 다시 국회 비준을 기다려야하는 입장이 되었다. 재협상에서 한국은, 미국에 수출하는 자동차 관세 철폐를 '협상발효 4년 후'로 연장하는 이득을 보았다. 반면 미국은, 돼지고기에 대한 관세철폐, 복제의약품 제조와 판매기간을 1년에서 3년으로 연장한다는 목적을 달성했다. 한국 야당은, 양국의 이익 균형을 맞추지 못했다며, 향후 국회 비준을 거부하겠다는 입장을 표명했다.

5. 북한, 김정은 후계구도 확정

북한 김정일 위원장은 2010.9.28 차남 김정은(27세)에게 인민군 대장 계급장을 수여했다. 북한은 44년 만에 노동당대표자회의를 개최하고, 김정은을 당중앙군사위원회 부위원장에 임용한 것이다. 이른바 김씨왕조 구축이다. 북한은 봉건시대 붕괴이후, 유례가 없는 '3대권력세습'을 공식화 한 것이다. 당중앙군사위원회는 노동당 규정 상, 인민군을 지휘하고, 군사정책을 총괄하는 기구다. 북한은 기존 편제에 없었던 당중앙군사위원회 부위원장 자리를 만들어 김정은을 임명했다. 김정일의 여동생 김경희는 인민군 대장

으로, 처남 장성택은 국방부위원장에 임용되었다. 그러나 북한의 3대세습제 도입의 성공여부는, 김정일 위원장이 향후 얼마나 더 사느냐 하는데 달려있다는 분석이 지배적이다.

6. 북한, 영변의 대규모 '우라늄' 농축시설 공개

북한은 미국 핵전문가 '지그프리드 해커' 교수를 초청하여 2010.11.12 영변의 '우라늄농축시설' 을 전격적으로 공개했다. 원심분리기 2,000여개를 갖춘 대규모 시설이었다. 북한은 2002년 미국에 고농축 우라늄(HEU) 프로그램의 존재를 실토했다 번복한 사실이 있었다. 미국은 북한이 우라늄시설을 공개한 이유를 "미국을 대회의 장으로 나오게 하기 위한 압박용" 이라고 해석하고 있다. 고농축우라늄은 '플로토늄' 보다 은닉성과 이동성이 뛰어나다. 핵실험 없이도 핵폭탄 제조가 가능하다. 1945.8.7 일본에 투하되었던 미국의 핵폭탄도 우라늄 폭탄이었다. 원심분리기 2,000개면 연간 1개의 핵폭탄을 만들 수 있다. 북한이 해커 교수에게 공개한 원심분리기도 2,000개였다. 한미 양국은, 북한이 영변 이외에도 3-4곳에 비밀 우라늄농축시설을 숨기고 있을 것이라고 보고 있다.

7. 6.2 동시지방선거 실시

동시지방선거가 6.2 전국적으로 실시되었다. 시군의원, 시도의원, 구청장, 시장, 군수, 도지사, 특별시장, 광역시장, 교육감, 교육위원 등을 한날 동시에 뽑는 선거였다. 나이가 어지간한 나도, 이렇게 많은 벼슬자리를 뽑는 선거는 처음 해봤다. 북한이 한국 군함 천안함을 폭침시킨 사건의 여파가 계속되고 있는 때였다. 개표 결과는 집권당인 한나라당의 참패였다. 전국 지방권력이 야당인 민주당으로 넘어갔다. 민주당은 한나라당의 텃밭인 경상남도, 강원도 등지에서 10명의 광역단체장들을 당선시켰다. 한나라당은 서울, 경기도에서 힘겹게 승리하여 6명의 광역단체장을 배출하는 데 그쳤다. 전국에서 228명을 뽑는 기초단체장 선거도 야당이 146곳에서 승리했다. 한나라당 몫은 82명이었다. 그런데 두 달 후인 7.28 실시된 국회의원 재보선 선거에서는, 한나라당이 민주당을 5:3으로 이겼다. 정치권은 급변하는 민심의 향배를 몰라 어리둥절했다. 여야는 선거직후 전당대회를 개최하고 새로운 지도부를 출범시켰다.

8. 세종신도시 수정안 부결

노무현 정부는, 행정신도시(세종시)를 충청남도 공주 일원에 건설한다는 계획을 세웠다. 이명박 정부는, 세종시를 행정신도시가 아닌 경제신도시로 만들겠다며, 수정계획을 완성했다. 충청남도 출신 정운찬 전 서울대 총장을 국무총리로 임용하고, 본격적인 홍보에 나섰다. 신도시에 행정부서를 이전시키는 대신, 대기업, 대학, 연구소 등을 입주시켜, '과학연구중심도시'로 만든다는 내용이었다. 국민들의 찬반 여론은 팽팽하게 대립했다. 대망의 국회 표결이 6.29 실시되었다. 개표결과, 세종시 수정안은 부결되었다. 여당인 한나라당의 국회 의석이 절반도 훨씬 넘는 상태인데, 야당에 패배한 것이다. 한나라당 소속 국회의원들이 친이명박파(親李)와 친박근혜파(親朴)로 양분되었기 때문이었다. 친박 소속 국회의원들은 야당처럼 반대표를 던졌다. 이런 결과에 대하여 이명박 대통령은 "유감스럽지만 국회결정을 존중한다." 는 말을 남겼다. 국무총리는 수정안 국회통과 실패에 책임을 지고 8.11 이임했다.

9. 4대강 정비사업 논란

이명박 대통령의 구상은 원래 '대운하건설'이었다. 그러나 대통령 취임 후 한강, 낙동강, 금강, 영산강 등을 대대적으로 정비한다는 사업으로 내용을 바꿨다. 야당과 반대여론을 감안한 조치였다. 재야단체와 진보성향 국민들이 야당에 동조했다. 이들 5,000여명은 5.10 명동성당에서 '4대강 사업반대 미사' 도 올렸다. 결국 정치권의 최대 현안사항으로 부각되었다. 정부·여당은, "국토의 균형발전을 위한 한국형 뉴딜정책" 이라며, 공사를 밀어붙였다. 아직도 야당과 일부 종교인, 진보성향 시민단체들이 "4대강 죽이기"라는 표어 아래 계속 투쟁 중이다. 이들은 "4대강 사업은 대운하사업"이라며 공세를 멈추지 않는다. 정부 여당은 "치수사업" 이라고 맞선다. 국회는 금년 연말에 대치국면을 조성했다. 여당인 한나라당이, 4대강 사업예산 5조 4.600원을 12.8 강행처리 했기 때문이다. 야당은 반발하며 장외투쟁을 시작했다.

10. 김연아, 동계올림픽 금메달 확보

피겨여왕 김연아(20, 고려대)가 작년에 이어 또다시 국민들을 즐겁게 했다. 김연아는 2월 '캐나다 밴쿠버' 에서 개최된 동계올림픽에서 금메달을 땄다. 올림픽 '피겨스케이팅' 에서 한국인으로서는 처음 딴 금메달이었기에 더욱 빛났다. 모든 국민들은 열광했다. 김연아의 경기 모습을 온 국민들이 지켜봤고, 승리의 순간, 김연아가 기쁨의 눈물을 흘리는 순간, 국민들도 울며 환호했다. 서울 대도시가 함성으로 가득했다. 김연아는 세계 피겨경기의 역사까지 바꿨다. 김연아가 '쇼트프로그램' 과 '프리스케이팅' 경기에서 얻은 합계점수는 228.56점이었다. 새로운 채점제도가 2004년에 도입된 이후 최고의 점수였다. 당시 2위를 차지했던 일본 '아사다 마오'가 얻은 205.50점보다 압도적이 점수였다. 김연아가 승리하는 순간 미국 NBC방송 해설자도 " 여왕폐하 만세!" 라고 외쳤다. 김연아는 미국여성스포츠재단이 선정하는 "올해의 스포츠 우먼" 으로 선정되었다.

11. 구제역 창궐

구제역口蹄疫이 11.14 이후 전국적으로 창궐猖獗하여, 천문학적인 피해를 입혔다. 정부와 국민들의 걱정도 하늘을 찔렀다. 구제역은 11.23 경북 안동에서 발생했다. 축산농장 주인이 11.3 - 11.7 간 구제역 창궐 국가인 '베트남'을 여행하고 귀국했다. 농장주인은 귀국 후 48시간 내 축사 및 자택 출입금지라는 철칙을 알지도 못하는 상태에서 출입했다. 구제역 신고를 받은 안동시는 11.28부터 방역을 시작했다. 그러나 구제역은 이미 예천 등지에 퍼졌고, 문제의 안동 축사엔 경기도 분뇨처리차량도 출입한 후였다. 구제역은 날개가 달린 것처럼 빠르게 각 지역으로 퍼졌다. 정부는 예년처럼 살처분에만 주력했다. 백신 주입은 외면당했다. 결국 구제역은 대재앙大災殃 으로 발전했다. 해를 넘겨 창궐했다.

구제역은 2011.1.31 현재, 호남지역과 제주도를 제외한 전국에 퍼졌다. 64개 시군에서 146건이 신고 되었다. 살처분 숫자는 소 14만 6,035 마리, 돼지 278만 8,437 마리였다. 살처분 된 가축 총수는 294만 1,553마리다. 전국 소와 돼지 사육 숫자의 20%가 넘는다. 농가에 지급된 살처분 보상금은 1조 7,000억 원 규모였다. 직접피해액은 2조-3조원에 달한다. 간접피해까지 감안하면 6조 1,153억 원 규모에 달한다. 그런데 구제역 사태의 원조인 안동시 축사 주인도, 9억 원의 보상금 지급을 신청했다. 정부의 방역정책이 살처분에만 매달리고, 보상일변도 정책만 펴와, 농민들의 방역의지와 동참의지를 소홀히 만들었다는 지적도 나왔다. 정부는 구정 설 명절을 앞두고 1.26 고향방문 자제를 당부하는 담화를 발표했다. 농수산축산부 장관은, 방역문제 해결 후 사직하겠다는 의사를 발표했다. 구제역 뿐 아니었다. 조류독감鳥類毒感도 극성을 부려, 많은 닭들이 살처분 되었다. 올해는 별에 별 문제들이 모두 국민들을 괴롭혔다.

12. 북한 황장엽 비서 사망

전 북한 노동당 비서 및 최고인민회의 위원장이 10.10 노환으로 사망했다. 정부는 국민무궁화훈장을 추서하고, 10.14 통일사회장으로 영결식을 거행했다. 대전현충원에 봉안했다. 통일 후 유해를 북한 지역 고향으로 이장한다는 조건이었다. 황장엽 위원장은 1997.2.12 중국 북경 주재 한국대사관으로 망명했다. 부하 김덕홍을 대동했다. 황장엽 비서의 망명이 구체화된 시점은 1996.9월 부터였다. 황비서는 실향민 출신 사업가와 한국 정보부서과 밀접히 접촉했다. 양측의 물밑 접촉이 계속되던 1997.1.30, 황비서는 세미나 참석차 일본 도교(東京)에 왔다. 조통련 등 북한 측 인사들은 황비서를 밀착 경호했다. 황비서는 한국인 사업가에게 “망명계획 연기” 라는 쪽지를 악수하며 전달했다.

황 비서는 1997.2.11평양으로 귀국하는 길에 중국 베이징(北京)으로 갔다. 정보부서도 국장급 인사를 북경에 파견했다. 2.12.09:30 황비서는 김정일 생일 선물 구입을 핑계로 중국 북경 주재 북한대사관을 벗어났다. 호텔에서 기다리는 정보부서 요원과 접촉했다. 그날 황장엽 비서는 북경 주재 한국대사관으로 망명한 것이다. 그 때부터 남한과 북한의 외교전이 시작되었다. 황비서 일행을 차지하려는 외교전이었다. 김영삼 대통령은 중국 장쩌민(장택민) 국가주석에게 “황장엽 비서를 북한으로 돌려보내지 말고, 한국으로 올 수 있도록 선처해 달라.” 는 내용의 친서를 보냈다. 한 달 후 중국 장쩌민은, 황장엽 일행이 제3국을 통하여 한국에 입국하는 것이 좋겠다는 의견을 보내왔다. 황장엽 일행은 3.18 중국 북경을 탈출하여 ‘필리핀’에 도착했다. 한국전 참전용사인 ‘라모스’ 필리핀 대통령은 한국의 요청을 흔쾌히 수용했다. 황장엽 일행은 4.20 서울에 도착할 수 있었다. 길고 험한 여정이었다. 북한의 주체사상 창조자인 황장엽은, 대한민국 발전과 안보에 많은 기여를 했다. 한국정부도 황장엽 위원장을 끝까지 보살폈다(참고자료 : 조선일보 기사, 2010.10.13일자

III. 국제사항 (國際事項)

1. 위키리크스, 전세계 각계 비밀 폭로

폭로 사이트 ‘위키리크스’ 등장은 전 세계인들을 놀라게 했다. ‘위키리크스’ 는 ‘줄리안 어산지’‘(Julian Assange)가 설립했다. 미국 외교전문 공개는 물론, 각국 지도자, 경제인, 은행비밀계좌, 부정부패 내용도 공개했다. 세상이 발칵 뒤집혔다. 위키리크스는, 미국 중앙정보국(CIA)의 비밀문서 내용,

아프리카의 '튀니지아' 대통령 일가족들의 부정부패 내용, 스위스은행 비밀계좌 내용, 등 총 25만 1,287건을 공개했다. 특히 미국외교가 발가벗겨졌다. 그러나 '위키리크스'의 폭로는 앞으로도 계속될 것이다.

'어산지' 는 2011.1.17 영국 런던 소재 본부에서, '율리우스베르' 은행 비밀계좌 2,000여명의 예금액수를 갖고 있다고 발표했다. 미국은 2009년 스위스 최대 은행 UES에 예금한 4,450명의 비밀계좌를 인수했다. 그 후 사건이 공개되자, 미국 정부는 14,700명의 자진신고를 통해, 수십억 달러의 세금을 걷을 수 있었다. 영국과 프랑스도 2009년 외국은행 비밀계좌를 신고 받아, 영국은 5억 파운드(약 9,000억 원), 프랑스는 5억 유로(약 8,000억 원) 이상의 세금을 걷었다. '어산지'는 "우리사회를 파괴하고 있는 행위를 사회에 알리기 원한다." 는 주장을 하고 있다. 그러나 어신지는, 최근 성폭행 행위로 기소되어 보석으로 풀려났으며, 브라질 망명도 희망한다는 보도가 나왔다.

2. 스마트폰, 태블릿PC, 소셜네트워크의 등장

금년은 지구상에서 핸드폰 등 디지털 시대(Digetal)가 사라지고, '스마트폰' 시대가 자리 잡은 역사적인 해였다. 손안의 인터넷이라는 스마트폰은 아이패드(4월), 갤럭시탭(9월), 단문메시지를 서비스하는 트위터, '소셜네트워크' 서비스를 제공하는 '페이스북' 등으로 발전했다. 미국 타임지는, 날이 갈수록 분권화하던 인류사회가, '페이스북' 을 통해 하나의 네트워크로 연결되었다고 평가했다. 트위터 회원 수는 2억 명을 돌파했다. 페이스북 사장 '마크주커버' 는 올해의 인물로 선정되었다. 페이스북은 6억 명의 회원을 돌파하며, 인간관계의 기본 틀을 재정비했다. '갤럭시탭' 출시는 태블릿PC 혁명의 신호탄이 되었다.

3. 유럽 재정위기와 긴축파동

유럽연합(EU) 여러 나라에 예기치 못했던 재정위기가 휩쓸었다. 발단은 '그리스'의 재정위기였다. 그리스는 GDP의 113%에 달하는 국가채무를 통계왜곡으로 숨겨오다 들통 났다. 결국 그리스는 신뢰를 잃었다. 1999년 유럽연합 출범이후 처음으로, EU와 국제통화기금(IMF)에 구제금융 1,100억 유로를 신청했다(5월). 그리스의 재정위기는 확산되었다. 포루트칼, 스페인, 이탈리아 등지로 번져나갔다. 11월엔 '아일랜드' 마저 850억 유로의 구제금융을 받았다. 이 같은 재정위기에 반발하는 시위와 파업이 유럽전역에 파급되었다. '유로존(EU지역)' 과는 반대로, 한국, 중국 등을 중심으로 하는 아시아 '신흥개발도상국가' 들은, 세계경제의 중심축이 되어 경기를 이끌어갔다. 이제 세계경제가 개편될 지도 모르는 상황이다.

4. 미국 · 중국, 전방위 갈등 계속

세계 최대강국 미국과 중국(G2)은, 여러 분야에서 갈등하고 대립했다. 무역, 환율, 인권, 북한핵개발문제 등 많은 분야에서 충돌했다. 양국의 마찰은 미국 검색업체 '구글중국사이트' 에 대한 해킹사건으로 시작되었다. 미국이 대만에 대규모 무기를 판매하겠다는 발표도 중국을 자극했다. 중국은 미국과 군사교류를 중단하겠다고 맞섰다. 금년 노벨평화상이, 중국의 반체제인사 류사오보(劉曉波)에게 돌아간 것도, 양국간의 뿌리 깊은 인권시비를 격화시켰다. 북한의 핵무기개발과 천안함 폭침, 연평도 포격 등 잇단 도발에서도, 양국은 심각하게 대립했다. 미국은 핵추진항공모함 인 '조지워턴호' 를 한국에 급파하면서까지 북한과 중국을 자극했다. 11월에는 중국 위안화(元) 절상과 미국 달러화($) 대량발권 등 환율전쟁도 치렀다. 중국 원화 절상과 무역불균형 문제는 'G20서울정상회담' 에서도 해결을 보지 못했다.

5. 지구촌, 자연재해로 몸살

지구촌의 자연재해는 전년도보다 많고 심했다. 연초 1.12 프랑스 자치령 '아이티' 의 '포로토프랭스' 에, 진도 7.0규모의 대지진이 발생했다. 이 지진으로 22만여명의 인명이 희생당했다. 세계인들은 놀랐다. 남미 '칠레' 에서도 2월에 강도 8.8규모의 강진이 발생하여, 520여명이 사망했다. 파키스탄에서도 국토의 20%를 침수시킨 대홍수가, 17,000여명의 목숨을 빼앗아갔다. 유럽 18개 국가들이 살인적인 더위로 많은 피해를 입었다. 러시아 모스크바 일대는 8월 건조한 공기가 장기간 머물러 대형 산불이 났다. '아일랜드' 에 있는 '에이야프알라요쿨' 산이 4.2 화산 폭발했다. 분진과 연기로 유럽 24개 국가들이 피해를 당했다. 항공기 취항 취소가 1,700여건, 승객 피해는 700만 여명이었다. 중국도 피해를 입었다. 칭하이성(清海省) 위수현(玉樹懸) 장족(티베트인)자치주에, 4.14 진도 7.1규모의 지진이 발생했다. 사망자 400여명, 부상자 1만여명, 이재민 10만여명, 건물파괴 85%의 피해를 입었다. 세계 각국의 지원활동도 있었다. 인도네시아 '수마트라섬' 에서도 10.25 규모 7.7의 강진이 발생했다. 쓰나미(지진해일)도 함께 덮쳐 피해가 더 컸다. 사망 1,120명, 실종 600여명의 피해를 당했다. '몬따와이' 지역의 파해가 특히 많았다.

6. 일본, 중국 및 러시아와 영유권 분쟁

일본은 센카쿠(尖閣)열도를 놓고 중국과 영토분쟁을 했다. 중국은 '센카쿠 열도'를 다오위다오(釣漁島)라고 호칭한다. 중국은 센카쿠 열도를 일본이 제2차세계대전 때 점유한 것이라며 반환을 요구하고 있다. 한편 일본은 북쪽 쿠릴열도 4개 섬을 러시아가 제2차세계대전 때 강점했다며 반환을 요구하고 있다. 결국 일본은 강대국인 중국과 러시아를 상대로 영토분쟁을 하고 있는 것이다. 일본은 한국과도 자신들이 필요할 때마다 독도는 자기들의 땅이라고 우기고 있다. 현재 동아시아에서 영토분쟁이 발생될 가능성이 있는 지역은 난사군도(南沙)와 시사군도(四沙) 두 곳이다.

7. 칠레. 매몰광부 극적 구축

남미南美 칠레 구리광산에서 8.5 광부 33명이 매몰되었다. 이들은 지하 700m 지점에 있는 갱도에 매몰되었다. 정부는 이들 광부들이 지하에 생존해 있다는 사실을 가는 '파이프'를 통해 확인했다. 칠레 정부는 구조활동을 시작했다. 많은 나라 들이 인력과 기술을 사건 현장에 지원했다. 광부들은 69일 후인 10.13 전원 구조되었다. '구조캡슐' 로 한 사람 한 사람 씩 구조되었다. 소형 구조캡슐은 길이 4.5m, 지름 61Cm 규모였다. 광부들은 69일간 지하 갱도에서, '파이프'로 외부와 통화하고 음식물도 제공 받았다. 가족들과도 통화했다. 페닉스(불사조의 뜻) 라는 캡슐로, 광부 한 사람 한 사람이 차례로 구출되는 광경을, 전 세계 10억 인구가 생방송으로 지켜봤다. 승리의 환호성이 연말을 맞은 지구촌을 뒤흔들었다. 칠레 국민과 광부들은 한결같이 "치치칠- 레레레, 미네로스제 칠레!" 구호를 외치며 하나가 되었다. 세계 시청자들도 하나가 되었다. 인간승리의 현장은 정말 아름다웠다.

8. 노벨평화상에 중국 반체제 인사 '류샤오보'

'스웨덴' 한림원은 올해 노벨평화상 수상자를 중국 반체제 인권운동가 류샤오보(劉曉波)로 선정했다. 중국은 반발했다. 중국은 이 문제를 놓고 스웨덴은 물론 미국과도 충돌했다. 중국정부에 구속 중인 '류샤오보'는 시상식에 참가할 수 없었다. 때문에 스웨덴에서 거행된 노벨평화상 시상식에는 주인공이 없었다. '류샤보우'가 앉을 빈자리에는 노벨평화상 증서와 메달만 놓였다. 그 상태에서 수상식이 진행됐다.

'류샤오보'는, 중국 천안문사태(天安門) 및 민주화 투쟁으로 구속되어 2009.12월 징역 11년형을 언도 받고 수감 중이다. 노벨평화상 탄생 109년 만에 평화상 수상자가 불참한 것은 이번이 처음이다. 중국정부는 '류샤오보'의 수상자 선정 사실을 "중국 사법체계에 대한 모독." 이라고 비난하고 있다.

9. 미국 오바마 대통령, 중간선거 패배

미국의 중간선거가 11.2 실시되었다. 상원의원 37명, 하원의원 435명, 주지사 37명을 뽑는 선거였다. 예상외로 '버락 오바마' 대통령의 민주당이 대패大敗했다. 민주당은 집권 2년 만에 공화당에 주도권을 빼앗긴 것이다. 유권자들의 오바마 대통령에 대한 선택은 가혹했다. 미국에서 실시된 1938년 중간선거 이후, 73년 만에 집권당이 참패한 불명예스러운 선거였다. 이번 중간선거의 승리자는, 보수주의 유권자운동 단체인 '티파티' 였다. 티파티는 40명의 후보를 당선시켜 미국 정치의 태풍으로 떠올랐다. 티파티를 지원유세 했던 '세라 페일린' 전 공화당 부통령 후보의 인기도 함께 상승했다.

10. 일본 도요타 자동차, 대량 리콜 사태 야기

미국 하원은 2.24 청문회에 일본 도요타 자동차 사장을 출석시켰다. 도요다 아키오(豊田章男) 사장은 청문회에서 계속 고개를 숙이며 말했다. "회사가 비약적인 성장을 하는 동안 안전제일주의를 소홀히 했습니다." 도요타 자동차는 일본산업의 품질화를 상징하던 대표적 상품이다. 그런 도요타 자동차가, 2009.11월 246만대 '리콜(회수수리)'에 이어, 20010.1.21에는 230만대를 리콜했다. 더욱 믿기 어려운 사실은 일본 첨단기술의 정수精髓라는 '하이브리드차' '프리우스' 마저 브레이크 결함으로 44만대를 리콜한 사건이다. 사건은 여기서 그치지 않았다. 도요타 자동차는 '픽업트럭' 도 리콜 했다. 품질챔피언 도요타 자동차가, 전 세계에서 1,000만 대 이상을 리콜하여 수리하는 '리콜챕피언' 으로 전락했다.

11. 기타 국제사건

◆ **폴란드 대통령 전용기 러시아에서 추락** : 폴란드 '레흐 카친스키'(Kaczymski) 대통령 전용기가, 4.10 러시아 '스몰렌스크 공항' 부근에서

추락했다. 대통령 부부를 비롯, 수행원 97명이 모두 사망했다. 폴란드 대통령 일행은, 러시아의 고도古都 스몰렌스크 '카톤' 숲에 있는, 폴랜드 희생자 묘역에 조문행사를 위해 러시아를 찾았던 것이다. 소련은, 1939년 나치 독일과 불가침조약을 맺으며, 폴란드를 분할 점령키로 하고, 폴란드를 침공했다. 소련 '스탈린'은 폴란드 지도층인 장교, 교수, 언론인 등 22,000여명을 '카틴 숲' 으로 끌고 가 처형했다. '카틴 숲 학살사건'은 1943년 독일군이 4,000여 구의 시체를 발견하여 세상에 알려졌다.

◆ '버락 오바바' 미국 대통령은 9.1 이라크 전쟁 종료를 선언했다.

◆ **일본 총선거** : 중의원과 참의원을 선출하는 총선거가 6.4 실시되었다. 민주당의 간 나오토(管直人, 63세)가 제 94대 총리로 취임했다. 자민당은 66년 만에 야당이 되었다.

Ⅳ. 박대농의 한해살이

급박하게 돌아가는 국내외 정세 속에서, 박대농이의 한해살이도 고달펐다. 작년 같이 혈육을 잃은 사건은 없었다. 그러나 본격적인 문인文人생활 때문에, 눈코 뜰 사이 없는 일과가 계속되었다. 너무 짧은 한해였다.

1. 문집 '죽을 고비' 발간

대농이는 문단에 오르기 전이었던 2006.9.10 문집文集 '두무실'을 발간했다. 무가지無價紙로 펴냈다. A4용지 289쪽엔, 시조 24수, 시 44수, 단편소설 2편, 기행문 14편이 담겨있다. 금번 발간한 문집 '죽을 고비' 에는, 수필 22편, 단편소설 4편, 그리고 부록으로 근대사에 관한 '연대표와 낱말풀이' 를 첨부했다. 도서출판사 '채운재' 에서 발간했고, 국판 크기의 312쪽 규모다. 단가는 10,000원으로 했고, 인쇄소는 (주)한진종합인쇄를 이용했다.

금번 대농이의 문집 발간은 작가作家로서의 의무를 이행한 것이다. 작가는 작품으로 말해야 한다. 따라서 작가 본연의 의무를 충실히 하면, 문집은 저절로 만들어지는 것이다. 즉 문집은 문학작품 창작활동의 결과물이다. 대농이는 많은 수필을 창작하며, 하고 싶었던 말들을 다 했다. 수필은, 무작정 아무렇게나 볼펜 가는대로 쓰는 것이 아니라는 말, 아무 내용이나 쓰기만하면 수필이 되는 게 아니라는 말. 수필도 문학의 중요한 부분(장르)이며, '인간성 옹호'와 '인간성 탐구' 에 충실해야 된다는 말, 수필도 인류사회와 문화발전을 위해 기여하고, 국가와 사회가 나아가야 할 방향을 제시해야한다는 말, 등 여러 말을 했다.

뿐만 아니라, 수필은 소설과 시詩의 장르를 넘나들 수도 있다는 사례를 창작품으로 보여주었다. 한국 사회가 지향해야 할 방향에도 신경 썼다. 특히 수천 년 간 계속되어온 매장문화와 최근 확산되고 있는 화장문화의 전망을 분명하게 강조했다. 관련 사례도 충실히 제시했다. 대농이가 살아온 사회의 물정을, 젊은이들에게 알리는데 최선을 다했다. 1866년 일본의 병인양요 사건을 시작으로, 1950.6.25 발발勃發한 한국전쟁을 거처, 1961.5.16 군사혁명까지, 근대사를 재조명하기 위한 연대표를 작성해 첨부했다. 그 어디서도 보지 못했던 '명품 연대표' 라는 평가도 들었다. 조상님들의 종중활동과 선비정신, 우국충절憂國衷情의 발자취를 만천하에 공개했다.

대농이는 유가지有價紙 문집 발간을 이번에 처음 경험했다. 무가지無價紙 문집 발간과 차이점이 많았다. 대농이는 상상이외로 많은 것을 배웠다. 글쓰기가 어려운 만큼, 깨달은 것도 많았다. 가장 큰 소득은 문학의 위력 威力이었다. 문집 발간 이전의 대농이와, 이후의 대농이가 달랐다. 뿐만 아니었다. 남들이 대농이를 다르게 보았고, 대농이도 남들이 다르게 보였다. 대농이는 문집 120권을 주변 사람들에게 주었다. 책을 받거나 읽은 독자들의 반응은 천차만별千差萬別이었다. 문집을 정독하고 감동하여, 식사를 하자고 전화한 친구가 있는가하면, 바빠서 아직 못 읽었다는 친구도 있었다. 그래도 문집이나 작가라는 단어가, 대농이의 사회적 지위를 높여준 것은 분명했다. 힘들고 고생했던 세월이 가져온 결과물이었다. "고생 끝에 낙樂이온다." 는 말이 생각났다.

이제 몇 달 지나면 대농이도 고희古稀 가 된다. 대농이 인생을 결산하기 위해서라도, 문집을 또 발간해야겠다. 그래야 대농이도 할 말을 다 할 수 있을 것 같다. 문집을 발간 할 수 있는 힘이, 영원히 솟아나는 게 아닌 거 아닌가! 대농이는 요즈음, 자신의 조국이 고맙다는 생각을 자주한다. 별스럽지 않은 자신의 문집 2종 4권(두무실, 죽을 고비)을, 국립중앙도서관에서 받아, 열람도서로 활용하고, 영구존안도 해주었기 때문이다. 대농이는 오늘까지 문학작품 창작활동을 할 수 있도록 생활여건을 만들어준 가족, 친지, 고향 분들에게 감사하고 있다. 작품 활동에 몰입했던 지난 8개월 동안, 친목활동도 소홀했고, 고향방문도 못했다.

2. 쌍둥이 손녀 탄생

아들이 10.12 전화를 했다. 며늘아기가 대학병원 산부인과에 입원했다고 했다. 전화를 받은 대농이 부부는 신속하게 대응하지 못했다. 아들은, 며늘아기가 통증이 찾아와 입원한 것이고, 관찰실에서 치료받고 있다고 했다. 관찰실은 분만실 바로 옆에 있어, 외부인 출입이 불가능하다고도 했다. 대농이 부부는 어찌할 바를 모르고, 전화로 정황파악만 했다. 며칠 간 집에 앉아 걱정만 한 것이다. 10.15 아들이 또 전화를 했다. 입원실로 옮겼다는 것이다. 대농이는 부리나케 달려갔다. 며늘아기는 2인용 병실에 있었다. 손에는 주사를 맞는 고무줄이 주렁주렁 매달려 있었다. 아기들의 심장박동 측정기기도 달려 있었다. 며늘아기의 증세는 매우 심각한 것 같았다. 아기들이 밖으로 나오려는 수축작용流産症勢이 있는 것이었다. 병도 가벼운 병이 아니라는 생각이 들었다. 병원에서는 '마그네슘' 주사를 주입하며, 증세를 차단하는 치료를 하고 있었다.

대농이는 걱정스러웠다. 쌍둥이 손녀들의 유산증세가 있다니! 생각할 수도 없는 일이었다. 대농이는 한동안 앞이 캄캄했다. 병실 창밖으로 내려다 보이는 한강의 청둥오리들도 쓸쓸하게 보였다. 이런 상황에서도, 자신감에 가득 차 있는 며늘아기가 대견스러웠다. 대농이는 병실을 나와 간호사들에게 며늘아기의 병세를 물었다. 간호사들은 모두들 원론적인 대답만 했다. 가슴이 또 답답해왔다. 면회실 의자에 앉았다. 서울에서 보기 힘들게 넓고, 깨끗하고, 화려한 면회실이었다. 가족들과 산모와 신생아들이 면회하는 장소였다. 초겨울 햇볕이 두터운 유리창에서 작열했다. 대농이는 불안한 심경을 달래며 결심했다. "쌍둥이 손녀들의 분만은 내가 성공시키겠다. 이 문제는 꼭 해결시켜야 한다. 손녀들의 분만은 아들 부부만의 문제가 아니다. 우리가족 모두와 사돈가족 모두에게도 영향이 있는 문제다. 때문에 여러 생명을 구하는 문제다. 나는 무슨 수를 써서라도, 며늘아기의 출산을 성공시키겠다." 며 다짐하고 다짐했다.

금년은 가을이 짧고 겨울이 빨리 왔다. 단풍놀이는 잠시였고, 계절은 숨가쁘게 초겨울로 이어졌다. 그 후 대농이는 일주일에 한 번씩 대학병원으로 문병을 갔다. 진료비용도 납부하고, 산모 병세도 파악했다. 아들의 직장생활 때문에 혼자 투병하는 며늘아기를 보호하는 게 우선 필요했다. 간호사나 주변 사람들이, 보호자도 없는 환자라고 깔보지 않도록 하는 노력이 필요했다. 산모의 처절한 노력 때문이었는지, 저 멀리서 깜박이는 별 빛 같은 희망이 보이기 시작했다. 며늘아기의 얼굴에 혈색이 돌고, 행동거지도 정상적이었다. 산모의 투병생활이 효험을 보기 시작한 것이다. 아무 희망도 안보이고 걱정만 쌓이는 상태에서도, 세월은 한 발짝씩 앞으로 전진 했다.

어느새 연말연시 분위기가 보이는 10.26이었다. 아직도 대농이 마음 속 한 구석에, 모질고 굳은 결심만 자리 잡고 있었던 그 날 밤, 아들이 전화를 했다. "오늘 임산부가 퇴원을 했다." 는 전갈이었다. 대농이 가슴은 쉽게 녹아내렸다. 얼어붙었던 눈덩이가 봄볕에 녹아내리는 것처럼 가슴이 편해왔다. PC자판에서 눈을 뗀 내 마음은, 늦가을 파아란 창공蒼空으로 날아갔다. "지성至誠이면 감천感天이다." 이라는 문구를 늘 강조하시던 아버지 얼굴이 떠올랐다.

대농이는 10.31 아내, 딸과 함께 아들 네 집을 방문했다. 며늘아기는 거실 매트리스에 편히 누어있었다. 배가 무척 불러 보였다. 그날 대농이 가족들은 아들의 안내로 동태찜 식당에서 점심을 먹었다. 봉천동에선 볼 수없는 풍성한 식단이었다. 아들은 병원에서 직접 체험한 경험과 지식, 그리고 치료방법, 기술, 향후 문제점 등을 상세히 밝혔다. 산부인과 쪽에 별다른 지식과 경험이 없는 나에게 커다란 도움이 되었다. 대농이 가족들은 편한 마음으로 귀가할 수 있었다.

그리고 나흘 후인 11.4, 며늘아기로 부터 또 다른 비상상황이 접수됐다. 지난번과 동일한 증세가 있어, 오늘 재입원했다는 전갈이었다. 무거운 몸으로 혼자 걸어 나와 택시를 타고 병원에 왔다고 했다. 저녁 때 아들의 전화는, 이번에도 관찰실에서 치료를 받고 있는데, 지난번 보다 증세가 험하다는 것이다. 안도의 숨을 쉬고 있던 대농이 가족은 또 한 번 놀랬다. 이번은 정말 힘든 고비 같았다. 대농이 부부는 11.16 병문안을 갔다. 며늘아기는 낯익은 관찰실에서 보다 완전한 출산을 위해 싸우고 있었다. 이번에는 '마그네슘' 주사와 '아토시반' 주사를 동시 맞고 있었다. 아토시반 주사는 수축작용 방지효과가 탁월하고 값도 고가高價였다. 대신 4주 이상 투입이 금지된 주사였다. 부작용 때문이다. 며늘아기 며늘아기는 모든 고통을 감내하며, 쌍둥이들이 출산 후 '인큐베이터' 나 신생아중환자실을 거치지 않기 위한 노력을 하고 있었다. 이런 목적을 달성하려면, 우선 아기들의 체중이 2.1Kg을 넘어야 가능했다.

일찍 한반도를 찾아온 동장군은 혹한과 폭설을 몰고 왔다. 모두가 불편했다. 며늘아기가 전쟁을 하고 있는 대학병원 산부인과 제17호 관찰실에도 '마魔의 얼굴' 이 많이 찾아왔다. 호사好事에는 어디서나 나타나게 마련인 악마惡魔말이다. 악마는 한번이 아니고 너무 자주 나타났다. 어쩌면 병실생활이라는 자체가, 잊을 만하면 찾아오는 악마와 싸우며 살아야하는 곳인지도 모른다. 첫 번째 악마는 며늘아기 옆 침대에 있었다. 옆 침대에 있는 산모가 불면증이라는 마의 얼굴을 하고 있었다. 밤이면 부부가 커다란 소음을 만들어 함께 있는 4명의 환자들이 밤잠을 설치곤 했다. 묘하게도 이 산모의 남편은 아들과 고등학교 동창생이었다. 그러나 '불면증 악마'는 일주일 후 저절로 사라졌다. 대신 며늘아기 뱃속의 손녀들도 일주일 동안은 체중을 늘리지 못하는 피해를 입었다.

'마의 얼굴'이 찾아오는 고비마다, 마魔를 극복하려는 노력은 눈물겨웠다. 산모인 며늘아기가 잘 싸웠고, 인천 사돈댁과 봉천동 대농이 가족들도 뛰어다녔다. 폭설과 빙판 진 도로를 운전하며 목숨도 걸었다. 산부인과를 찾는 환자가 너무 많아, 며늘아기가 퇴원해야 할 것 같다는 소식을 접했을 때도 그랬고, '아토시반' 주사를 더 이상 맞을 수 없어, 며칠간 집에서 조리하다 다시 오라고, 담당의사가 권유할 때도 그랬다. 어쩌면 처음 입원했던 10.12부터 퇴원한 12.24까지, '마의 얼굴'은 매일 며늘아기 뒤에 있었는지도 모른다. 지구는 항상 양陽과 음陰을 거듭하고 있으니까 말이다. 실제로 두 천사들은, 신생아실과 산후조리원 시절에, 부족한 인(燐)과 당(糖)을 보충하기 위한 주사를 맞곤 했다. 그때그때 마다 부모와 가족들의 가슴은 출렁거렸다.

드디어 12.1, 며늘아기가 임신 32주(8개월) 되는 날이었다. 지난 10월부터 기다리고 기다리던 날이었다. 희미하고, 멀고, 아득하고, 부럽게만 보였던 그 고개를 결국 넘었다. 아기들 체중은 1.74Kg, 1.44Kg 이었다. 기쁨은 계속되었다. 병원 측은 12.3 며늘아기에게 4인용 병실로 옮기라고 명령했다. 산부인과 66병동 301호실이었다. 당시 아기들의 체중은 언니가 1.70Kg, 동생이 1.89Kg인 상태였다. 병실생활은 산모나 가족들에게 편했다. 관찰실과는 비교할 수도 없게 넓고 편한 환경이었다. 이제 세월이 빨리 흐르는 것 같았다. X-Mas가 눈 앞에 보였다. 며칠 남은 12.15이면 임신 34주가 되는 날이었다. 마음이 많이 편해졌다. 그 단계에서 또 한 번 '마의 얼굴' 이 나타났다. 며늘아기 주치의사와 담당의사가, 12.10 며늘아기에게 "12.12부터 아토시반 주사를 중단할 계획이다. 이제 '마그네슘' 주사만 맞다 수축운동이 오면 인공분만을 할 계획." 이라고 말한 것이다. 우리 가족들은 놀랐다. 아기들의 체중이 아직 2Kg에도 모자라는 데, 인공분만은 말이 되지 않았다. 7일만 지나면 임신 35주, 즉 쌍둥이들의 공식적인 인공분만 날짜가 되는 시점이었다.

산모와 가족들은 마의 '마지막 얼굴'을 어렵게 극복했다. 하루하루가 길고 지루했다. 가족들은 모두 산모 며늘아기와 병원 눈치만 보고 있었다. 12.16 아침이 밝았다. 며늘아기는 이른 아침에 전화를 했다. 아기들의 체중이 2.30Kg, 2.02Kg으로 성장했다는 것이다. 며늘아기는 “이제 34주도 지났고, 아기들 체중도 좋은 상태니 언제 분만해도 좋다.” 고 부모들을 안심시켰다. 너무 오래 기다렸던 말이었다. 며늘아기는 2인용 병실로 옮겼다. 이제 병원도 12.22부터 ‘마그네슘’ 주사를 중지하기로 했다. 12.24 퇴원하고, 집에서 진통이오면 병원으로 와 분만하기로 일정이 결정되었다. 그렇게 하루가 끝나고, 12.21 밤은 깊어갔다. 며늘아기도 가족들도, 모처럼 편한 마음으로 잠자리에 들었다. 긴 투병생활에서 어려운 고비들을 모두 넘기고, 정상에 우둑 선 가족들의 가슴은 조용했다. 전쟁에서 승리하고 돌아온 장군처럼 편안했다.

그런데 23:30경 핸드폰이 울렸다. 아들이었다. 급한 말투였다. “조금 전, 임산부가 진통을 시작했다. 의사들은 24:00부터 인공분만(복강경수술)을 하기로 했다.” 는 내용이었다. 대농이는 즉시 기상했다. 며늘아기가 퇴원했다 다시 와 분만하는 것 보다 더 잘된 것이었다. 나는 급히 옷갓을 차리고 택시를 탔다. 한 밤 중의 택시는 총알 같이 달렸다. 23:40 경 대학병원 분만실에 도착했다. 이미 인천 사돈 내외도 도착해 있었다. 우리 가족들은 분만실 대합실에서 기다렸다. 진경이는 수술 중이었다.

두 손녀들은 2010.12.22. 새벽에 이 세상에 내려왔다. 해와 달, 그리고 별이 있는 곳에서 왔다. 언니손녀가 00:14분이고 동생손녀가 00:15분이었다. 손녀孫女들은, 30분 후 간호사들의 보호 속에 신생아침대를 타고 가족들과 상면했다. 몸은 하얀색 강보襁褓에 쌓이고, 머리엔 흰색 모자를 섰다. 눈을 조용히 감았고, 불그스레한 얼굴만 잠깐 보여주었다. 손녀孫女들은 ‘크리스마스’ 이틀 전에 ‘산타크로스’ 처럼 모두가 잠든 시간에 조용히 찾아왔다. 그리고 신생아실로 들어갔다. ‘인큐베이터’ 나 ‘신생아중환자실’이 아닌, 산모들이 그토록 부러워하는 신생아실이었다. 산모는 02:30경 병실에 도착했다. 아들 부부와, 양가 가족들의 ‘두 공주 맞이 행사’는 이렇게 조용하고 거룩하게 끝났다. 밀양박씨 청재공淸齋公파 자손들 600년 역사에 커다란 획을 긋고 현실화 되었다.

산모 며늘아기는 12.24 대학병원을 퇴원했다. 그러나 손녀들은 신생아실에서 12.29 퇴원했다. 영하 10도의 혹한 속에 인천 외할아버지 승요차 편으로 산후조리원으로 옮겼다. 손녀들은 그 곳에서 엄마와 2주간 조리調理했다. 손녀들은 다음해인 2011년 1월 11일 부모들 집으로 왔다. 집에서는 1.31까지 엄마와 보모保姆의 보살핌을 받았다. 대농이는 평소 친분이 두터운 '최도사작명소'에서 손녀들의 이름을 지었다. 부모들이 최종 선택하여 결정했다.

3. 일본여행 (오사카, 나라, 교또)

금년엔 작년보다 재앙災殃이 많았다. 지구온난화로 지진, 화산, 홍수 등이 인류을 괴롭혔다. 지식인들은 인류의 발달된 문명이 지구를 망쳤다고 야단이다. 기상대도 금년부터 장마기간을 설정하지 않겠다고 발표했다. 비가 너무 자주 내리고, 열대지방처럼 오래 내려, 예측이 힘들기 때문이었다. 한국도 봄과 가을이 거의 없어지고, 지루한 여름과 겨울이 계속되었다. 여름에는 열대지방처럼 '스콜' 같은 비가 내렸다. 시도 때도 없이 우박이 쏟아지고 게릴라성 비도 내렸다. 대농이 부부는 금년 여름에도 일본으로 피서를 갔다. 7.17- .19 간 오사카大阪, 나라奈良, 교토京都 지방을 다녀왔다. 대농이 형편에는 일본이 가장 무난하여, 최근 3년간 일본만 다녔다. 이번에 함께 간 여행자들은 23명이었다.

오사카는 해변도시였다. 생각보다 크고 현대도시였다. 대농이 일행은 간사이공항(Kansay)에서 '나라현'으로 이동했다. 나라奈良는 서기 710-789 간 일본의 수도였었다. 대동사大東寺를 구경했다. 서기 752년에 건축했고, UNESCO에 등재된 문화재였다. 세계 최대의 목제불상木製佛像이 유명하고, 사슴공원도 관광객들을 즐겁게 했다. '오사카'에서는 오사카성과 먹자거리로 유명한 '도톰보리'를 구경했다. 일본 3대미항인 고베항구(神戶, Koba)도 보았다. 7.5도 규모의 대지진으로 6,400여명이 사망했던 현장이다. 지진으로 문어진 해변을 그대로 보존하며, 관광지로 활용하고 있었다. 유명한 아리마(有馬, Arima) 온천에도 갔다. 철분과 염분이 섞인 황갈색 금탕(金湯)과 라듐 및 탄산염을 함유한 은탕(銀湯)이 있었다. 마을 전체가 온천이고 기념품 가게였다.

교토(京都, Kyoto)에서는 청수사淸水寺를 구경했다. 교토의 넓이는 611㎢ 규모였고, 인구는 146만 여명이었다. 이 고도古都가, 서기 794년-1,868년까지 1,074년간 일본의 수도였다. '메이치' 천황이 수도를 지금의 동경東京으로 천도했다. '교토'는 문화재의 도시였다. 개발이 제한되고, 옛것들이 잘 보전되고 있는 도시였다. 고층건물이나 신축건물은 별로 없다. 태평양전쟁 때 연합군은, 문화재 보존문제로 교토를 폭격하지 않았다. 프랑스 파리와 마찬가지였다. 교토에는 1,650개의 사찰이 있다. 그 중 헤이신궁(平安神宮)은 50대 천황 환무(桓武, 737-81), 121대 천황 효명(孝明, 781-1,831)의 신위를 모신 신궁이다. 서기 1,895년 창건되었고, 웅장하고 화려한 신궁이었다. 대농이 친구 반 미찌꼬(半 美智子)도 여기서 태어나 성장했다.

대농이는 최근 3년간 일본여행만 했다. 여타 국가들을 여행하지 않는 이유는 무엇일까! 대농이는 가끔 자문자답한다. 근본적인 이유는 우선 나이와 체력이다. 이제 비행기 속에서 몸을 비틀며 피곤해 하는 여행은 하기 싫다. 멀리 간다고 여행의 묘미를 느끼는 게 아니다. 넓은 세상을 돌아다닐 만큼 다녔다. 비행기 오래 타고 먼 나라에 가도, 그 나라가 그 나라라는 게 집사람의 소견이다. 특히 유럽 쪽이 그렇다. 대농이는 일본에 대한 감정이 별로였다. 어려서부터 부모 세대들이 일본을 욕하는 소리를 들으며 성장했었다. 부모들 세대는 일본 식민지통치를 이겨내며, 일본인을 "일본 놈, 도둑놈"이라고 표현했다. 그런 분위기 때문에 대농이도, 고등학교 때 제2외국어를 일본어로 택하지 않았다. 독일어를 선택했다. 그 결과 대농이는 지금도 일본어를 모른다.

그런 대농이가 이제 일본으로 여행을 다닌다. 나이가 들수록 일본이 좋아진다. 그렇게 변하는 이유는 여러 가지다. 일본인들의 좋은 점들이 속속 머릿속에 입력되기 때문이다. 대농이는 김포공항에서 근무할 때부터, 일본인들의 행동거지를 세밀하게 관찰할 수 있었다. 공중도덕을 잘 지키고 항상 질서를 잘 지키는 국민성, 서두르지 않고 침착한 심성, 음식과 용모가 깨끗한 국민, 길을 묻는 사람을 친절히 안내하는 자세, 자신을 낮추고 상대방을 존중하는 처세, 화합과 단결을 잘하는 국민성 등 너무 많다. 그리고 대농이는 최근에 "한국인들의 기초질서 위반율이 일본인들의 44배에 달한다."는 신문보도를 보았다.

4. 건강문제 등 기타

건강문제의 중요한 변화는 부정맥이 11.23 나타났다는 점이다. 북한이 연평도를 포격하던 그 날이었다. 대농이는 그날도 초저녁에 아파트 내 운동마당으로 걷기운동을 나갔다. 이상스럽게도 몸에 힘이 없었다. 낮에 외출을 많이 해 나타나는 피곤증세로 알았다. 집으로 돌아와 혈압을 측정했다. 이상스러웠다. 혈압이 121mm-61mm로 나타났다. 대농이에겐 저혈압이었다. 맥박도 불규칙하고 박동소리도 불규칙했다. 보행장애도 나타났다. 걸어보니 어지러운 기운도 느껴졌다. 대농이는 택시로 대학대병원 응급실을 찾았다. 20:00 경이었다. 부정맥 진단은 쉽게 끝났다. 링거를 꽂고 가다리니 많이 좋아졌다.

대농이는 퇴원해 다른 대학병원 응급실로 갔다. 23:50에 도착했다. 심전도검사와 초음파검사를 했다. 더 이상 특이한 현상이 나타나지 않자, 응급실 측은 비상약 10정을 주었다. 리트모늄(150mg)이었다. 일주일 후 외래로 진료를 볼 수 있도록 일정도 잡아 주었다. 심장내과 교수는 진료 후, 증세가 별스럽지 않다며 6개월간 복용할 약을 처방해 주었다.

기타사항 : 대농이는 대학대병워에서, 뇌혈관과 뇌 조직을 MRI 촬영하여 판독한 결과 '퇴행성 중상들' 이외 문제점은 없었다. 일 년간 인후염을 질산으로 9회 치료했다. 1월에만 5회를 했다. 신종플루 예방접종(2.2)을 했으며, 독감 예방주사도(10.19) 맞았다. 작년 9.15 시공했던 임푸란트 뿌리에 인공치아(1.25-3.7)를 장착했다(2개 360만원). 대학병원 정기 건강검진 결과도 좋았다. 폐렴 예방접종(7.10)도 했다. 폐 X-Ray 촬영(7.10) 결과도 좋았다.

아내도 대학병원에서 MRI 촬영하여 '뇌조직과 뇌혈관'을 보았는데 퇴행성 증세만 있었다. 검사결과 치매증세도 없고, 대장암검사(1.25) 결과도 양호했다. 무릎관절염도 완치되었다. 그러나 골다공증 약은 계속 복용한다.

아들은 5.30 인도네시아 발리에서 개최된 석탄업체 회의에 참석했다.

석가탄신일 5.10 연등행사는, 아내와 함께 참석했다. 시가지행진은 동국대학교 운동장과 종로에서 보았다. 조계사 대웅전에 조상님들의 영구위패를 10.8 봉안했다. 부모님, 조부모님, 정희 등 5위 영가들이다. 이제 조상님들과 누이 등 10위의 영가를 위패에 봉안해 드린 것이다.

5. 이명박 대통령 정상외교 현황

1.24 - 1.30 : 제 40회 스위스 다보스 포럼 참석(90개국 2,500여명 참가)
* 의제 : 금융개혁. 지구온난화 대책 * 이명박 연설(1.27)
* 한국•인도 방문 정상회담. * 한국•스위스 정상회담

4.13 - 4.14 : 제1차 한미핵안전보장회의 참석(미국 뉴욕)
* 제2차 회담은 한국에서 개최키로 합의

6. 4 : 아시아안보회의 참석(싱가폴) - 천안함 사건 UN안보리 회부
*G20재무장관 및 중앙은행장 회의(경주)
- G20정상회의 연계(11.13)

7.23 : 아세안 지역포럼 참석(ASEAN ARF) - 베트남 하노이

9.10 - 9.13 : 한국·러시아 정상회담 (러시아 모스크바)

10.3 - 10.7 : 아시아·유럽 정상회담(ASEM) 참석(벨기에, 천안함 사건 규탄, EU의장성명 채택)
*한국·EU정상회담 개최
- 한국·EU 간 FTA 체결(10.6, 2011.7.1 발효)
*미국, 중국, 일본, 벨기에 등 7개국 정상들과 개별 정상회담 개최

10.28 - 10.30 : 아세안(ASEN) 정상들과 회담개최(베트남 하노이)

*한국·일본 정상회담 개최

11.13 - 11.15 : 아세안(ASEAN) 정상들과 회담(서울 G20회담 계기)

12. 8 - 12.11 : 인도네시아, 말레이시아와 정상회담

*한국•인도네시아 정상회담(발리.12.8) - '유도요노' 대통령과 제3차 '발리민주주의포럼' 공동개최

*한국•말레이지아 정상회담(12.11, 말레이) - '슐탄 미잔 자이날 이비딘'국왕 '나집 툰 라작' 총리

- 총횟수 : 9회

- 연중 방문국가 및 정상회담 : 스위스. 인도. 미국. 중국. 일본. 러시아. EU정상. 벨기에. 싱가폴. 베트남. 독일 프랑스. 인도네사아. 말레이시아. ASEAN정상 등

생활수기

세모歲暮에서 본 한해살이 <2009년>

1. 요지 (要旨)

서기 2009년(단기4342년, 불기 2553년) 새해가 밝았다. 소띠 해 기축년己丑年은, 야당 국회의원들의 본회의장 점거농성이 계속되는 가운데 밝았다. 민주당과 민주노동당 국회의원들이, 점거농성을 계속했다. 점거농성은, 쟁정법안과 민생법안 상정을 놓고, 작년 12.18부터 시작되었다. 한국의 폭력국회, 망치국회의 진면목이, 외신을 타고 전 세계로 퍼져나갔다. 한국의 대외 '브랜드'도 사정없이 일그러졌다. 이명박 정부는 촛불집회와 '쌀소득보전직불금' 파동으로 허우적거렸다. 정부여당은 정국 주도권을 쥐지 못했다. 국민들은 답답한 가슴을 쓸어내리고 있었다. 작년 미국에서 시작된 세계적 금융위기사태로, 온 국민들은 도탄에 빠져 있었다. 집권여당은 야당에 발목을 잡힌 것처럼, 연초 한 달을 허송세월虛送歲月로 보냈다.

이 때, 연쇄 살인범 강호순이 1.30검거되었다. 지난 사년 간, 일곱 명의 젊은 여자들을 목 졸라 살해한 흉악범이었다. 민심은 흉흉해 졌다, 이명박 정부에 경제난국 극복이라는 희망을 걸었던 국민들은, 한파에 찌든 하루하루를 보내고 있었다. 설상가상으로, 용산철거민 시위현장에서는 1.20화재사건이 발생했다. 철거민 다섯 명과 경찰 한명이 사망했다. 한 겨울 민심은 얼어붙었다. 악재가 꼬리에 꼬리를 무는 세월 속에, 천주교 김수환 추기경이 노환으로 2.16선종善終,하셨다. 향년 87세! 온 국민들은 아까운 인재를 잃은 슬픔에 잠겼다. 생전에 안구기증을 계약하여, 장기 기증자들이 장사진을 쳤다. 모처럼 국민들이 한 마음으로 추도하고, 단합하는 분위기가 형성되었다.

국제적으로는 미국 제 44대 대통령에, 흑인 출신 버락 오바마Brack Hussein Obama가 1.20취임했다. 나이 47세에 취임하여 새 시대를 열었다. 전 세계인들의 이목이 집중되고 기대도 컸다. 그러나 북한은, UN과 강대국들의 만류를 뿌리치고, 인공위성 '광명성' 을 4.5발사했다. 괴도진입에는 실패했지만, 대륙간탄도미사일(ICBM) 개발능력을 보유하였다는 가능성 때문에, 우려의 목소리가 컸다. 북한은 오바마 대통령을 시험하려는 듯, 5.15.09:54 예고 없이 제이차 핵실험을 단행했다. 22kt급이었으며 함북 길주군 풍계리에서 실시했다. 세계인들은 경악했다. 북한의 도전은 계속되었다. 7.2 과 7.4에는, 단거리미사일과 중거리미사일(500-1,300Km)을 발사하며 무력시위를 했다. 미국과 UN의 저지를 무색하게 만들었다. 남북관계도 급속히 냉각되었다. 일본도 8.30 총선에서 야당 민주당이 압승했다. 태평양전쟁 이후 54년 만에 정권이 교체된 것이다. '하또야마유기오'鳩山紀夫 내각이 출범하여, 미국과 껄끄러운 관계가 시작되었다.

노무현 전 대통령의 자살 5.30사건은 침체되어 있는 국내정국에 분수령을 만들었다. 김대중 전 대통령이 8.18 노환으로 타계한 사건도, 정국의 회오리바람을 일으켰다. 지난 십년간 계속되었던 좌파정치권의 구심점이 모두 상실되었다. 국내 좌파세력과 야당세력 및 운동권세력들은, 단결력을 과시하며 노무현 국민장과 김대중 국장國葬에 참여했다. 그러나 이명박 정부에 결정적 타격을 주지는 못했다. 이들은 민주당을 중심으로 뭉쳐 이명박 정부에 도전했지만, 잃어버린 십년 세력으로 전락했다. 야당은 국회폭력정치와 장외투쟁정치의 주인공으로 인식되었다.

희망을 잃은 국민들에게 환호와 기쁨을 안겨준 주인공은, 여자 싱글피겨선수 김연아였다. 김연아는 요정 같은 모습과 원앙새를 닮은 자세로 세상을 감동시켰다. 한국의 브랜드는 한 단계 상승했다. 국내정치의 화두는, 정운찬 국무총리9.29의 "세종시 건설계획 원안수정 제의" 였다. 여야 대결은 물론 전 국민들의 관심사항으로 부각되었다. 세모의 분위기가 무루 익었던 12.27, 이명박 대통령은 모처럼 커다란 선물을 국민들에게 안겨주었다. 석유 수출 왕국 '아랍에밀레이트'에 한국산 원자력발전소를 수출하기로 계약했다. 공사가격이 미화 400억$(한화47조원)이다. 선진국인 프랑스, 일본, 캐나다를 제치고 쟁취한 쾌거였다.

이러한 국내외 정세 속에서 진행된 대농이의 한해살이도, 희비가 쌍곡선을 그렸다. 오랜 숙원 끝에 아들이 3.28결혼하여 분가했고, 박대농이는 10.28문단文壇에 데뷔했다. 대농이가 평생 소원하던 쾌거快擧였다. 그러나 여동생이 수십 년간 투병생활 끝에 타계했다. 처형(67세)도 삼년간 항암투쟁 끝에 타계했다. 양가 가족들은 슬픔에 빠졌다. 대농이는 생전처음 승용차 사고를 냈다. 경미한 사고였지만 집사람을 당황케 했었다. 대농이는 어금니 '임푸란트' 시공 수술도 했다. 이런 와중에서도 대농이 부부는, 삼일 간 일본 북해도(홋까이도) 지역을 여행했다. 삼천포 다도해국립공원도 8.12관광했다. 강릉과 정동진도 다녀왔으며, 조계사 대웅전에 조상님들의 영구위패도 모셔 평생소원을 풀었다.

2. 국내사항 (國內事項)

◆ **용산철거민 농성현장 화재사건** : 화재사건은 1.20 서울시 용산구 한강로2가 남일당 건물 옥상에서 발생했다. 경찰의 진압작전 과정에서 농성자와 충돌하며 일어났다. 휘발유와 '시너'로 무장한 '전국철거민연합회' 소속 시위자들이, 강제해산을 시키려는 경찰들에게 화염병을 투척하여 화재가 발생했다. 철거민 5명과 경찰 1명이 사망했다. 철거민들은 시신屍身들을 순천향병원에 안치하고, 계속 투쟁하다 2010.1월 정부와 타협한 후 보상을 받고 장례를 지냈다.

◆ **(주) 쌍용자동차노사분규** : 경기도 평택시 소재 쌍용자동차 노사분규는 1.9 대주주인 중국 상해자동차가 철수함하여 시작되었다. 회생가능성이 안보이자, 회사 측은 2,646(36%) 명의 직원들을 해고시켰고, 노조는 분규에 돌입했다. 민주노총, 좌경세력, 운동권학생, 야당세력들이 분규에 합세하여, 현장은 전쟁터를 방불케 했다. 8.5 경찰과 회사 측이 합동진압작전을 통해 77일 만에 종식되었다.

◆ **천주교 김수환 추기경 선종** : 김수환 추기경은, 1969년 최연소 추기경으로 선임된 한국인 최초의 추기경이었다. 외국어에 능통하고 겸손한 인격과 생활자세로, 신망이 두터운 종교계 거인이었다. 평소 "내탓이요." 운동을 전개했고, 2.16 노환으로 87세에 선종善終하셨다. 추기경은 생시 각막기증을 계약하여, 선종 후 장기를 기증하겠다는 국민들이 2.5배로 증가했었다 (181,780명).

◆ **노무현 자살사건** : 노무현 전 대통령 자살사건은 5.23.06:40 고향 봉화마을 부엉이바위(45m)에서 일어났다. 새벽 산책을 하다 경호원을 따돌리고 투신자살했다(향년 63세). 유서에는 "누구도 원망하지 말라." 는 등의 내용이 있고, 묘비墓碑에는 "민주주의 최후 보루는 깨어있는 시민의 조직된 힘이다." 라고 새겨져 있다. 묘는 자택 부근의 밭에 평묘를 썼다. 장례는 5.29.11:00 경복궁에서 국민장으로 치루어졌다. 시청 앞 광장에서 노제를 지내고, 전국 각지에서 500만 여명이 분향했다. 노무현 전 대통령은, 자살 전이었던 4.30, 포괄적 뇌물죄로 검찰조사를 받았으며, 부인 권양숙도 4.11 검찰 조사를 받았다. 아들 노건호도 미국에서 귀국하여, 4.12 미국 주택자금 100만 불 출처 관련 검찰 조사를 받았다. 노무현은 2차 검찰조사를 앞두고 자살했다.

◆ **김대중 사망** : 김대중 전 대통령은 8.18.13:45 신촌 세브란스병원에서 노환으로 별세했다(향년 86세). 국장國葬으로 했다. 조문객은 100만 명 정도였다. 동작동 국립묘지에 안장되었으며, 한국정치사에 민주화운동의 기수로 평가 받고 있다. 고 김 대통령은, 남북한 통일문제에 관심이 많았고 노벨평화상을 받았다. 미국 News Week 신문은 "영원히 기억될 명사 36명 중 한명" 이라고 평가했다. 북한은 장례식에 3명의 조문단을 파견했다. 김기남 노동당 비서, 김양건 통일선전부장, 조동연 조선아태평화위원회 실장이, 고려항공 편으로 입국하여 2박3일 간 체류했다.

◆ **제2차 북한 핵실험** : 북한은 예고도 없이, 5.25.11:00 함북 길주군 풍계리에서 제2차 핵실험을 단행했다. 2006.10.9 단행된 제1차 핵실험은 예고가 있었다. 규모는 22kt 추정되며, 단거리 미사일 3발도 발사했다(1KT는 다이나마이트 1,000톤임). 이명박 대통령은 5.26 '대량학살무기방지협정'PSI 전면참여를 선언했다. 남북관계는 급격히 냉각되었고, 대 북한 식량지원도 중단되었다. 미국을 중심으로 북한 핵문제를 해결 해 보려던 6자회담도, 회의 날짜를 확정하지 못하고 무기한 중단되었다. 그 후에도 북한은 계속 아래와 같은 도발행위를 계속하며, 한국과 미국을 당황케 하였다.

- 3.10-3.21 : 개성공단 입주기관 및 기업인 감금(720명)
- 4.5 : 인공위성 광명성 발사 - 괴도진입 실패,
  - 대륙간탄도유도탄 개발가능성 우려
- 7.2 : 로켓 4발 발사(함흥 - 동해안)
- 7.4 : 중거리·단거리 로켓 7발 발사 - 원산 깃대령, 사정 500 ~ 1,300Km

◆ **세종시 건설계획 수정** : 세종시 건설계획 수정문제는 9.29 정운찬 국무총리 취임을 계기로 표면화 되었다. 기존 계획은 행정부 9부, 2처, 2청을 이전하여 '행정중심 복합도시'를 건설하려던 계획이었다. 그러나 이명박 정부는 기존계획을 백지화 시키고, 과학연구소, 대학, 대기업 유치를 통해 '교육과학중심경제도시' 로 건설하겠다고 수정했다. 고용인구도 84,000명에서 246,000명으로 늘렸고, 사업비도 8조원에서 22조원으로 늘렸다. 이명박 정부는 기존 세종시계획이, "지난 대통령선거 때 노무현 후보의 득표를 위한 정치적 결정이었고, 내용도 모순투성이다." 라고 변경 이유를 밝혔다. 야당들은 결사항전을 다짐하며 장외투쟁 방침을 밝혔다. 세종시문제는 한반도 대운하 시비와 함께 초대형 정치문제로 부각되었다. 게다가 여당인 한나라당은, 이명박 계열과 박근혜 계열로 양분되어, 상반된 주장을 하고 있었다. 세종시 문제의 귀결 여하에 따라, 정권의 향배도 결정 될 전망이다.

◆ **세계G20정상회의 유치** : 미국은 2008년 세계금융위기를 극복하기 위해 강대국 들로 구성된 G20정상회의를 출범시켰다. 2008.11월 워싱턴 DC에서 제1차회담을 개최했다. 제2차회담은 2009.4월 영국 런던에서 개최되었다. 한편 2009.9월 미국 피츠버그에서 개최된 회의에서, 금융개혁실시와 무역불균형 해소를 위한 공동노력에 합의했다. 그러나 구체적인 실천방안에서는 이견이 노출되었다. 세계적 공동체 필요성도 제기되었다. 다음 회담은 2010.11월 한국에서 개최될 예정이다. 이명박 정부는 이 회담을 금융위기 해소와 한국이 선진국으로 진입하는 계기로 활용할 예정이다.

◆ **김연아의 금메달** : 세계적인 여자싱글피겨스타 김연아는, 세계대회에서 연속 금메달을 거머쥐어, 국민들에게 신선한 낭보朗報를 제공했다. 정치인들의 이견투구에 싫증난 국민들에게 모처럼 찾아 든 낭보였다. 국민들은 요정 같은 김연아의 자태와, 원앙새 같은 공연기술에 매료되어, TV화면에서 김연아를 볼 수 있는 것만으로도 행복했다. 김연아는 5개 대회에서 우승했다. 3월 세계선수권대회에서 207.71점을 받아 세상을 놀라게 했고, 10월 그랑프리1차대회에서 210.03점을 받아 세계 정상임을 재확인 시켰다. 미국 New York Time 신문도 김연아를, 마라톤 영웅 손기정과 비교하는 기사를 게재했다. 김연아는 오는 카나다 뱅쿠버 올림픽에서 금메달을 획득하는 게 목표였다.

◆ **기타사항** : 이 밖에도 국내적으로 국민들의 관심을 집중시킨 사건들은 많았다. 헌법재판소는, 10.29 여야與野가 첨예하게 대립하고 있는 방송법과 신문법 개정안을, 합헌판결 했다. 야당들은 격렬하게 반발했다. 신영철 대법관은, 미국 소고기 사건 관련 촛불재판을 신속히 처리하라고, 재판에 관여하여 논란을 자아냈다. 소장판사들이 2월 결집하며 반발해 사법파동도 우려되었었다. 다큐멘터리 영화 '워낭소리'가, 관객 95만 명을 동원하였고, 독립영화 '똥파리'는, 관객 120만 명을 동원하여 화제의 대상이 되었다. 한국·인도 간 '포괄적경제동반자협정CEPA이 8.7체결되었다. 인도는 향후 10년 간

한국 상품의 85%에 대한 관세철폐와 감축을 시작할 예정이다. 한국 경제계의 또 다른 쾌거로 평가된다. 4.29 실시된 재보궐선거(5석)는 여당 한나라당이 완패했다. 정동영은 전주에서 당선되었다. 10.28 실시된 재보궐선거에서는 무소속이 2명, 여당과 야당이 3명 당선되었다.

3. 국제사항 (國際事項)

◆ **오바마, 미국대통령 취임** : 제44대 미국 대통령에, 흑인 출신 버락 오바마(Brac hussein Obama, 44세)가 1.20 취임했다. 미국 정치사상 인종의 벽을 넘어 새시대 희망의 주인공으로 부각되었다. 민주당 오바마 정부는, 대화와 협상을 구사하는 '스마트외교'를 강조했지만, 공감은 얻어내지 못했다. 건강보험 개혁은 이념대립을 촉발시켰고, 민심도 등을 돌리기 시작했다. '오바마'는, 전 세계인들의 기대감을 배경으로 노벨평화상도 수상하였지만, 자격 논란이 불거졌다. 실업난, 이라크 전쟁, 아프카니스탄 전쟁, 금융난 극복과, 북한 핵무기 무력화 등 힘겨운 과제들이 앞날을 불안하게 하고 있다. 오바마는 11.19 한국을 방문하고 정상회담을 했다. 이제 주한 미군의 지위와 역할에도, 많은 변화가 불가피 할 것으로 예측되었다.

◆ **신종프루 공포** : 신종프루(독감)는, 4월 남미 멕시코에서 시작되어, 지구촌을 공포의 도가니로 만들었다. 전 세계 208개 국가에서 감염자가 발생했다. 사망자는 10,000여명이었다. 모든 국가들은 백신 확보에 총력을 경주했고, 미국은 국가비상사태를 선포했다. 한국도 이에 버금가는 조치를 취했다. 프루는 휴학, 자택근무 등 세계인들의 일상생활을 바꾸어 놓았고, 외출도 자제되었다. 관광사업은 위축되고 제약회사들은 특수를 누렸다.

◆ **일본 정권교체** : 8.30 실시된 총선에서 일본 야당 민주당이 승리했다. 집권여당 자민당이 패배하여, 54년 만에 정권교체가 이루어졌다. '하또야마

유끼오'鳩山由紀夫 총리 내각이 출범했다. 민주당 정권은, 미국과 갈등을 유발하고 충돌하며, 오끼나와沖承 미군비행장 이전을 요구했다. 미일美日관계는 급냉했다. 민주당 간사장의 불법 정치자금 문제도 불거졌다. 일본은 금융대란 극복과 '디플레이션' 극복에 발목이 잡혀 있다.

◆ **코펜하겐 기후회의** : 덴마크에서 12.7 개최되었다. 192개 국가에서 15,000여명이 참석하여, 지구를 구하기 위한 노력을 경주했다. 2012년 만료될 예정인 '교도의정서'를 대체할 새로운 협약을 마련하기 위해 열린 회의였다. 그러나 온실가스 감축문제와 개발도상국가 지원규모를 놓고 진통을 겪었다. 무슨 방법으로라도 인류공멸은 막아야한다는 공감대 속에, 정치적인 합의 도출을 기대하고 있는 상태다.

◆ **리스본조약 발효** : 유럽연합EU 미니헌법이라는 '리스본조약'이 12.1 공식 발효되었다. 8년만의 개가이며, 유럽이 경제통합에 이어 정치통합도 이루어 낸 것이다. EU대통령엔 벨기에 총리 '헤르만판롬피위' 가 선출되었다. 외교안보위원회 대표는 영국의 '캐서린' 이 임용되었다. 이제 EU의 위상은 국제사회에서 점증될 것이다.

◆ **세계적 금융위기** : 미국 발 금융위기는 점차 회복되고 있다. 미국은 7,870억$을 경기부양책에 투자했고, G20 정상화담을 통해 국제 공조분위기를 조성했다. 호주는 금리를 인상했고, IMF는 금년도 경제 성장률을 3.1%로 조정했다.

◆ **아프카니스탄 전쟁** : 미국이 테러범 총책 '오사마 빈 라덴' 을 잡으려고 2001.10 월 시작한 전쟁이다. 미국은 깊은 수렁에 빠져들었다. 미국은 12.1 미군 3만 명을 증파했다. 오바마 대통령은 2011.7월, 철군개시 예정 전략을 발표했지만, 성공여부는 미지수다. '제국의 무덤' 아프카니스탄이 '제2의 베트남전쟁' 이 되는 게 아니냐는 우려도 나온다. 현재까지의 전쟁비용은 1,710억$이고, 미군 전사자는 920명을 넘었다.

◆ **가수 마이클잭슨 사망** : 미국의 팝 황제 '마이클잭슨'이 6.12 심장마비로 사망했다(향년 50세). 7억 5천만 장의 앨범 판매되었고 '그래미상'을 13회 수상했다. 사망원인을 두고 많은 의혹이 제기되었으며, LA검시소檢屍所는 살인으로 결론지었다. 마지막 공연 연습장면을 담은, 다큐멘터리 영화 '디스이즈잇'은, 5일 만에 1억 100만$을 벌어드렸다.

◆ **이란 대정부 시위** : 이 번 시위는 6.12 실시된 이란 대통령선거 결과에 불복종하며 시작된 반정부 시위였다. 강경보수파인 '아무두 아미디 네자드' 대통령이 승리하였으나, 개혁파는 전 총리 '미르 호세인 무사비' 를 중심으로, 부정선거를 주장하며 거리로 나왔다. 반정부시위는, 1979년 이슬람혁명 이후 30년 만의 최대 시위로 발전했다. 정부는 무력으로 진압하였으며, 30-70여명이 사망했다는 보도가 있다.

◆ **클린턴 북한 방문 및 기타** : 클린턴 전 미국 대통령42대은 8.3 북한 평양을 방문하고 구속 중인 여기자 두 명을 구출했다. 유나리(36세), 로라링(32세) 기자는 중국에서 북한으로 밀입국하다 체포된 바 있다. 김정일 위원장과 회담하고, 오바마 대통령의 친서도 전달했다. 오바마 대통령은 7.6 소련 메드베테프(Medvadev) 대통령과 회담하고, 핵무기 감축방안 등을 협의했다. 인도네시아 서슈마트라 섬에서는, 10.1 대지진이 발생하여 3,000여명이 매몰, 실종되었다. 중국의 원자바오 총리는 10.4 북한을 방문 하고, 김정일 위원장과 회담하며, 핵문제 해결방안을 모색했다. 페루 대통령 '가르시아' 는 11.11-11.14 간 서울을 방문하고, 정상회담을 통해 경제협력방안을 협의하였다.

4. 박대농의 한해살이

◆ **아들 결혼** : 아들 결혼식은 작년 12.17 주례가 확정되면서 본격적으로 추진되었다. 예식장도 이미 계약되어 속도를 낼 수 있었다. 진행 순서는 다음과 같았다. 아파트 계약(1.17), 주례와 오찬(1.14), 예단도착(1.27), 최도사 방문 사주 작성(2.3), 청첩장 인쇄완료(2.9), 라벨 수령(2.13), 신랑신부 주례 방문(2.22), 라벨 수령(2.25), 청첩장 발송(3.5), 함 포장(3.11), 아파트 잔금 지불 및 주소이전(3.3), 아파트 전세비용 대출(3.10), 아들 이사(3.25), 결혼식(3.28), 신혼여행 출국, 감사의 편지 인쇄(3,30), 편지 발송(4.3). 결혼식 하객은 총 724명으로 확인되었다.

결혼식 준비활동은 생각보다 복잡하고 힘들었다. 아들이 결혼 한 후, 우리 가족들의 표정은 밝아졌으며, 생기도 돌았다. 금년 겨울이 언제 어떻게 지났는지도 잘 모른다. 결혼식 준비에 빠져있는 동안, 계절이 바뀌어 봄이 왔고 진달래 개나리가 만개했었다. 바쁜 일과로 대농이는 3.27과 3.28 목욕을 못한 채 취침했고 새벽에 목욕을 했다.

◆ **문인(작가) 데뷰** : 대농이는 10.24 월간문학 잡지로부터 수필부문 신인상을 수상했다. 문단文壇에 공식적으로 등단登壇한 것이다. 대농이는 8.21 신인상공모에 응모했고, 8.24 당선통보를 전화로 받았다. 당선작품 '별난 개와 여주인' 내용은 월간문학 잡지 10월호에 게재되었다. 심사평과 당선소감도 함께 실렸다. 대농이의 기쁨은 하늘을 찔렀다. 삼십여 년 간 독학을 하며 문예창작 활동을 하던, 지난날들이 주마등처럼 스쳐갔다. 대농이는 그간 회사 내 월간지에도 많이 기고했다. 퇴직 후에는 종합작품집(287쪽)도 발간했다. 신인상 수상식은 10.24 흥사단 강당에서 개최되었다. 유명문인, 회사 임직원, 수상자 및 가족 등 300여명이 참석하였다. 문인(作家) 자격도 없이 수십 년을 창작활동을 했던 대농이는, 상패賞牌를 볼 때마다 보람을 느끼고 굳은 다짐을 했다. 이제 부지런히 창작하여 문집文集을 발간하고, 문인

에게 주어진 임무를 충실히 수행하자고 다짐했다.

◆ **승용차 사고** : 대농이는 4.4 집근처 서울대입구역에서 신호를 위반했다. 주차해 있던 승용차와 접촉하는 작은 사고를 냈다. 대농이는 차를 길가에 정차시키고, 상대방을 찾았지만, 그 차는 신호가 바뀐 틈을 타 없어졌다. 대농이는 경찰서 교통조사계를 방문하고, 자진 진술서를 작성한 다음 귀가했다. 유사시 증거자료로 활용하기 위한 대비책이었다. 또 다른 사고도 있었다. 7.7.14:55 에는 정말 큰 사고를 냈다. 판교 근방에서 친구와 오찬을 하고, 집사람과 함께 귀갓길에, 신판교사거리에서 교통사고를 냈다. 공사 중인 도로에 신호표지가 분명치 않아, 대농이는 신호를 위반했고 뒤차는 좌회전을 하다 대농이 차의 뒷부분과 접촉되었다. 좌회전 차로에서 직진을 한 대농이에게 책임이 왔다. 대농이 승용차 수리비는 1,703,940원이었으며, 르노삼성 자동차 센터에서 수리했다. 집사람도 크게 놀란 사고였다.

◆ **건강문제(健康問題)** : 대농이는 9.15 치과에서 왼쪽 어금니 두개를 '임푸란트' 시공했다. 국산 자재로 했는데 360만원이 소요되었다. 당일 뿌리를 박아 놓고, 네 달 후에 잇발을 장착하는 순서였다. 국소마취를 했는데도, 생각보다 힘들었다. 정성껏 관리가 필요한 치료였다. 6.25에는 갑상선 초음파 검사를 하였는데 이상은 없었다. 대농이는 6.17 대학병원 이비인후과 교수로부터 왼쪽 코 축농증을 수술했다. 지금은 상태가 좋다. 발톱무좀은 삼 개월 간 약을 복용한 결과 상태가 좋다. 인후염 치료는 3회했다.

◆ **혈육 타계** : 우리 형제는 모두 7명이었다. 3남4녀 중 가운데 누님은 이십여 전에 돌아가셨고, 형님도 5년 전에 타계하셨다. 그런데 금년 9.27에는 막둥이 누이가 수십 년간의 투병생활 끝에 세상을 떠났다. 추석을 며칠 앞두고 타계했다. 고혈압, 당뇨, 정신병 등 각종 병마와 싸우던 일생이었다. 막둥이로 태어나 사람다운 세상을 살아보지도 못하고, 회갑 나이에 인생을 하직한 게 한스럽다. 처형도 12.17 타계하셨다. 삼년 전에 폐암 수술을 하고 투병하다 영면했다. 12.19 화성군 조암면 선영에 앞서 간 동서와 함께

합장하였다. 대농이 부부는 지난 삼년 간 수시로 처형을 방문했었다. 지금도 마지막 모습이 생생하다.

◆ 여행 및 기타

- 우리 부부는 7.12-7.14(2박3일)간 일본 북해도(홋가이도) 지역을 관광하였다. '오오누마국립공원'大沼, 소화신산 분화구, 도야호수, '하코다테' 항구 및 야경, '고료카쿠성곽', '트라피스치누' 수도원 등지를 관광했다. 이번 관광에서도 대농이는 일본의 산림과 온천수 같은 풍부한 자원이 부러웠다. 단결과 화합, 인내와 겸손을 아끼지 않는 선진국 수준의 국민성도 발견할 수 있었다.

- 대농이는 5.14 서울 조계사 대웅전에 조상님들의 영구위패를 보셨다. 부모와 조부모님 및 누님를 한 위패에 모셨다. 우리 가족 네 명의 생존자위패도 준비해 두었다. 조계사는 대한불교 조계종총본부이고, 전국 각지의 명승名僧들이 매일 조상천도법회를 개최하는 도량이다.

- 대농이 부부는 8.12에는 삼천포 지역을 관광하였다. 평소 가보고 싶었던 다도해국립공원을 구경한 것이다. 남해에서 유람선 관광을 하며 더위를 식힐 수 있었다. 4.15 실시된 친목회 워크숍은 작년에 이어 두 번째였다. 동해 바다의 맑은 공기와 정동진, 꼬마열차, 무장공비 잠수함 등이 인상 깊었다.

- 금년엔 초등학교 동창회에 두 번 참석했다. 사목회 회장 직무도 일 년간 수행하였다. 회원 모두 임관 동기생들이다.

- 정부의 시책에 순응하기 위해 고향에 있는 논畓을 매도했다. 이제 농지 때문에 더 이상 속을 썩지 않아도 된다. 이제 우리 형제들의 땅은 고향에 없다. 그런 연유 때문인지 금년 후반기에는 성묘도 못했다.

5. 연간 주요사건사고 현황

1. 20 : 미국 제44대 대통령에 버락 오바마 취임(44세, 흑인). 부인
- 미셸 오바마

1. 20 : 용산철거민 농성 진압현장 화재사건 발생
- 철거민 4명, 경찰 1명 사망

1. 30 : 연쇄 살인범 강호순 검거
- 여성 7명 살해(2005.10.30 - 2008.12.19 기간)

2. 16 : 천주교 김수환 추기경 선종 - 안구기증, 장기기증 국민증가

3. 10 - 3.21 : 북한, 개성공단 입주기관 및 기업인 감금(720명)

4. 5 : 북한, 인공위성 광명성 발사 - 괴도진입 실패.

4. 9 : 북한, 최고인민회의 제12기 1차대회 개최 - 김정일 3기 체제 출범

5. 23 : 노무현 전 대통령 자살. 봉화마을 부엉이바위 투신. 5.29 국민장(경복궁)
- 4.11 : 부인 권양숙 검찰조사.

4. 12 : 아들 노건호 검찰 조사(100만불)
- 4.30 : 노무현 검찰조사

4. 29 : 재보궐선거(5명) - 여당 완패, 정동영 당선

5. 15 : 북한, 제2차 핵실험 단행. 09:54. 함북 길주군 풍계리. 22KT.
- UN - 비상안전보장이사회 개최
- 이명박(5.26) : PSI(대량학살무기방지협정) 전면 참여 발표(95개국)

6. 27 : 쌍용자동차 노사분규 회사측 진입, 경찰 진압성공(8.5)

7. 2 : 북한, 로케트 발사(4발) - 함흥→동해안

7. 4 : 북한, 중거리 및 단거리 미사일 7발 발사 - 원산 깃대령500-1,300Km

7. 6 : 미국·소련 정상회담 - 핵무기 감축(메드베데프)

8. 3 : 미국 클링턴 평양방문 김정일 면담. 여기자 2명 석방 - 유나리(36세), 로라링(32세), 오바마 친서 전달. 김정일 건강 파악.

8. 7 : 한국·인도 : 포괄적 경제동반자 협정체결(CEPA)

- 향후 인도는 10년에 걸쳐 한국 수출상품의 85%에 대한 관세철폐와 감축예정

8. 18 : 김대중 사망. 86세. 국장(8.23). 장례위원 2,371명. 북한 조문단 3명 조문

8. 30 : 일본, 총선거에서 야당 민주당 압승, 54년 만에 정권교체, 하도야마유기오(鳩山紀夫) 내각 9.16 출범

9. 29 : 정운찬 총리 취임

10. 1 : 인도내시아 지진피해 - 서슈마트라, 3000여명 매몰 실종

10. 4 : 중국 원자바오 총리 북한 방문, 북한핵문제 타결 모색

10. 28 : 재보권선거(5석) - 여야 3석, 무소속 2석

10. 29 : 헌법재판소, 미디어법 합헌 판결(신문법, 방송법)

11. 13 - 11.19 : 미국 오바마 대통령 아시아 3개국 순방 - APEC 정상회담 참석 일본(11.13), 중국(11.15), 싱가폴(11.13), 한국(11.18)

11. 11 - 11. 14 : 페루 대동령 가르시아 방한 - 정상회담(경제협력)

6. 이명박 대통령 정상외교 활동 현황

1. 11 - 1. 12 : '아소' 일본총리 방한, 한일정상회담. 경제난국타계방안협의

3. 2 - 3. 8 : 호주, 뉴질랜드, 인도네시아 방문, 정상회담, 인도네시아에 전투기, 청량음료 공동개발 제의

3. 30 - 4. 5 : 태국방문, G20정상회의 참석, ASEAN+ 한중일 정상회담
* 태국 탁신 전총리 지지세력 데모로 무산

5. 10 - 5. 14 : 중앙아시아 우즈베키스탄(카리모프), 카자흐스탄(나자에르파트) 방문, 정상회담. 자원개발외교 활동전개

6. 14 - 6. 18 : 한국·미국 정상회담, 워싱턴, 북한 핵문제 강경대처

6. 28 - 6. 29 : 한국·일본 정상회담, 동경, 북한핵문제 강경대처, UN결의사항 이행

7. 8 - 7. 10 : 동유럽 방문, 폴랜드, 이태리, 교황청, G8정상회담 참석(이태리)

9. 20 - 9 .25 : UN총회참석, G20정상회의 한국유치(2010.11), G20 금융정

상회담

10. 20 - 10. 25 : ASEAN+3(한중일) 정상회담 참석, 태국 베트남, 캄보디아 방문

11. 13 - 11. 15 : APEC 정상회담 참석(싱가폴), 아태자유무역지역 합의 초안마련

11. 19 : 한국·미국 정상회담(서울), 북한 핵문제 처리방안 모색.

12. 17 : 덴막(코펜하겐) - 기후변화협약총회 참석

12. 26 - 12. 28 : 아랍에미레이트 방문, 원자력발전소 수출계약(400억불)

* 경쟁국가 : 불란서, 일본, 카나다

끝.

* 생활수기 *

세모歲暮에서 본 한해살이 <2008년>

1. 요지 (要旨)

서기 2008년(단기 4341년, 불기 2552년, 戊子년, 쥐띠)은 새로운 세상 속에 밝았다. 한나라당 이명박 대통령 당선자가 이끄는 대통령직인수위원회(위원장 : 이경숙, 숙명여대총장, 직원 500여명)의 정권인수 활동이 시작되었다. 보수우파 계층 국민들은 환호했다. 반면 십년 만에 정권을 빼앗긴, 진보좌파 국민들은 탄식했다. 대선大選에서 패배한 민주당의 제기로 진행되는 BBK 특별검사 활동도 계속되었다. 이명박 대통령 당선자의 주가조작 혐의 등을 수사하는 활동이었다. 한편 삼성 비자금 수사를 위한 '특별검사 활동'은 국민들에게 또 다른 중압감으로 작용했다. 이명박 당선자는 2.21 무혐의 처분되었다.

이명박 대통령 당선자는 2.25 대한민국 제17대 대통령에 취임했다. 이명박 대통령은 우선 한미정상회담을 개최하고, 양국 간 굳건한 혈맹관계를 재건했다. 한나라당은 4.9 실시된 총선總選에서, 국회의원 총 299명 중 153석의 의석을 얻었다. 유권자들이 여대야소與大野小 정국을 만들어 준 것이었다. 그러나 정부여당은 미국산 쇠고기 수입문제를 제대로 처리하지 못했다. 좌파친북세력이 주동이 되어, 5.2 - 6.29 간 계속된 촛불시위로 온 나라가 뒤흔들렸다. 이명박 정부는 촛불시위에 효과적으로 대응하지 못했다. 정부는 국민들로부터 통치능력을 의심받게 되었다.

정부여당은 유월 정기국회 원구성도 실패했다. 어렵게 구월 정기국회가 개원되었지만, 미국 발 세계적 금융위기가 돌발했다. 이명박 정부도 도탄에 빠져가는 국민경제를 구제하는 데 전력을 투구했다. 그러나 한미FTA협상안 비준과 쟁점법안 국회처리는, 반대하는 야당에 밀려 철리하지 못했다. 민주당과 민주노동당 국회의원들은, 12.18부터 국회 본회의장을 점거농성하고,

대규모 폭력사태를 야기했다. 정기국회는 결국 민생법안도 제대로 처리하지 못했다. 집권여당은 국회 주도권조차도 빼앗겨, 국민들은 무능한 정부라는 평가를 했다.

이러한 와중에서 박대농이 가족 네 명은, 보람차고 바쁜 한해를 보냈다. 대농이 가족들은 아들 결혼문제로 시월 이후 바빠지기 시작했다. 대농이 부부는 비율빈比率賓, 일본日本등지도 해외여행 했다. 대농이는 집사람과 함께 매화마을, 오대산 및 속초, 강릉 등지를 관광도 했다. 대농이와 집사람은 건강검진결과 이상은 발견되지 않았다.

2. 국내문제 (國內問題)

◆ **숭례문화재사건** : 설 연휴 마지막 날이었던 2.10, 국보 제1호 숭례문南大門이 70대 노인의 방화로 소실되었다. 한국의 수도 서울을 600여 년간 지켜온 숭례문의 이층 누각이 전소되었다. 국민들은 TV를 통해, 민족의 자존심이 불타는 모습을 밤새우며 지켜보았다. 국민들은 분노와 경악에서 헤어날 줄 몰랐다.

◆ **이명박 정부 출범** : 제17대 대통령에 취임한 이명박 정부가 2.25 출범했다. 좌파정권 십년이 종식되고, 우파정권이 탄생한 것이다. 여당인 한나라당은 4.9 실시된 국회의원 선거에서, 299석 중 153석의 의석을 획득했다. 민주당 81석, 자유선진당 18석, 친박연대 14석, 민주노동당 5석, 창조한국당 3석, 무소속 25석 등이었다. 한나라당은, 친박연대를 흡수해 172석으로 몸집을 불렸다. 전국 광역지자체장 16명 중 12명이 여당 당원인 관계로, 한나라당은 명실공히 '트리폴' 세력(정부, 국회, 지자체)을 장악했다.

◆ **촛불시위** : 한미양국은 4.18 미국산 쇠고기 수입협상을 타결했다. 이를 반대하는 촛불시위가, 좌파시민단체와 인터넷매체들이 주동이 되어,

5.2부터 시작되었다. 촛불시위는 106일 간 계속되면서, 이명박 정권의 퇴진을 요구했다. 서울 광화문 일대는 무법천지로 변했었다. 불법폭력행위가 난무했고, 이명박 대통령은 대국민 사과담화를 발표했다.

◆ **금강산 관광객 피살** : 금강산 관광객 박왕자(여, 53세)가, 7.11 새벽에 해변을 산책하던 중, 북한군이 쏜 총에 맞아 숨졌다. 통일부는 진상규명을 요구했고, 금강산 관광을 중단시켰다. 북한은 면회소 근무 한국인 직원들을, 8.11 일방적으로 추방했다. 북한은 개성공단에 근무하는 한국 측 인원 500여명도, 11.28 강제로 철수시켰다. 남북 간 열차운행 등 육로이동도 제한했다.

◆ **베이징 올림픽 금메달 13개(7위)** : 중국 북경에서 2008.8.8 시작된 올림픽에서, 한국선수들은 금메달 13개, 은메달 10개, 동메달 8개 등 실적을 올려 종합 7위를 차지했다. 촛불시위와 각종 사건들로 가위가 눌렸던 국민들은, 모처럼 함께 웃고 환호하며, 즐거운 시간을 가질 수 있었다.

◆ **환율폭등, 주가 반토막** : 미국 대형 투자은행 '리먼브러더스'가 9.6 파산했다. 세계적인 금융위기로 번져나갔다. 한국의 환율도 1$: 1,500원까지 급등했다. 증시는 900원 이하로 추락했다. 제2의 외환위기설은, 시중의 자금난과 실물경제 침체 등, 경제위기를 초래했다. 반 토막 난 주식과 펀드로, 자살을 하는 국민들도 속출했다. 정부는 비상경제체제에 돌입하여 대처했다.

◆ **여배우 최진실 자살** : 1988년 데뷔 후 20년 간 톱스타로 대중의 사랑을 받아온 최진실(여, 40세)이, 잠원동 자택 화장실에서 자살했다. 최진실은, 거액의 빚에 몰린 탤런트 안재환(36세)이 자살한 뒤, 그의 사채私債와 연루되었다는 루머가 인터넷에 퍼졌었다. 모든 국민들이 아쉬워했고 연예인 장태인, 모델 김지후, 가수 서 현 등이 잇달아 모방 자살했다.

◆ **노무현 전 대통령 형 노건평 구속** : 노건평이 농협의 세종증권 인수에 개입하여, 29억 6,300만원을 챙긴 혐의로 12.4구속되었다. 그는 사례금으로 오락실을 운영하고, 회사자금 15억 원도 빼돌렸다. 그의 딸과 사위 및 사돈들은, 세종증권 주식 거래로 6억 원의 시세차익을 올렸다. 검찰은 태광실업 회장과 농협 회장 등, 다른 측근들의 정관계 로비사건도 수사중이다.

◆ **야당의 망치국회 폭력사건** : 국회 외교통상분과위원회에서 12.18, 해머, 전기톱을 동원한 폭력사태가 발생했다. 쟁점법안 국회처리를 저지하려는 야당 국회의원들은, 본회의장 점거농성을 했다. 야당 당직자들은 회의실 문 밖 복도에서, 폭력행위를 일삼으며 다음해 1.6까지 농성했다. 농성자들과 국회 경위들과의 몸싸움에서, 수 백 명이 부상했고, 2,000여 만 원의 재산피해가 발생했다. 이 사건으로 외국인들의 한국에 대한 이미지가 크게 손상되었다.

3. 국제문제 (國際問題)

◆ **미얀마 사이클론 피해** : 미얀마 수도 양곤을 비롯 서남부 곡창지대를, 5.3 강풍과 폭우를 동반한 태풍이 강타했다. 사망 및 실종자가 13만 3,000여명, 가옥 이만 여 채가 파괴되었다. 미얀마 군정당국은 체제붕괴를 우려, 외국인 구호인력 입국을 불허해 세계를 긴장시켰다.

◆ **중국 쓰찬성 대지진** : 중국 서부 쓰찬성四川省 원촨汶川에서 5.12 진도震度 7.8도의 대지진이 발생 했다. 사망 및 실종 7만 여명, 부상자 36만 여명이었다. 중국 정부는 복구를 위해 14만 여명의 인력을 투입하고, 전국에서 자원봉사 지원활동 분위기를 조성해, 내부적으로 국민단결의 계기로 삼았다.

◆ **세계적 금융위기** : 미국의 비우량주택담보대출 즉 '써브프라임모기지'가, 세계적인 초대형 경제위기를 몰고 왔다. 미국 투자은행 '리먼브라더스'의 9.6 파산은, 전 세계적인 연쇄파산과 신용경색으로 이어졌다. 미국 의 '월가'도 붕괴되었고, G20 정상들은 미국 워싱턴에 모여11.11, 글로벌금융위기 극복을 위한 공조를 다짐했다.

◆ **미국 44대 대통령, 흑인 오바마 당선** : 미국 대통령선거大選에서 흑인 '버락 후세인 오바마'Obama가 11.4 당선되었다. 오바마는 47세의 민주당 후보였으며, 전체 대의원 388명 중 161명명의 지지를 받았다. 미국 역사상 초유이 일이었고 전 세계적 관심사가 되었다. 아프리카에서 출생하여 인도네시아에서 성장하였으며, 미국 하버드대학교 로스클에서 공부했다. 오바마는 상원의원 3년 만에 대통령이 되었다.

◆ **중국산 유제품에 멜라민 공포** : 중국인들이 유乳제품에 발암물질인 공업용 멜라민을 섞어, 단백질 함유량이 많은 것처럼 속이는 행위가 적발되었다. 전 세계적 공포로 확산되었다. 중국 내에서도 54,000여명의 환자가 발생했다. 한국의 과자, 커피, 크림 등 유제품 제조업체들도, 대량 리콜을 하는 사태로 발전했다

◆ **기타(其他)** : 북한 김정일金正日 위원장의 뇌혈관 수술사건이 9.10보도되었다. 사건은 보도매체를 타고, 전 세계적 관심사로 부각되었다. 3.2 실시된 러시아의 대통령선거에서는 '부미트리 메드데프'가 대통령에 당선되었다. 푸딘 전 대통령은 총리에 취임했다. 일본에서도 정권교체가 이루어져, 9.24 아소다로麻生太郎 극우인물이 수상에 취임했다. 부시 미국 대통령은 8.5 한국을 방문하고, 이명박 대통령과 정상회담을 가졌으며, 장택민 중국 주석도 8.25 방한하여 이명박 대통령과 정상회담하고 금융위기 공동대처를 협의했다.

4. 박대농의 한해살이

가. 아들 결혼 준비

대농이 가족들이 금년에 최대로 관심을 가졌던 일은, 아들의 결혼준비 활동이었다. 대농이 가족들은 서울 음식점에서, 아들 여자친구를 상면했다. 점심식사를 함께 했고, 여자친구는 대농이네 집 구경도 했다. 여자친구가 '감정사고시' 를 끝난 후엔, 신림동 소재 음식점에서 두 번째 상면을 했다. 가을이 되자 양가에서 본격적으로 결혼 문제가 거론되었다. 대농이는 결혼식 날을 토요일로 결정하고, 신부 측에 통보했다. 예식장은 서초동에 있는 결혼 전용 예식장으로 정했다.

아들의 결혼식 문제는 대농이의 결단으로 전격적으로 이루어졌다. 대농이는 어차피 아들이 결혼해야 할 입장이라면, 겨울이 가고 봄이 오면 결혼식을 올려야겠다고 결심했다. 모든 준비는 양가의 적극적이 관심으로 하나하나 진행되었다. 우선 서울 강남에 있는 음식점에서 양가 가족들의 상견례가 있었다. 식사를 함께했다. 한 달 후엔 신부 측 부모 초청으로, 인천에서 상면이 있었는데 약혼식 절차로 진행되었다. 한쪽은 '다이야몬드' 반지를 계약했고, 다른 쪽은 진주반지를 준비하는 등 사전 준비가 있었다. 대농이 부부는 결혼식장에서 주례를 맡을 박 장군 부부와 점심식사도 함께 했다.

이런 일들이 있기 전에 대농이는 아들에게 중고 승용차를 사 주었다. 아들은 승용차에 취미를 붙이며 바쁜 회사생활 중에도 틈틈이 운전경험을 쌓았다. 그러나 아들은 별보기 출퇴근을 하는 직장생활 때문에, 운전에 많은 시간을 할애할 수 없었다. 아들은 금년에 대리로 승진되었다. 아들은 싱가폴에 출장도가고, 인도네시아에도 업무출장을 했다. 아들도 대학병원에서 대장내시경검사도 했는데 다행히 아무 이상이 없었다.

나. 여행 및 휴가

우리 부부는 금년에 비율빈과 일본을 여행했다. 매화마을도 여행했고, 전 가족이 하계휴가로 안면도를 다녀왔다. 비율빈 여행은 수도 마닐라 지역에 머물며, '따까이따이' 화산지대와, '히든벨리' 계곡, '팍상한' 폭포, '리잘공원', '샌디에고요새' 등지를 관광했다. 가난 속에서도 행복을 만끽하는 국민성에 놀랐으며, 풍부한 자원과 수많은 우리 동포들이 진출해 있는 사실에도 놀랬다. 직장근무 때부터 와 보고 싶었던 비율빈이었는데, 둘째 날 밤에, 호텔 일층 바에서 혼자 술을 마셨다.

일본日本은 생각보다 선진국이고 강대국이었다. 자원이 풍부하고 기후도 좋았으며 국민성 또한 분명하고 협동적이어서 명실공이 선진국답다는 사실을 실감했다. 인공섬 오다이바에서 비너스포트, 자유의 여신상, 시가지 관광을 했고, 하꼬네국립공원에서는 화산지대, 아시호수, 분화구, 삶은 계란, 야마시타공원, 차이나타운 등지를 관광했다. 관음사를 둘러보고 닛코日光로 이동하여 동조궁궐, '주겐지호수' 등지를 관광하였다. '후쿠시마'로 이동하여 '이나와시로호수', 유리공예 박물관 등지를 관광하였다.

대농이 가족들은 올해도 작년처럼 전 가족이 여름휴가를 갔다. 딸과 아들이 부모들과 함께 휴가를 가겠다는 의견 자체가 고마웠다. 몇 년 전만 해도 그렇지 않았는데.....!!! 부모들의 나이가 많아서 나타나는 현상 같았다. 대농이는 자식들이 어릴 때 휴가를 갔던 안면도를 선택했다. 안면도 유스호스텔에서 숙박하고 백사장해수욕장, 안면도해수욕장, 꽃지해수욕장 등지를 승용차로 둘러보았다. 귀가 길은 안면도를 모두 섭렵한 기분이었다.

매화마을에서는, 지리산 주변의 산수유마을과 매화꽃을 감상하고, 매화축제가 열리고 있는 장터에서, 인파를 누비면서 청매실즙 세병을 구입했다. 위장에 좋아 지금도 가끔 복용한다. 또한 대농이 부부는 오대산, 속초, 월정사, 설악산, 낙산사, 의상대 등지를 관광했다. 귀로에 이승복기념관도 들렀다.

대농이는 군대 동기생들과 강원도 양구에 위치한 육군 을지사단 을지전

망대를 다녀왔다. 사십 년 만에 전방에서 북한지역을 감상할 수 있었다. 6.25 전쟁 시 격전지였던 '펀치볼' 분지도 볼 수 있었다. 밤늦게 귀가했다.

다. 쌀소득보전직불금

'쌀소득보전직불금사건'은, 보건복지부 차관이 쌀직불금을 부당하게 신청한 사실이, 10.2 보도되면서 표면화되었다. 각계각층의 씰직불금 부당수령 사건은 매일 언론에 대서특필되었다. 감사원이 작년에, 쌀직불금 부당수령 의혹자 십칠17만 여명을 적발해 대통령에게 보고한 후, 명단을 폐기한 사실까지 공개되었다. 다음날 정치적 문제로 발전했다. 국회는 국정조사특별위원회를 구성하여 활동했고, 직불사건은 전대미문의 가렴주구苛斂誅求 사건으로 변모되어, 판도라 상자처럼 커다란 뉴스들을 만들어냈다.

대농이도 관외거주자 신분으로, 처남의 권유로 쌀직불금을 신청했었다. 쌀직불금이라는 단어내용도 모르는 상태에서 분별없이 저지른 실수였다. 당시 팔십육 만원을 수령하였던 사실을, 자진신고 했다. 대농이는 구청 생활경제과를 방문하고 자진반납신청서도 제출했다. 이 문제는 2007년도 직불금문제로 시작되었으나, 결국 2005년-2008년도 쌀직불금 문제로까지 확대되었다. 대농이는 시월 초부터, 국회직불금특위 활동이 종료된 연말까지, 직불금 관련 뉴스에만 신경을 쓰며 살았었다.

대농이에게 쌀직불금 문제는, 팔십칠 만원이라는 돈이 문제가 아니었다. 대농이는 육십칠 년을 티 없이 살아 온 인생의 종말이, 참혹하게 변질되는 것 같아, 삼 개월 동안 여타 일에는 신경도 쓰지 못했다. 꼼꼼하고 치밀하게 세상살이를 한다는 대농이도 그 때는 제 정신이 아니었나 보다. 처남의 말을 무조건 믿기만 하였으니 말이다. 별스럽게도 그 대상 농지는 처남에게 팔렸다. 이 또한 묘한 인연이 아닌가......!!! 농수산부는 쌀직불금 문제를 전면 재조사 한 후, 부당수령자들로부터 회수한다는 계획으로 방향을 바꿨다.

결국 이 문제는 야당인 민주당이, 부당수령 의심자 총 27만여명 중

2,882명을 검찰수사와 감사원 특별감사를 요구하는 것으로 막이 내렸다. 잔여 부당수령자들은 모두, 수령액 전액을 소속 지자체地自體에 반납하는 조치로 종결되었다. 대농이는 구청에서 고지서가 온 후 납부하면 모든 것이 끝나는 대상자였다. 장기간 고민 끝에, 모처럼 번민의 늪에서 헤어났다.

라. 기타

대농이는 대학병원에서 건강검진을 받았다. 고혈압 이외의 위장내시경 검사 등 여타 항목들에 대한 결과는 정상적이었다. 의사는 고혈압을 고려 음주는 삼가라는 주의를 주었다. 연초에는 서울의원에서 '위장내시경검사'를 하였는데, 표제성위염이 있는 것으로 확인되었다. 올해도 작년 구월부터 본격화된 축농증 치료를 위해, 이 병원 저 병원을 찾았으나 별다른 진전이 없었다. 의사들의 권고로 '테라마이신안연고'를 바르고 식염수로 세척하는 등 자가치료를 계속한다. 대학병원 신경과를 찾아, 집사람과 함께 MRI 사진으로, 치매 여부를 확인하는 진료도 했다. 이상이 없었다. 금년엔 네 번 인후염을 질산은으로 치료했다.

성묘省墓는 4.8 아내와 고향마을 두무실 선영을 찾았다. 딸과 아들을 대동하고 천안공원을 방문했다. 대농이는 자식들에게 자신의 묘역을 확인시켰다. 두무실로 이동하여 선영에 성묘하고, 안성시 누님 집에도 들렀다. 한편 안성 처갓집에도 들러 인사를 드렸다. 발안 처형 댁에 들러 병문안도 하고, 새로 이사한 아파트도 구경했다. 대농이는 가을에도 집사람과 함께 선영 두무실에 들러 성묘하였다. 벼베기가 끝난 농촌 들녘은 이미 겨울을 준비하고 있었다.

헌법재판소가 11.13 종합부동산세 가족합산 부과 위헌 판단을 했다. 작년에 납부하였던 종합부동산세 백 여 만원을 환급 받는 일이 생겼다. 살다보니 별일이 다 생겼다. 대농이는 연말에 금천ROTC 송년회에 다녀왔다. 충남 직산에 있는 신월낚시터에서 대학동창회도 했다. 집사람도 함께 갔었다. 올해도 초등학교 동창회는 고향 마을 음식점에서 했는데 대농이 부부도 참석했다. 모처럼 호암산에 올랐고, 삼성산도 단독등산 했었다.

5. 연간 주요 사건사고

1. 22 : 세계경제포럼 개최(WEF, 다보스포럼) - 스위스, 88개국 2,500여명
2. 21 : 정호영 특별검사, BBK사건 이명박 대통령 당선자 무혐의 처리
2. 1 : 자유선진당 창당(이회창 총재) - 장충체육관, 국회의원 7명
2. 5 : 민주노동당 분당 - PD계 탈당(심상정, 노회찬, 친북세력 언급)
2. 20 : 숭례문 화재 발생(전소) - 1345년 건축
3. 2 : 러시아 대통령선거(5대) - 프미트리 메드레프 당선
4. 9 : 제18대 총선 : 한나라당 153석, 민주당 81석, 자유선진당 18석, 민주노동당 5석, 창조한국당 3석, 친박연대 14석, 무소속 25석
 * 주요 낙선자 : 손학규, 정동영, 이재오, 이호방, 박형준, 김근태, 유인태.
5. 2 : 광우병 범대위, 촛불시위 시작(6.29종료)
5. 9 : 미얀마, 싸이클론(태풍) 피해 발생 - 주택 100만호 파손, 사망·실종 13만 명, 이재민 20만 명.
5. 11 : 박근혜 전 대표, 호주 뉴질랜드 방문
5. 12 : 중국 사천성 대지진 발생 - 사망 10만 여명, 행방불명 7만 여명, 이재민 1,400만 여명, 부상 25만 여명.
7. 11 : 금강산 관광객 박왕자(여, 53세), 해변가에서 북한군에게 피살
8. 5 : 미국 부시 대통령 방한 - 정상회담
8. 25 : 중국 장택민 주석 방한 - 정상회담
9. 10 : 북한 김일성 위원장 뇌혈관 수술 사실 언론에 보도
9. 24 : 일본 수상에 아소다로(麻生太郎) 취임
10. 2 : 배우 최진실 자살 - 자택 변소
10. 6 : 미국 대형 투자은행 리먼브라더스 파산 - 세계적 금융대란 시작
10.12 : 미국, 북한을 테러지원국가 명단에서 삭제 - 부시 외교 패배

11. 4 : 미국 제44대 대통령선거 실시 - 버락 후세인 오바마 당선(민주당, 흑인, 47세, Obama) - 죤 맥케인 낙선(72세, 공화당, Mc-cain). 선거인단 득표(388명 : 161명)

11.28 : 북한, 개성공단 한국 상주인원 500명 철수 강요 및 군사분계선 등 육로통행 제한조치 발표

6. 이명박 대통령 외국방문 현황

4. 21 - 4. 19 : 미국방문 - 캠프데비이드 목장 정상회담(4.18)

4. 20 - 4. 21 : 일본 방문 - 정상회담

5. 27 - 5. 30 : 중국방문 - 정상회담, 사천성 지진피해 현장 방문

7. 8 - 7. 10 : G-8 정상회담(일본 북해도), 인도 등 18개국 정상 초청

9. 28 - 10. 1 : 러시아 방문 - 정상회담

10.23 - 10.25 : ASEM 정상회담 참석(중국 북경), 세계금융위기 공동대처 모색

11. 14 - 11. 26 : 미국, 페루, 브라질 방문

·미국 : 세계적 금융위기 타개 공동모색(G-20정상회의)

·페루 : APEC 정상회담 참석 - 정상외교, 금융위기 공동대처 모색

·브라질 : 한·미·일 정상회담, 북한 핵문제 공동대처 회담. 끝.

＊ 생활수기 ＊

세모歲暮에서 본 한해살이 <2007년>

1. 개요

서기 2007년 새해가 밝았다. 단기 4340년도 밝았고, 불기 2551년도 함께 밝았다. 정해丁亥년은 제17대 대통령선거가 실시되는 해였다. 김대중 대통령과, 노무현 대통령 중심의 10년 좌파정권이 종식되느냐, 아니면 한나라당의 재집권으로 우파정권이 들어서느냐가 문제였다. 국민들의 차기 정권에 대한 관심도, 그 어느 때 보다 높았다. 누가, 어느 정당이 다시 한국을 통치하느냐, 하는 긴박감이 일 년 내내 팽배했었다. 게다가 중국 북경北京에서는, 북한핵문제 처리를 위한, 이른바 6자회담이 개최되었다.

회담에는 '부시' 미국대통령과, 중국 '후진타오'胡錦濤주석을 비롯, 한국, 북한, 일본, 러시아 대표들도 참석했다. 북한은 이 회담에서 핵核을 포기하는 대신, 한국과 미국이 경제원조를 제공한다는 내용에 2.13 합의했다. 작년 10.9 북한의 핵실험 이래, 모처럼 해결의 돌파구가 마련된 셈이었다. 한편 노무현 대통령과 김정일 위원장은, 대선을 75일 앞둔 10.2, 평양에서 제2차 남북정상회담을 개최했다. 두 정상은 남북통일을 위한 열개 항목에 합의했다. 대선大選을 코앞에 둔 11.20에는, 서울에서 남북한총리회담도 개최되었다. 박대농이의 한해살이도, 신경을 써야하는 사건들이 계속되면서, 힘겹게 진행되었다.

<남한·북한 정상회담 합의사항>

통일문제 자주적 해결(6.15선언구현)

내부문제 불간섭(통일지향 제도정비)

불가침의무 준수(국방장관회담 개최)

종전선언 추진(3자 또는 4자 정상)

서해평화협력특별지대 설치(경협확대)

사회문화교류(백두산-서울 항로개설)

인도주위 협력(금강산면회소 상시면회)

해외동포 이익을 위해 협력

남북 총리회담 11월 서울 개최

양 정상회담 수시 개최

2. 대통령선거

제17대 대통령선거는, 일 년 전부터 한나라당 이명박 후보의 지지도가, 50% 수준의 월등한 상태에서 진행되었다. 이명박 후보는, 한나라당이 7월-9월간 전국을 순회하며 실시한 예비선거에서, 박근혜 후보와 건곤일척乾坤一擲으로 대결했다. 국민들의 관심도 두 후보에게 집중되었다. 그러나 대의원투표에서 승리한 박근혜 후보가, 여론조사에서 앞지른 이명박에게 패배했다. 집권여당인 열린우리당은 국민 지지도가 3%-6% 수준인 상태에서 방황했다. 결국 여당은 6개 정파政派가 어우러진 '대통합민주신당'을 9월에 창당했다. 정동영은 10.14 뒤늦게 종료한 예비선거에서 각종 부정선거행위가 적발되었다. 그래도 정동영은 우여곡절 끝에, 여론지지도 3% 상태에서 대통합민주신당 후보로 결정되었다.

드디어 결전의 그 날이 밝았다. 온 세상이 조용하고, 바람한 점 없었다. 전 국민들의 눈과 귀는 출구조사 결과에 가 있었다. 초겨울 땅거미와 함께 찾아왔던 12.19.18:00 정각! 투표율은 62.9%로 마감되었다. 각종 언론매체들은 출구조사(여론조사) 결과를 발표하면서, 야당 이명박 후보의 압승(51%)을 보도했다. 온 나라는 축제의 함성으로 진동하기 시작했다. 상상이외로 26.2%를 득표한, 여당 정동영 후보 지지자들의 숨소리는 들리지 않았다. 야당후보가 여당후보를 532만 여 표나 앞지른 역사적인 승리였다. 개표가 진행되는 늦은 밤중까지, 이명박 후보가 십년에 걸친 좌파정권을 무너뜨렸고, 친북세력들의 무릎을 꿇케했다는 환호성이, 하늘이 무너지도록 메아리쳤다. 청계천광장, 광화문광장 뿐 아니고, 전국 방방곡곡이 함성으로 떠내려갔다. 언론들은 여당후보의 패배원인을, 노무현 정권의 무능과 오만함에 대한 국민적 응징이라고, 입을 모아 보도하였다.

선거 당일 19:30경, 서울시청 앞 서울광장과 청계천광장에서 개최된 이명박 후보 당선대회에는, 전국에서 집결한 지지인파로 뒤덥혔다. 개표결과 한나라당 이명박 후보 11,329,796표(48.7%), 대통합민주신당 정동영 후보 6,109,484표(26.2%), 무소속 이회창 후보 3,516,127표(15.08%), 문국현 후보 1,354,196표(5.81%), 민주노동당 권영길 후보 703,054표(3.01%)이었다. 민주당 이인제 후보는 3번째 출마했지만 0.3%를 득표하는데 그쳤다. 이번 대선의 핵심쟁점이었던, 재미동포 사기범 김경준 사건BBK 사건에 대한 검찰의 수사결과는, 12.5 이명박의 무혐의로 발표되었다. 집권여당인 '대통합민주신당'은 반발했다. 한나라당 대통령 후보 이명박의 주가조작혐의 등 특별수사를 위한 법률, 이른바 '이명박 특별법'을 국회에서 단독 통과시켰다. 선거 후유증 같이 개운치 않은 뒷맛을 남겼다.

3. 주요 국내사건

◆ **한미자유무역협정 타결** : 한국과 미국의 자유무역협상FTA이 6.30 오랜 협상 끝에 타결되었다. 한국과 미국의 교역에 새로운 지평을 열었다. 그 영향으로 종합증권가격지수인 '코스피지수'KOSPI도 2,000을 돌파했다. 펀드도 300조원에 달하는 규모로 성장하여 펀드열풍이 불었다.

◆ **청와대 발 비리사건** : 유명대학교 미술교수의, 미국 예일대 박사학위 위조파문이 불었다. 이 사건은, 청와대 비서관과의 애정행각과, 불법 권력남용사건으로 확산되었다. 노무현정권의 일그러진 일면을 보여주었다. 이 사건은 여타, 청와대 비서관들의 뇌물수수 사건과, 국세청장의 6,000만원 뇌물 수수사건 등과 어우러졌다. 계속되는 불미스런 사건들은, 노무현 정권의 일그러진 일면으로 인식되었다. 이제 노무현 정부는 국민들의 뇌리에, 무능과 오만으로 각인되었다. 정권말기가 도래하면, 어김없이 나타나는 통치력 부재 현상(네임덕)이었다.

◆ **국제대회 유치 등** : 대구광역시는 3월에 2011년도 '세계육상선수권대회'를 유치하는데 성공했다. 인천직할시도 4월에 2014년도 '하계아시안게임'을 유치했다. 여수시도 11월에 2012년도 '세계박람회'를 유치했다. 이런 소식들은, 모처럼 국민들에게 청량제가 되었다. 전 국민들의 마음을 하나로 뭉쳤다. 그러나 평창시의 2014년 '동계올림픽' 유치는 실패로 끝났다. 노무현 대통령이 7월에 직접 남미 과테말라를 방문해, 국제올림픽총회IOC에 참석하고 유치를 독려했던 사안이었다. 국민들에게 아쉬움만 남기고 말았다.

한편 분당 샘물교회 신도 23명이, 정부와 사전협의 없이 '아프카니스탄'에서 봉사활동에 임하다, 탈레반 무장세력에 납치되었다. 40일 후인 8월에서야 미화美貨 1000만 달러를 지불하고 풀려났다. 전 세계 이목을 집중케 한 사건이었다. 그러나 인솔자 배형규 목사와 신도 심성민(29세)은 사살되어 시신으로 돌아왔다.

◆ **유조선 충돌로 만리포 근해 오염** : 충남 태안군 만리포해수욕장 북서쪽 5마일 해상에서 발생한 사건이다. 대선을 며칠 앞둔 12.7, 홍콩선적 유조선 '허베이스피리트'(14만 6,000톤급)호가, 풍랑을 만난 삼성중공업 소속 해상크레인(18,000 톤급)과 충돌했다. 원유 12,547톤이라는 엄청난 분량이, 서해에 유출되는 희대의 사건이 발생했다. 서해바다 오염상태는 심각했다. 어업은 물론 아무 일도 할 수 없었다. 주민들의 생계는 막연했다. 여야

대선후보大選候補들은 물론, 100만 여명의 국민들이 자원봉사활동에 참여했다. 바다오염과 환경파괴를 저지하려는 피눈물 나는 싸움이 벌어졌다. 한국 국민들이 또 한 번 세계를 놀라게 했다. 그래도 유출된 원유는 '타아루볼'이 되어 보령, 서산, 흑산도까지 오염시켰다. 결국 서해바다 5,100hr의 어장과, 15개 해수욕장, 59개 섬들을 오염시켰다. 정부는 이들 오염지역을 모두 재난지역으로 선포했지만, 두 달이 넘어도 580억 원에 이르는 피해보상금은 주민들에게 지급되지 않았다. 영세어민들의 생계가 막연하게 되었다.

◆ **교육정책과 언론정책** : 노무현 정부가 국민들을 실망시키는 사건은, 교육분야에서도 나타났다. 정부는 대학입학수학능력시험(수능) 9등급제 실시와, 고교내신반영율 50%로 하는 제도를 처음으로 실시했다. 학생과 학부모들의 반발이 만만치 않았다. 수능에서 한 문제만 틀려도, 등급이 한 단계 내려가는 모순 때문에, 대학교들도 반대하고, 총장들도 반발하는 사태로 발전했다. 결국 교육부는 내신반영비율을 30%로 하향 조정했다. 우왕좌왕하고 갈팡질팡하는, 교육정책을 규탄하는 함성이 전국에 메아리쳤다. 또한 정부는 정부부처 출입 기자들을 몰아내고, 브리핑룸Briefing Room을 통폐합했다. 이 같은 취재取材 통제조치는, 국제신문편집인협회IPI와 국민들로부터, 언론탄압정책이라는 비난을 받았다.

4. 주요 국제사건

◆ **금융위기 확산** : 국제정세도 연일 요동치며 한국 국민들을 괴롭혔다. 금년 이월부터 시작된 미국의 비우량주택담보대출 즉 서브프라임모기지 사태는, 거품이 꺼지면서, 주택압류와 금융기관 도산사태를 몰고 왔다. 세계 각국의 경제활동까지 위축되어, 세계 금융위기 사태로 확산되었다. 미국과 유럽 중앙은행들이, 수백억 불$의 자금을 동원하며 진화에 나섰다. 그러나

세계 경제는 활동력을 잃은 상태에서 연말을 맞고야 말았다. 그 여파는 2009년까지 계속될 것이라는 관측이 대두되는 형국이었다. 미국은 2008년에 1,500억 달러$를 투입할 예정이라고 발표했다. 그러나 '다우지수'는 꿈쩍도 하지 않고 있다.

◆ **지구온난화 대책강구** : 지구온난화를 방지하려는 세계 각국들의 노력이 다양했다. 하지만 소기의 성과는 가시화되지 않고 있다. 세계 각국은 화석연료(석유) 사용을 감축하려고, 다양한 '바이오' 연료를 개발했지만, 실용화 단계는 아직 먼 곳에 머물고 있었다. 인도네시아 '발리'에서 12월에 개최된 기후변화총회에서 '발리로드맵'이 채택되었다. 각국정상들은 2013년부터 전 세계국가 모두가, 온실가스 감축활동에 동참케 하기로 결의했다. 그러나 성공여부는 미지수이다. 세계적인 경기불황 속에서도 사우디아라비아, 러시아 같은 산유국들은 '오일달러' 가 남아도는 실정이다. 산유국들은 경제호황도 누리고 있다.

◆ **오일머니의 위력** : 석유가격 고공행진도 세계경제를 후퇴시키는 요인으로 작용했다. 11.23 서부텍사스 원유가격이, 배럴당 98.18$를 기록했다. 오일머니Oil Money로 무장한 산유국産油國들은, 세계경제의 큰손으로 떠올랐다. 반면 원유 수입국가들은 에너지난에 휩싸여 휘청거렸던 한해였다. 러시아 대통령 '블라디미드 푸틴'이 2008.5.7 임기가 끝나도, 80%가 넘는 국민 지지도 속에, 계속 권좌를 지킬 예정이다. 푸딘은 강력한 리더십과 군사력으로 미국을 위협하며, 러시아를 세계 삼위 외환보유국가로 성장시켰다. 러시아는 이제, 1989년 소련 붕괴 이후 새로운 국가로 발돋음 했다. 재무장된 러시아는, 이란의 '핵미사일 방어시스템'MD 배치문제를 놓고, 미국과 대결하고 있다.

◆ **중국의 성장, 마안마의 폐쇄** : 중국이 금년에는 11.5%의 경제성장을 이룩했다. 최근 13년 만에 최고 기록이고, 세계 3대 경제강국으로 발돋음

했다. 중국은 우주담험선 창어2호를 성공적으로 발사했다. 인공위성을 격추시키는데도 성공했다. 이제 중국은 우주항공 분야의 대국으로 성장했다. 반면 아시아 국가인 미얀마에서는, 45년 간 계속되는 군사정권에 도전하는 대규모 반정부시위가, 9월에 발생했었다. 시위에는 10만 여명이 넘는 승려와 시민들이 동참했다. 그러나 정부군의 발포로 대규모 사상자가 발생했다. 유엔UN과 미국의 적극적인 후원에도, 결국 양곤의 봄은 꽃을 피우지 못하고 시들었다.

◆ **학생 총기난사와 북한핵문제** : 화창한 봄날이었다. 미국 버지니아공대에서 한국계 학생 조승희가 4.16 교내에서 학생들에게 권총을 난사했다. 무고한 학생과 교수 32명이 희생되었다. 이 사건은 전 세계를 충격의 도가니로 몰아넣었다. 한국 국민들에게도 또 하나의 괴로움으로 작용했다. 한국인 이민 1.5세대들의 문제점으로 부각되기도 했다. 북한의 핵문제를 풀기 위한 6자회담이, 중국 북경에서 2.13합의를 도출되었다. 북한은 영변 5mw 핵시설을 불능화 시켰고, 한국과 미국은 100만톤의 중유를 제공했다. 그러나 북한은, 합의하였던 우라늄 폐기 프로그램을, 연말까지 신고하지 않았다. 북한 핵문제를 풀어보려는 육자화담은, 또다시 벽에 부디치고 말았다.

◆ **이란, 프랑스** : 이란의 공개적인 핵개발 의지 표현으로, '페르시아만'은 한때 전운戰雲이 감돌았다. 미국의 입장에서 보면, '이라크' 정세는 안정되어 가는 한편, 북한과 이란은 계속 속을 썩이는 형국이 된 것이다. 금년 5월에 취임한 프랑스 대통령 '니콜라 사르코치' 의 우파 개혁도, 세계인들의 관심을 집주시켰다. '사르코치'는 "더 일하고 돈 더 벌자" 는 구호를 내걸고, 공공부문, 연금, 교육 등 사회 전반에 걸친 개혁정책을 밀어붙였다. '사르코치'는 이혼 후, 10월부터 슈퍼모델과 염문을 뿌리며 재혼했다. 세계적인 관심인물로 부각되는 방법도 여러 가지였다.

5. 박대농의 한해살이

◆ **불교신도** : 대농이의 한해살이도 숨 가쁘게 돌아갔다. 모두가 대결국면이었던 국내외 환경은, 대농이의 한해살이도 불편하게 만들었다. 대농이는 연초부터 아내와 함께 조계사曹溪寺에서 불경공부를 했다. 불경공부佛經工夫는 작년 12.2부터 시작했다. 불교기본과정을 3개월 간 이수履修했다. 공부는 화요일과 목요일에 조계사 교육관에서 했다. 묘경妙境스님을 비롯, 국내 굴지의 큰스님들이 강의했다. 졸업 날이었던 2.10에는 수계식受戒式도 했다. 대농이 부부는 이제 명실공히 불교신도가 되었다. 대농이는 혜월慧月, 아내는 성행화聖行華라는 법명을 받았다. 대농이 부부는 내친김에 천수경千手經과정도 이수했다. 불경공부를 세달 더 한 것이다. 졸업 날, 대농이는 총 16개 계戒를 받을 수 있었다.

이제 대농이는 불교와 불경에 대한 대강의 얼개를 이해할 수 있었다. 대농이는 불경공부 구 개월 간, 불교 예법과 전통도 많이 배웠다. 노년기에 접어들어 보람된 공부를 했다. 아홉 달에 걸친 아내의 협조와, 동참의지가 밑거름이 되었다. 예상 밖의 내조였다. 그 해 대농이 부부는 처음으로, 불교신도들의 최대 명절인 '석가탄신일 기념식'에 참석했다. 오후에 동대문야구장에서 개최된 불기 2551년 기념법회였다. 법회 후 대농이 부부는, 종로 와 광화문 일대에서 거행된 '연등행렬'을 밤늦도록 관람했다. 생전 처음 보는 장관이었다. 집사람도 좋아했다.

◆ **태국여행** : 태국여행은 아내와 함께 2.11 - 2.15 간 다녀왔다. 지루하고 추운 겨울을 극복해 보려는 심산心算에서, 더운 지방 여행을 선택했다. 왕궁, 에메랄드사원, 산호섬 해수욕장, 코끼리농장, 악어농장, 과일농장, 수산시장, 파타야(항구)등지를 관광했다. 대농이는 지난 1973년에도 회사 업무로 태국의 수도 방콕지역을 여행한 바 있었다. 삼십 년 만에 다시 보는 태국은, 낯선 지방 같이 느껴졌다. 기억나는 것은 '에메랄드사원' 뿐 이었다.

열대과일을 좋아하는 집사람은 시종 즐거운 표정이었다. 아내는 식사시간이면, 여지없이 열대과일을, 접시가 수북하게 가져왔다.

◆ **국내여행** : 국내여행은 4.15 계룡산 동학사를 다녀왔다. 생각보다 험준한 산이었다. 계룡산과 지리산을 관할했던 백제百濟가 얼마나 부강한 나라였는지를 짐작할 수 있었다. 가을에는 강원도 정선旌善을 다녀왔다. 항상 가보고 싶었던 곳이었다. 정선오일 장터, 꼬마열차, 아우라지, 숙암계곡, 백석폭포 등을 관광했다. 귀로에 녹우사슴농장에 들러, 녹용 일인분을 사왔다. 11.8에는 지리산智異山을 다녀왔다. 뱀사골, 노고단, 천은사泉恩寺 등지를 보았다. 대농이 부부는 버스로 하산 길에, 절정을 이룬 단풍관광을 멋지게 구경했다. 지리산은 생각보다 험하게 보이지는 않았다.

◆ **안보견학** : 대농이는 6.27 친목회 주선으로, '평화의땜'을 관광했다. 이른바 안보견학이었다. 강원도 화천군 미수구미 마을 부군에 건설된 평화의땜은, 북한의 수공水攻에 대비하기 위해 건설한 땜이다. 대농이는 군복무때도 이곳에 와 본 적이 있었다. 때문에 대농이는 하루 종일 40년 전의 추억에 젖어 있었다. 세상과 산천이 너무도 엄청나게 변했다. 이런 풍광을 본 대농이는, "나 또한 그만큼 늙었구나." 하는 감상에 젖어 있었다.

대농이는, 10.13에는 평택시平澤市 만호리에 있는 해군 제2함대와 삼성전자, 용주사 등지도 견학했다. 대농이는 우리 해군 갑판에 올라, 군항軍港으로 변한 만호리 마을의 새로운 모습도 볼 수 있었다. 해군군영海軍軍營 내에는, 2002.6.29 월드컵 경기가 끝날 무렵 서해에서 발생하였던, 남북한 군함들의 해전海戰참상을 확인할 수 있었다. 당시 해전에 참여했던 '참수리호'의 처참한 모습도 확인할 수 있었다.

◆ **하계휴가** : 금년도 하계휴가는, 가족 4명이 서해 몽산포해수욕장에서 보냈다. 충남 태안군에 위치한 해수욕장이었다. 서해안답지 않게 바닷물이 깨끗했다. 전 가족 네명이 팬션에서 숙박하며, 해수욕을 즐기고 휴식도 취

했다. 대농이 부부는 팔월에, 화성시 대부도 앞에 있는 영흥도도 방문했다. 장경리 해수욕장과 십리포해수욕장에서 휴가를 즐겼다. 귀로에 수산물직매장에서 해물을 많이 사왔다. 영흥도까지 가는 육로교통이 너무 좋았고, 서해의 맑은 바닷물을 뒤늦게 발견했다. 앞으로 자주 와야겠다는 생각이 들었다.

◆ **허울만 좋은 회계사** : 대농이는 정년퇴직 때 받은 돈으로 작은 오피스텔을 마련했다. 노후 생활 대책이었다. 서울시 종로구에 있는 대농이 소유 오피스텔에는, 회계사 두 명이 월세로 근무하고 있었다. 회계사들은, 보증금도 없이 월세만으로 임대차계약을 했다. 그러나 임차인 회계사들은 약속대로 월세(차임)을 지불하지 않았다. 체불차임 651만원을 2006.11.30까지 청산하지 않았다. 회계사들이 계약된 차임을, 매월 송금하지 않았던 것이다.

회계사들의 횡포는 그 뿐만 아니었다. 그들은 임대차계약기간이 종료되어도, 사무실도 인도하지 않고 무단점유를 했다. 회계사 두 명이 서로 책임을 전가하며, 자신은 책임이 없다는 답변만 계속했다. 대농이는 내용증명서를 발송하기 시작했다. '체불차임청산'과 사무실 무단점유행위를 중단하라고 촉구했다. 불응 시 의법 조치하겠다는 최후통첩도 했다. 결국 두 명의 회계사들은 체불차임을 지불하고 서둘러 이사했다. 대농이는 작은 오피스텔 임대사업 때문에, 2006년도 종합소득세를 2,181,620원 납부했다. 뿐만 아니라 12.1 부터는 지역의료보험 가입자로 변경되어, 12월 보험료를 275,740원 납부했다.

◆ **농지위탁경영** : 대농이는 고향 선영 밑에 소유하고 있는 논畓을, 2005년 발표된 정부의 8.3 특별조치에 따라, 농촌공사에 영농을 위탁했다. 농촌공사의 지시대로 고향마을 친구가 경작토록 했다. 연간 임대료는 237,600원이었다. 농촌공사가 결정한 금액이었다. 대농이 논을 경작하는 시골 친구는, '호크레인'을 불러 통배미 작업 후, 벼농사를 지었다. 가을에는 대농이 논에서 경작한 쌀 5말을 매입해 먹었다. 또 3.23에는 고향친구들과 함께, 선영 납골묘 봉분에 떼 교체작업을 했다.

대농이는 고향 두무실 선영先塋에, 잡초와 쑥을 제거하기 위한 농약을 살포했다. 대농이는 고향 마을에서 개최된 초등학교 동창회에도, 두 번 참석했다. 대농이는 그 날 선영에 성묘도 했다. 가을에는 아내와 장인·장모님 산소에도 성묘를 했다. 산소 주변에서 밤(아람)을 많이 주웠다. 밀양박씨 청양공파靑陽公波 종중宗中에서 개최한 시제時祭에도 두 번 참석했다.

◆ **건강문제** : 금년 한해살이 중 즐거웠던 일들도 많았다. 대농이는 2.22 대학병원에서 위내시경검사를 받았다. 만성표제성위염이 있다는 진단이 나왔다. 그러나 몇 달 후엔 증세가 없어졌다. 대학병원에서 받은 전립선암검사는 이상이 없다. 인후염 치료는 3.3과 10.18 두 번 받았다. 요통재발로 레메론을 두 번 복용했었다. 또한 12.2부터는 만 65세가 되어 정부로부터 경로우대를 받기 시작했다. 무료교통카드도 발급받았다. 박대농는 문집 '두메골' 도 무가지無價紙로 발간했다.

◆ **결혼기념일** : 대농이 부부는 결혼 33주년 기념으로, 집사람과 함께 소공동 롯데호텔 옥상 라운지에서 양식을 먹었다. 시청 앞 서울광장과 청계천의 야경도 구경했다. 이제 대농이 아내도 회갑을 맞았다. 아내의 희망에 따라, 대농이 부부는 서울교육문회회관에서 뷔페를 먹었다. 아들과 딸도 함께 식사를 했다. 아내는 대학병원에서 종합건강검진을 받았는데 이상이 없었다. 처형 한영숙이, 수원시에 있는 대학병원에서 폐암수술을 하여, 2.23 병문안을 갔었다. 그 후 화성시에 있는 자택을 네 번 방문하고 병문안을 드렸다.

◆ **끝내는 말** : 이제 정해丁亥년이 끝나고 새해戊子가 밝아 온다. 이명박 정부의 출범과 함께, 온 국민들이 희망을 갖고 새해를 맞이하고 있다. 대부분의 국민들이, 지난 십년을 '잃어버린 십년'이라며 망각하려 한다. 그러나 대농이에겐, "금년과 같이 힘들고 ,병에 찌들지 않는, 새해가 되었으면 좋겠다."고 부처님께 축원 들렸다. 대농이가 자신의 거울을 보아도 금년엔 너

무 많이 늙었다. 생활자세도 바꿔야 할 것 같다. 올해는 국내외여행을 다녀왔어도, 여행기록 조차 작성하지 못했던 해가 아니었던가!

6. 연간 주요사건사고

3. 19 : 손학규 한나라당 탈당, 열린우리당 입당
7. 18 : 북한핵문제처리를 위한 6자회담 북경에서 개최 - 합의사항 도출
7. 20 : 분당 샘물교회 신도 23명, '아프카니스탄'에서 탈레반에게 인질 됨
9. 26 : 일본 후쿠다 야스호 내각 출범(福田康天)
10. 2 - 10.4 : 남한·북한 정상회담 개최(평양)
10. 14 : 대통합민주신당 경선 종료 - 정동영 대통령 후보에 당선
11. 7 : 이회창 대선출마 선언(무소속)
11. 16 : 김경준 재미동포 미국에서 입국 - 사기 및 횡령 혐의(BBK사건)
12. 5 : 대검찰청 이명박·김경준 수사결과 발표(BBK사건) - 이명박 무혐의
12. 7 : 일본 총리 모리 요시로森喜郎 취임
12. 7 : 강화도 해병대 총기·실탄 탈취사건 발생
12. 7 : 유조선 '허베이스피리트호' 원유유출사건 발생(충남 태안)
12. 15 : 이명박 광운대 강연내용 동영상 유포사건 발생 - BBK는 내 회사
12. 19 : 제17대 대통령선거 실시
1. 11 : 대통령 4년 연임제 개헌안 발의
1. 13 - 1. 15 : ASEAN정상회담 참석(비율빈 세부)
2. 7 : 대통령 유럽순방 후 귀국
7월 : 대통령 과테말라 IOC 총회 참석 - 평창시 동계올림픽 유치 지원
9. 6 - 9. 10 : 대통령 APEC 정상회담 참석(호주 시드니)
11. 19 - 10. 4 : 대통령 ASEAN 정상회담 참석

생활수기

세모歲暮에서 본 한해살이 <2006년>

1. 국내정세

서기 2006년(불기 2550년, 단기 4339년)이 밝았다. 개띠 해인 병술년丙戌年이었다. 금년은 박대농이가 직장 을 정년퇴직한 지 육년 째 되는 해였다. 대농이 부부는, 호주 및 뉴질랜드 여행으로 연초부터 바빴다. 노무현 정부도, 출범 사년을 맞아, 금년을 양극화 해소와, 균형적인 발전을 통치 '이슈'로 내걸었다. 뿐만 아니라 사법개혁, 사학법 개정, 과거사 정리, 부동산 대책 등, 시급한 과제들을 개혁하기 위한 정책들을 본격적으로 추진했다. 그러나 정부의 이러한 노력은, 소기의 성과를 거두지 못하고, 심각한 통치력 부재현상(네임덕)으로 이어졌다.

여당인 열린우리당은 5.31 실시된 6대 지방선거에서 완패했다. 노 대통령에 대한 국민들의 지지도가 7% 수준으로 하락했다. 노무현 대통령은, 개헌안 카드를 만졌고, 정국은 극도로 혼미했다. 이런 국내 분위기 속에서 최규하 전 대통령이 10.23 서거하셨다. 최 대통령의 서거는, 많은 국내정치 사건들의 내막을 영원한 비밀로 만들었다. 1979.10.26 발생했던, 김재규 중앙정보부장의 박정희 대통령 저격사건, 전두환 등 신군부에 의해 취해진 12.12사태와 내막을 역사에 고발할 수 없게 되었다.

이런 시국을 맞은 국민들은, 우익과 좌익으로 양분되어 갈등했다. 여기저기서 충돌하는 소리가 밤낮 없이 들렸다. 우익단체와 좌익단체들이 충돌하는 소리가, 일 년 내내 계속되었다. 민주세력과과 친북세력, 친미세력와 반미세력들이 사사건건 대립하며 이념분쟁을 야기했다. 언론들은, 노무현 정부가 민족통일과 인도주의를 구실로, 대규모 북한지원을 계속해, 기아상태饑

死狀態에 있는 북한을 회생시켰다고 꼬집었다. 좌익세력들은, '전시작전권환수' 와 독도문제를 들고 나와, 한국과 미국 및 일본과의 혈맹관계를 약화시켰다. 언론들은 친북세력들이, UN의 북한의 핵무기 개발 제재방침을 방해했다고 평가했다. 좌익세력과 친북세력들은, 이제 한국이 국제사회에서 미아迷兒의 신세를 면치 못하게 되었다고 혹평했다. 언론들은 노무현 정부가, 과거정부들의 허물 들추기에 매달리고, 자기세력만 챙기다 모든 것을 잃었다고 혹평 했다.

2. 북한정세

북한은 금년 7.5 대포동과 노동 미사일을 발사했다. 세계 각국들은 몹시 놀랐다. 삼 개월 후였던 10.9, 북한은 핵실험을 강행하여, 미국과 UN의 핵무기제재정책을 무력화시켰다. 미국은 물론 전 세계도 북한의 돌출행동에 몹시 놀랐다. 모두가 어안이 벙벙한 상태에서 하늘만 쳐다봤다. 미국 부시 대통령은 미국, 일본, 중국, 러시아, 북한, 한국이 참가하는 6자회담을 재개했다. UN도 대북한 제재에 착수하며 북한의 핵무기개발 포기선언을 유도했다. 그러나 모든 노력들이 아무런 성과도 내지 못하고, 뚜렷한 해결책을 찾지 못한 채 한해가 끝났다. 이런 와중에서도 반기문 외교통상부장관은 12.14 UN사무총장에 취임했다. 반기문 총장은 세계적인 인물로 발돋음 하여, 국민들에게 신선한 희망을 안겨주었다.

3. 국제정세

2006년은 국제적으로도 커다란 사건들이 많았다. 미국의 부시 정부는 11.7 실시된 중간선거에서 패배했다. 민주당이 상원과 하원을 장악하는 여소야대 정국이 탄생했다. 공화당의 이라크전쟁 정책 실패가 패배의 주원인이었다. 연말 현재 이라크전쟁을 위한 미군 희생자는, 사망 3,065명, 부상

26,408명 이었다. 북한 김정일 정권도, 부시 정권의 몰락을 공공연하게 환영했다. 한편 일본은 '고이즈미' 총리 시대를 마감하고, 젊은 '아베' 총리安倍晋三시대를 출범시켰다. 일본 '아베' 총리는 취임 즉시 미국, 중국, 러시아 등 강대국들과 우의를 강화했다. 일본도 군사강국으로 부상하기 위한 행보를 본격화했다. 태국泰國에서는 9.19 '쿠데타'가 발생하여, '탁신' 총리가 제거되고, '티손' 육군참모총장이 실권자로 부상했다. 인도네시아印尼 자바 섬에서는, 5.27 또다시 대지진大地震이 발생하여, 34만 여명의 이재민이 발생했다. 전 세계인들에게, 지난 2004년 '자바섬'의 끔찍했던 대지진 악몽을 연상시켰다.

4. 박대농의 한해살이

숨 가쁜 국내외 환경 속에 계속된, 대농이의 한 해 세상살이는 비교적 평탄했다. 올 한 해 동안, 대농이가 관심을 갖고 추진하였던 일들은, 컴퓨터 교육, 조상님들 납골안치, 농지매매와 위탁영농, 보살계 수계, 호주와 뉴질랜드 여행, 유럽 여행, 제주도 여행, 홍도, 흑산도 여행, 문학작품집 완성, 건강관리 등 이었다. 직장을 떠난 지 육년 째 된 해는 할 일도 많았다. 대농이가 사회생활에 적응하고 있다는 증표도 되는 것 같았다.

◆ **조상님들 납골봉안** : 조상님들의 산소를 개장改葬하여 화장을 모시고, 유골을 납골묘에 안치하는 사업은, 십여 년간 계속된 대농이의 숙원사업이었다. 대농이는 2.17 장묘사 사장을 만나 '조상님 봉안사업' 을 시작했다. 삼일 후에는 고향산천에서, 진눈깨비를 맞아가며 면사무소에 개장신고서를 접수했다. 이십일 후에는 선영先塋을 개장改葬하여 유골을 수습했다. 대농이는 다음날, 수원연화장에서 조상님들의 유골을 화장했다. 그리고 유분遺粉을 납골묘에 봉안奉安해 모셨다. 이 사업을 성공적으로 추진하기 위해, 대농이는 피곤한 몸을 이끌고, 고향에 계시는 선영先塋을 하루가 멀다고 드나들었

다. 사업을 무사히 마치고 나니 대농이 마음도 편해졌다. 고향에 계시는 친인척들도 좋은 평가를 해 주셨다.

◆ **농지 위탁경영** : 대농이는 고향마을 선영 부근에 있는 논畓을, 금년부터 위탁영농했다. 정부는 작년 8.31 '부동산특별대책'으로 농지법을 개정했었다. 개정된 내용에는 '관외지주'들의 농지 매각을 권유했고, 아니면 소유자가 직접 영농토록 조치했다. 농지 소유자가 직접 농사를 짓지 않을 경에는, 의무적으로 농촌공사에 위탁영농 하도록 제도를 바꿨다. 대농이는 이런 정부의 특별조치 내용을 모르고 있었다. 최근 신문에 크게 보도되면서 알았다. 대농이는 서둘러 농지를 처남에게 헐값에 매각했다. 그러나 선영 밑에 부모님들이 경작하시던 논 두 마지기는 매각할 수 없었다. 조상님들께 죄를 저지르는 것 같은 죄책감 때문이었다.

대농이는 그 논畓을 농촌공사에 오년 간 위탁영농을 했다. 농촌공사는, 고향마을에 거주하는 한 농부에게 또다시 영농을 위탁했다. 나이가 칠십이 넘는 농부였다. 그해 영농을 위탁받은 농부는 모내기를 하지 않았다. 대농이 소유 논에 벼농사를 짓지 않은 것이다. 농부는 농사를 짓지 않은 이유를, 신병 때문이라고 농촌공사에 보고했다. 거짓말이었다. 그 농부는 대농이 소유 논(畓) 주변에 있는 논 일만 여 평에, 모두 농사를 지어 수확을 했다. 늙은 농부의 농간으로, 대농이는 농지소유자가 겨울에 농촌공사로부터 받아야 할 연간 수수료 340,560원을 받지 못했다. 지금은 시골 농부들이, 도시 주민들을 털어먹는 세상으로 바뀌었다.

◆ **불교 입문** : 대농이가 불교신도가 되고, 보살계도 수계했다. 대농이가 명절에 조상님들의 차례상을 절에서 차리는 건 오래되었다. 주로 연주암이나 조계사에서 차례를 올렸다. 최근에는 조계사를 자주 왕래하다, 보살계법회에 동참하게 되었다. 대농이는 수계식受戒式 때 혜정慧淨스님으로 부터 혜월慧月이라는 법명法名을 받았다. 대농이는 수계식에서 호계첩護戒諜도 받고, 대한불교조계종 총무원장 명의 신도증信徒證 받았다. 대농이는 십이월부터

집사람과 함께, 불교기본교육과정에 입교했다. 대농이 부부는 이제 본격적인 불교신도 생활을 시작했다.

◆ **국외여행, 국내여행** : 대농이 부부는 호주와 뉴질랜드를 1.6부터 열흘간 다녀왔다. 그리고 5.5부터 열흘간은 독일, 오스트리아, 이태리, 스위스, 불란서, 영국 등 서부유럽 육 개 나라를 열흘간 다녀왔다. 한 번을 더 가려다 체력이 뒷받침되지 않아 못 갔다. 국내여행은 제주도를 7.11 처형 과 처남 내외 등 오명이 함께 다녀왔다. 태풍 '에위니아' 를 헤치고 운 좋게 다녀왔다. 신혼여행 후 삼십 년 만에 구경한 제주도는 그 당시의 제주도가 아니었다. 너무 놀랍게 달라지고 발전한 제주도였다.

대농이는 용기를 내서 9.8부터 삼 일간 홍도와 흑산도를 다녀왔다. 오래전부터 가보고 싶었던 곳이었다. 여수항에서 배, Ferry를 타고 갔다. 기대했던 것처럼 외국여행 못지않은 멋진 여행을 했다. 붉은 바위섬 홍도는 물론, 흑산도까지 보았다. 그런데 구경은 잘했지만, 식수를 조심하지 않아, 부부가 함께 배탈에 시달리는 고통을 받았다. 처음 당해보는 배탈이었다. 귀깃길이 너무 괴로웠다. 대농이 부부는 귀경 KTX 열차가 지겹게 느껴졌었다. 가을에는 내장산도 11.9 당일로 다녀왔다. 단풍놀이를 간 것인데 지구온난화현상으로 별스럽지 않았다. 강경읍에서 젓갈을 많이 사온 게 큰 보람이었다.

◆ **오피스텔 사고** : 금년에 대농이를 가장 괴롭혔던 일은, 작년 10.1 임대를 주었던 오피스텔 문제였다. 오피스텔은 이십칠 평형이었다. 대농이는 회계사들과 임대차계약서를 작성하고, 사무실을 주었다. 그런데 두 명의 회계사들은, 일 년간 월임대료를 한 번도 송금하지 않았다. 대농이는 전화로 재촉하고, 직접 방문도하며 차임(월세)지불을 요청했다. 그러나 그들은 요지부동이었다. 양쪽의 실랑이 상태가 일 년간 계속되었다. 드디어 임대기간 만료가 도래했다. 대농이는 두 명의 회계사에게, 내용증명서를 발송했다. 대농이는 회계사들에게 체불차임청산과 사무실 양도를 촉구했다. 그러나 회계

사들은 자기책임이 아니라는 답변만 계속했다. 회계사들은 대농이에게 아무런 조치도 취하지 않고, 두 명이 싸움질만 했다. 대농이는 비상조치로, 보증금을 '체불차임청산금'으로 대체하고, 향후 육 개월을 더 사용키로 하는 임대차계약서를 체결했다. 지금 생각해도 그들은 속내를 알 수 없는 회계사들이었다. 두 명의 회계사들은 모두, 나이가 오십대 중반이고, 친구 간이었다.

◆ **혈육타계** : 큰매 형께서 11.10 타계하셨다. 향년 81세를 누리셨다. 대농이는 충격을 받았다. 큰누님께서 십여 년 전에, 뇌출혈로 장기입원하고 계시는 상태였다. 대농이는 장례를 모실 때까지, 대학병원과 장례예식장을 오갔다. 네 명의 족하들을 위로하고 지도했지만, 다시 한 번 인생의 허무함을 느꼈다. 대농이는 최근 계속되는 혈육들의 타계로, 짓은 심리적 충격을 받고 있었다. 매형님은 6.25한국전쟁 때 유엔군의 흥남철수작전으로 월남하신 분이었다. 매형님은 부처 같이 착한 마음씨를 갖은 분으로 소문났다. 생전에 큰 소리 한 번 질러보지 못한 분이셨다. 자택에서 가까운 천안공원에 안장安葬되셨다. 자식들의 효성도 남달라, 대농이 형제들 중 가장 좋은 곳에 음택陰宅을 지으셨다. 대농이는 지금 생각해도 인자하게 생기신 큰매형의 얼굴이 떠오른다.

◆ **가족건강** : 금년 건강관리는 폭넓게 이루어 졌다. 덕분에 별다른 병마와 싸우는 괴로움은 없었다. 오르지 지병인 고혈압 및 관절염을 관리하는데 정성을 다했다. 각종 검사도 많이 받았다. 피검사, 위장 내시경검사, 종합건강검진, 상복부 CT촬영, 직장내시경 검사 등을 최고의 관심을 갖았었다. 다행히 별스러운 문제점은 없었다.

◆ **친목회 참석** : 대농이는 금년에 국민학교 동창회 참석, 밀양박씨 청양공파 종친회 참석, 선영 및 장인장모님 성묘, 대학교동문회 참석, ROTC중앙회 송년음악회 참석, 고등학교 장학회 이사 취임 등으로 발바닥을 넓혔다. 문학작품집 '두무실' 도 출간했다. 문집文集은 총 290쪽 규모이고, 수록

된 내용은 시조 24수, 시 44수, 소설 1편, 콩트 1편, 외국여행 기행문 7편, 국내여행 기행문 7편 등이다.

이제 시끄러웠던 한해가 간다. 내년은 대통령선거가 있는 해이다. 때문에 지금도 국내정세가 복잡하고 긴장스럽다. 이미 나라가 온통 대선으로 기울어졌있다. 우리나라의 미래가 어떻게 변할 것인지! 대농이도 매우 궁금하다. 아직도 천운天運이 조금 남아 있는지, 아니면 꼬리조차도 없는 것인지, 대농이는 그 게 궁금했다.

5. 연간 주요 사건사고

5. 27 : 인도네시아 자바지방 대지진(2차, 이재민 6,000여명)
노무현 대통령 해외 순방
- 3. 6 - 3. 14 : 이집트, 알제리, 나이지리아
- 5. 7 - 5. 15 : 아랍에미레이트, 몽골, 아제르바이잔
- 10. 3 : 중국(북한 핵실험 관련 협의)
- 11. 17 - 11. 22 : 베트남, 캄보디아(APEC 정상화담)
- 12. 3 - 12. 10 : 필리핀, 인도네시아, 호주, 뉴질랜드(ASEAN 정상회담)

7. 5 : 북한 미사일 발사 - 대포동 4발, 노동 2발
7. 15 : 인제군 등 강원도 7개 시 군 지역 호우 피해사건 발생
9. 19 : 태국 군부 주도 구테타 발생 - 탁신 퇴진, 손티 집권
9. 20 : 일본 아베총리 취임(52세, 安倍晋三)
10. 23 : 최규하 전 대통령 서거
11. 7 : 미국 중간선거 실시 - 공화당 패배, 민주당 승리(상원, 하원) 끝.

생활수기

세모歲暮에서 본 한해살이 <2005년>

1. 한반도 정세

서기 2005년 새 아침이 밝았다. 올해는 닭띠 해 을유乙酉년이었다. 박대농이 나이도, 이제 육십사 세가 되었다. 노무현 대통령 정부도 출범 삼년을 맞았다. 노 대통령 정부는 금년 중점추진 사업을, 과거사법, 사학법, 종합부동산세법을 근거로 추진하겠다는 계획이었다. 사회개혁을 하겠다는 야심찬 정책을 선택한 것이다. 그러나 연초부터 북한의 핵무기개발 완료 선언으로, 긴박한 상황에 봉착했다. 북한 외무부가 2.10 핵무기 개발완료를 공식적으로 선포했기 때문이었다. 북한의 선포는 전 세계를 긴장의 도가니로 몰아넣었다. 한국 국민들은 제정신을 가 눌 수 없었다. 노무현 정부도 심각한 '국민저항'에 봉착했다. 미국은 이른바 '육자회담'을 통해, 북한의 '핵무기개발제재방법'을 모색했다. 육자회담은, 미국, 일본, 중국, 러시아, 한국, 북한 대표들이 참가하는 회담이었다. 육자회담 대표들은 9.19 채택된 공동성명을 발표했다. 그러나 합의 후 발표된 사항들이, 실질적으로 이행 가능한 내용이었는지는 아무도 확인할 수 없었다.

북한의 핵무기 개발은 결국 한미동맹과 한일우호관계에 까지 상처를 입혔다. 대통령 취임 후, 지난 이년 간 북한을 적극 지원했던, 노무현盧武鉉 정부도 미궁迷宮에 빠졌다. 같은 민족이라는 구호아래, 북한을 지원하고 있는 노무현 정부는, 통일이나 화해 대신 핵무기라는 난공불락難攻不落에 직면했다. 국민들도 전례 없이 불안에 떨었다. 국민들의 정부 비난도 그칠 줄 몰랐다. 국민들은, "김대중 정부 때부터 배고픈 동족들에게 모든 걸 퍼주었는데, 칠년 후에 돌아온 답례는 핵폭탄이었다." 고 비아냥거렸다. 노무현 정부도 11월, 부산에서 APEC 정상회담을 개최하고, 북한 핵문제 돌파구를 모색했지만, 신통한 결과를 얻지 못했다. 오히려 사회개혁을 추진하는 정책을 비난했다. 사립학교법 변칙처리가 그 사례였다. 그런 민심 때문이었는지, 집권 여당인 열린우리당은 4.30 실시된 23개소 재보궐선거에서 참패했다.

2. 국내문제

서울대학교 교수 황우석의 '환자 맞춤형 줄기세포논문 조작사건' 은 희대미문稀代未聞의 사건이었다. 이 사건은 노성일 '미즈메디병원' 이사장이 12.4 폭로함으로서 수면 위로 떠올랐다. 조작이라는 단어 때문에 온 나라가 뒤숭숭했었다. 그만큼 온 국민들이 기대했었고, 실망했다는 증표였다. 난치병을 극복해 보려고 기대했던 수많은 국민들은 실의失意에 빠졌다. 그들의 희망은 산산 조각으로 깨어져, 나락奈落으로 떨어졌다. 그런 분위기 속에서 12.6-12.23 간 충청도, 전라도, 제주도 지방에 유례없는 폭설이 내렸다. 많은 사상자가 발생했고, 제산피해도 4,000 억 원이 넘었다. 집권여당인 열린우리당이 사립학교법 개정안을 변칙 통과시키자, 야당인 한나라당은 전국을 순회하며 대규모 규탄대회를 계속했다. 그런 분위기 속에서 대농이가 지켜보고 있는 대한민국 세모歲暮의 얼굴은 엉망진창 이었다.

3. 박대농의 한해살이

가. 형님 승천

긴박하게 돌아가는 국내외 정세 속에 계속된, 박대농이의 한해살이도 길흉사吉凶事가 중첩되었다. 대농이는 참기 어려운 일도 많았지만, 오직 오기로 극복했다. 그래도 올해는, 작년처럼 온 가족들이 환자생활을 하진 않았다. 작년 보다 고생과 번민을 덜했다. 올해 가장 불행했던 사건은 형님 타계他界였다. 대농이 보다 삼년 먼저 출생하신 형님은, 평소 당뇨병을 앓아오셨다. 평생을 궁핍하게 살아오셨고, 자존심도 강한 장손이었다. 그래도 형수와 세 명의 조카들은 남부럽지 않게 가정을 꾸려나갔다. 그래도 자격지심自激之心이있었는지, 우울증이 있었는지, 형님은 개나리와 진달래를 뒤로하고, 3.11 따듯한 봄날 승천昇天하셨다. 형님의 부고訃告를 들었던 그 날 새벽, 대농이는 온 몸을 가눌 수 없었다. 감각도 없었다. 내 정신이 있는지 없는 것인지, 내 발이 땅을 밟고 있는 건지, 공중에 떠있는 것인지를 가늠할 수가 없었다.

나. 성묘 (省墓)

대농이는 금년에 성묘를 많이 했다. 선영先塋에도 많이 갔고, 처갓집도 여러 번 갔다. 선영에는 여섯 번 갔다. 조상님들 산소와 납골묘에 잡초를 뽑아드렸다. 천주교용인공원묘원에 홀로 계시는 셋째누님도 방문했다. 혼자 잡초도 뽑고, 빗물길도 손봤다. 선영 '두무실'엔는 아내도 함께 갔다. 산소와 납골묘에 잡초를 제거했다. 귀로에는 대농이 초등학교 동창회에 참석했다. 토종닭을 먹었다. 대농이의 오늘은 일석이조의 날이었다. 정모님과 장인어르신에게도 많이 인사드렸다. 두 분은, 대농이가 선영으로 가는 길목에 계셔서, 쉽게 들를 수 있었다. 대농이 부부는 어느 가을날, 장인·장모께 인사드리고, 산소 주변에서 밤을 많이 주웠다. 아람이 불어 땅에 떨어진 밤인데 반말은 족히 되었다. 어느 날엔 은행을 많이 주운 날도 있었다. 대농이 부부는 귀갓길에 처갓집도 자주 들렀다. 아홉 번이나 갔었다. 흰다리 막내처남, 화성 발안의 처형, 평택 큰처남 등, 대농이가 들러야 할 집은 열손가락보다 더 많다. 회갑도 축하하고, 쌀도 얻어오고, 김치는 기본이다. 승용차를 과수원에 주차시키고, 욕심껏 과일을 따 온 날도 있었다. 대농이의 발바닥은 매일 혹사酷使 당하고 있다.

다. 대농이의 건강

대농이는 금년에 치핵수술을 했다. 왼발 엄지발톱 제거수술도 했다. 모두 수술이라는 단어를 붙이기가 쑥스러운 병이었다. 그래도 장본인은 힘들고 불편했다. 엄지발톱은 재생되는 기간이 너무 길었다. 대농이는 한 동안 장애인이 아닌 장애인이었다. 대농이의 신경통과 비염은 올해도 여전했다. 대농이는 이런 자질구레한 병들이, 나이가 먹을수록 큰 병으로 변하지 못하도록 경계를 게을리 하지 않는다. 대농이 아내의 건강도 여전如前하다. 갱년기를 쉽게 뛰어 넘고, 대농이와 열심히 등산을 다닌다. 뒤돌아보면, 대농이 부부도 갱년기를 극복하는 데 많은 정성을 들였다. 그 대표적인 사례事例가 해외여행이었다. 대농이 부부는 노년기가 오기 전에 열심히 여행을 다녔다.

라. 해외여행 :

(1) **미국 동부지역 및 하와이 관광** : 대농이 부부는 올 봄에 미국 서부지역을 관광했다. 하와이, 샌프란시스코, 라스베가스, 그랜드캐년, 로스앤젤레스, 요새미티국립공원 등지를 관광했다. 열흘간 여행했는데 피로한 줄 몰랐다. 보고, 먹고, 느끼는 게 재미있으면, 피곤함도 못 느끼는 것 같았다. 대농이는 삼십이 년 전에도, 하와이와 로스앤젤레스를 여행했었다. 그 때 대농이는 생전 처음 슈퍼마켙도 보았고 컴퓨터도 보았다. 그러나 금번 미국여행도 낯설기는 마찬가지였다. 미국사회가 너무 많이 발전되어 있었다. 이번 여행에서 대농이의 눈과 마음을 자극한 건, 대협곡 '그랜드캐년' 과 하와이의 '할레아카라산'이었다.

'그랜드캐년'은 말로 표현할 필요가 없는, 신神이 만든 걸작품이었다. '아리조나주 평균해발 2.5㎞의 고원지대에, 20억 년 전에 만들어진 대협곡大峽谷이었다. 길이가 443㎞, 너비가 16㎞, 깊이가 1.6㎞ 규모였다. 끝이 보이지 않는 대협곡은, 만물상 모양을 하고, 관광객들을 손짓하고 있었다. 협곡 바닥을 흐르는 '코로라도강'이 작은 개울같이 보였다. 끝이 보이지 않는 협곡도 기기묘묘한 모양으로 인간들을 홀리고 있었다. 대농이부부는 경비행기를 타고, 대협곡을 한 바퀴 돌았다. 세계 칠대불가사의라는 말이 거짓말이 아니었다.

'할레아카라산'은 하와이주 마우이섬에 있었다. 해발 3,055m의 휴화산이었다. 안내원은 열두 명의 관광객을 태우고, 구불구불 정상으로 기어올랐다. 고도가 높아질수록, 주변의 동식물도 달라졌다. 팔부 능선부터는 완전히 화산재와 검붉은 화성암 뿐이었다. 정상에는 운무雲霧가 가득했다. 동서남북을 식별하기 힘들었다. 그 운무 한가운데, 미국 연방정부 직원들이 근무하는 관리사무소가 있었다. 옆에는 관광객들을 위한 휴게소도 있었다. 근무자들은 산을 관리하는 업무 이외에도, 기상관측과 천체관측 업무도 한다고 설명했다. 대농이 일행들은 운무를 비집고 거대한 분화구를 굽어볼 수 있었다. 분화구는 직경이 8㎞였다. 생각하기 어려울 정도로 장엄하고 천길만길 깊은 분화구였다. 대농이는 태평양 한가운데 떠 있는 섬 '하와이' 에도, 이렇게 높은 산과 분화구가 있다는 데 놀랬다.

(2) **중국 북경 및 백두산 관광** : 대농이 부부는 7월 지루한 장마를 피하는 방법으로 중국으로 떠났다. 북경지역과 백두산을 관광했다. 북경北京에선 천안문광장, 자금성紫禁城, 만리장성, 이화원 등 많은 것들을 보았다. 원래 대농이는 오래전부터, 한국 5,000년 역사의 배후세력이었던 중국문화를 살펴보고 싶었다. 막상 관광을 하고 보니, 중국은 듣고 배운 대로 대국이었고 강대국이었다. 모두가 불가사의 한 것 들 뿐이었다. 놀랍고 으리으리하고, 감탄스러웠다.

자금성은 거대한 왕궁이었다. 대지면적 72만㎡, 연건평 15만㎡, 규모였다. 궁전宮殿이 890채이고 9천여 개의 방이 있다. 자금성 주변을 둘러싸고 있는 성벽의 길이는 3,482m 였다. 궁내宮內 내금수하內金水河에는 보석 백옥白玉으로 만들어진 5개의 다리와 난간들이 있다. 세상에서 감히 대적할만한 건축물이 없을 것이다. 만리장성萬里長城은 세계7대 불가사의한 건축물이었다. BC 2,500년 전에 진시황제가 준공했다. 4,500년 전에 준공된 것이다. 온갖 풍문과 전설도 함께 보관하고 있는 만리장성은 지금도 튼튼하고 건강하다. 장성長城은 산등성이와 계곡을 달리다 봉우리 마다 진지陣地를 만들었다. 그리고 또 다른 봉우리를 향해 달린다. 장성 내부 통로는 3m 정도다. 통로 양 옆으로 돌벽을 쌓아올렸다. 만년불패萬年不敗! 튼튼하기가 이루 말할 수 없었다. 높고 험한 계곡과 산등성이를 만리萬里나 달리는 장성은, 현대문명도 흉내 낼 수 없는 중국만의 보물이다.

대농이 일행은 조선족 자치주인 연길시延吉市에서 일박하고, 용정시龍井市도 구경했다. 조상님들이 독립운동을 하던 발자취가 여기저기서 발견되었다. 일행은 선구자 노래에 나오는 해란강과 일송정도 구경했다. 대농이는 '버스투어'로 간도間島 지역을 통과할 때 눈물이 났다. 일본 식민지시절, 탄압에 시달려 이곳으로 이주했던 한국인들의 후예들이, 농사를 짓고 있었다. 밭갈이를 하고, 소를 몰고, 보리를 타작하고, 한국농촌과 동일했다. 사람만 바뀌었을 뿐이었다. 간도는 손짓하고 있었다. 눈물도 흘리고 있었다. 어서 빨리 남북통일을 하여 선열들의 모셔가라고, 그리고 함께 행복한 나라를 만들어 살아가자고!

그칠 줄 모르는 장맛비는 연변이나 '이도백하'도 마찬가지였다. 대농이 일행은 무섭게 쏟아지는 장맛비를 피해 백두산 밑 휴게소에서 기다렸다. 차량으로 백두산 정상에 올라 천지天池를 구경하려는 계획이었다. 안내원들은 관광객들에게 "천지를 구경할 수 있는 기회는 10%이다. 천지에는 항상 운무雲霧가 서려있다." 고 소개했다. 안내원의 말을 들은 대농이는, 일단 천지 구경 희망을 접었다. 하염없이 내리는 빗줄기에. 백두산의 울창한 삼림森林도 흔들리고 고개를 숙였다. 가다리는 한 시간은, 무척 지루한 세월이었다.

차도 건너편 휴게소에서 안내원 한명이 소리쳤다. "모두 빨리 빨리 승차하세요!" 관광객들은 비호처럼 구 인승 지프차에 올랐다. 백두산 천지에 어린 운무가 사라지고 있다는 전갈이 무전으로 왔다는 것이었다. 대기하던 십여 대의 지프차들은 구불구불한 차도를 돌아 천지를 향해 올라갔다. 빗발이 점점 가늘어 졌다. 시간이 흐르고 고도가 높아질수록, 차도 주변의 나무와

식물들도 달라졌다. 얼마나 올라왔을까! 사방으로 굽어보이는 산천들이 아득하다. 드디어 만년초 꽃밭이 나타났다. 백두산 정상이 가깝다는 신호였다. 처음 보는 만년초! 모양도 예쁘고 색상도 여러 가지였다. 아득하게 내려다 보이는 장백폭포도 개미집일 뿐이었다. 지프차들이 경적을 울리며 정차했다.

사방이 검붉은 화산석 뿐이었다. 운무는 완전철수가 아쉬웠는지 조금 남아있었다. 여기저기서 천지를 보려고 찾아온 관광객들은 뛰었다. 천지를 먼저 보려고 뛰었다. 그러나 그들이 뛴 거리는 오십 미터 정도였다. 대농이는 걸어갔다. 화산석과 붉은 모래가 눈에 걸렸다. 대농이는 제일 마지막으로 능선에 섰다. 천지가 눈 밑에 펼쳐졌다. 천지의 얼굴은 조용하고 시퍼런 물이었다. 검붉은 화산석들이 높고 예리한 능선을 만들어 사방에서 천지를 보호하고 있었다. 모든 관광객들의 입이 닫혔다. 이야기하는 사람들도 없었다. 관광객들은 장엄한 천지의 모습에 기氣가 죽은 모양이었다. 그러던 관광객들의 입이 십여 분 후에 열렸다. 사진촬영을 하고, 조잘거리고! 대농이는 민족의 영산 백두산 정상에서 축원을 드렸다. 국가의 번영과 민족의 화합을 빌었다.

(3) **캄보디아 및 베트남 관광** : 대농이 부부는 아름다운 단풍이 한창이었던 10.22 캄보디아와 베트남을 관광했다. 캄보디아 시엠립 지역에서 '앙코르왓'을 구경했다. 세계칠대불가사의 한 문화유산이었다. 대농이 일행은 앙코르 문화유적지, 킬링필드 위령탑, 돈레삽 호수, 수상가옥 등지를 관광했다. 생각하면 지금도 "1$, 원 달러" 를 달라며 고사리 같은 손을 내밀던 어린이들의 눈망울이 떠오른다. 대농이 일행은 남북통일 된 베트남에서, 수도 호치민시(구 사이곤시), 시청, 노틀담사원, 백화점, 사이곤강 야경, 메콩델타 지역, 용안농장 등지를 구경했다. 열대지방 정글과 농촌을 체험했다. 사십여 년 전 월남전쟁시, 공산 월맹군 베트콩이, 민주 월남의 수도 사이곤에 무혈입성無血入城하던 탱크 한 대가, 그대로 그 장소에 전시되어 있었다. 관광객들의 눈은 탱크에 집중되어 있었다. 그러나 입을 여는 사람은 없었다. 나이

가 지긋한 관광객들은 월맹군 탱크가 내뿜고 있는 승리의 메시지를 무언으로 느끼고 있었다. 대농이는 생각했다. 전쟁은 없어야 한다. 전쟁은 무자비한 것이고, 인류의 적이다.

마, 국내여행

대농이 부부는 새봄에 경기도 양평군이 주관한 산수유축제에 4.2 다녀왔다. 그리고 여의도 벚꽃축제에도 4.16 다녀왔다. 여름휴가는 7.27 대천해수욕장에서 했다. 몇 년 만에 찾은 대천해수욕장은 올해도 젊은이들의 낙원이었다. 화성군에 있는 제부도에도 8.5 당일로 다녀왔고, 소백산에는 6.7 당일로 여행했다. ROTC 후배들과 친분도 다지고, 집사람 보약도 만들어 복용했다. 소백산 등산로는 생각보다 험했다. 여의도 윤중제에는 두 손으로 기어다니는 사람들이 너무 많았다. 모두 거지들이 아니고, 어려움을 체험하는 사람들 같았다.

이제 떠들썩했던 '크리스마스'도 끝났다. 자선냄비도 사라졌다. 도하都下의 언론매체言論媒體들은, 금년을 평가하고 내년을 전망하고 있다. 그러나 대농이는 한해살이를 따져보는 이 순간에 충실하고 싶다. 순간의 충실이 시간으로 이어지고, 시간의 충실이, 한 달의 충실로 이어지는 한해가 되었으면 한다. 올해가 작년보다 좋았던 것 처 럼, 내년은 더 좋을 것으로 전망하고 있다. 지금 대농이는 제야除夜의 종소리를 들으며, 더 좋은 한해살이를 다짐하고 있다.

4. 연간 주요 사건사고

2. 10 : 북한 외무성, 핵무기 개발완료 성명 발표

4. 30 : 보궐선거 실시(23개소), 여당 열린우리당 패배

5. 19 : 서울대 교수 황우석, 논문 미국 Science지에 게재,
환자맞춤형줄기세포

6. 18 : 북한 김정일 위원장, 정동영 장관, 현정은 현대구릅 회장 접견
7. 21 : 안기부 미림팀(공운영), 도청사건 표출. 녹음테이프(X화일사건)
8. 30 : 부동산종합대책발표 - 국무총리 - 종합부동산세금 신설
9. 6 : 태풍 나비 한반도 통과 - 울산, 울릉도, 울진 등지 피해
9. 7 : 노무현 대통령, 박근혜 한나라당 총재 회담
9. 19 : 북한 핵문제 관련, 6자회담 공동성명서 발표
10. 1 : 청계천 복원 완료
11. 24 : 헌법재판소 행정중심복합도시 위헌심판 청구 각하 결정
12. 4 : 서울대 황우석 교수 환자맞춤형 줄기세포 논문조작 사건 발생

- 12. 4 : 노성일 미즈메디 병원 이사장 폭로
- 12.23 : 서울대 조사위원회 중간발표. 황우석 교수 사퇴
- 12.24 : 미국 피츠버그대학 연수원 김선종 귀국
- 논문 주요 공동저자(25명 중) : 황우석, 노성일, 안규리, 이병천, 강성근, 윤현수, 김선종, 박종혁, 제럴드섀튼(미국 피츠버그 의대 교수)

12. 6 - 12. 23 : 폭설사태 발생 - 전라도, 충청도, 제주도
12. 27 : 노무현 대통령, 농민위 희생자 발생사건 관련, 대 국민 사과문 발표
12. 30 : 국회, 신년도 예산안 및 종합부동산세법 등 처리(한나라당 불참).

끝.

<노무현 대통령 외국순방 정상회담>

- 4. 15 : 독일, 터키 방문
- 5. 5- 5. 12 : 소련, 우즈베키스탄 방문 -제2차세계대전 승전 60주년 기념
- 6. 9 - 6. 12 : 미국, UN, 멕시코, 코스타리카 방문

생활수기

아들 결혼식

1. 결혼식

드디어 그날이 밝았다. 지난 오개월간 온 가족들이 목메어 기다리고 기다렸던 날이었다. 서기 2009.3.28.12:00 는 박대농이 아들이 결혼하는 날이었다. 대농이 부부와 딸은 새벽에 기상하여 식사한 후 08:00 집을 나섰다. 아들은 아파트에서 자고 이발소를 거쳐 아홉시에 예식장에서 만나기로 했다. 날씨가 예상외로 맑았고 기온은 섭씨 14도였다. 대농이가 기대했던 대로 전형적인 봄 날씨였다.

대농이가 봉천동 집에서 예식장으로 향하는 길 주변에는 봄꽃들이 만개했다. 가히 상춘가절賞春佳節임을 실감할 수 있었다. 관악산과 우면산 자락에는 개나리, 진달래, 산수유, 조팝꽃, 살구꽃, 배꽃 등이 어우러져, 한 폭의 꽃동산을 그려내고 있었다. 지난해 시월, 대농이가 결혼식 날짜를 잡을 때 기대하였던, 그 봄날의 풍경이 현실로 나타났다. 대농이는 감개무량感慨無量했다.

대농이는 지난달에 마련한 새 양복을 입고 승용차를 운전했다. 난생 처음 흰머리를 염색하고 보니, 집사람은 내가 달라져 보인다고 했다. 승용차를 예식장 전용주차장에 주차시키고, 집사람과 예식장 구내 미장원으로 갔다. 결혼식이 정오라서 세 시간의 여유가 있었다. 대농이는 딸과 예식장으로 올라갔다. 벌써 많은 직원들이 행사를 준비하고 있었다.

대농이는 우선 좌석수가 맞는가를 확인하고, 식탁 위 안내판도 확인했다. 열두 개 안내판 중 두 개가 잘못되어 수정지시를 했다. 대농이가 가장 신경 쓰이는 일은 '식사인원파악'과 '축의금접수업무' 였다. 그런데 조카들이 약속대로 일찍 도착해, 식수인원파악문제는 해결되었고, 접수대에는 처조카들과 딸을 투입했다. 그 후로 대농이 마음은 안정되었다. 대농이는 미장원으로 내려가 아내와 함께 예식장으로 올라왔다. 축하객들이 도착하기 시작했기 때문이었다.

예식장 좌우에는 벌써 화환이 몇 개씩 진열되어 있었으며, 가족들의 영접 활동도 열한 시부터 시작되었다. 대농이 부부와 아들은 나란히 도열해, 밀려드는 축하객들을 영접하고 안내했다. 화환은 생각보다 많이 들어왔다. 아들이 근무하는 회사사장. 대농이가 근무하던 회사사장, ROTC제4기동기회장 등 10여명의 인사들이 화환을 보내왔다. 대농이는 신부 측의 화환이 적은 것 같아, 한 개를 신부 측으로 보내 균형을 잡았다.

하객들이 11:30부터 몰려들어 여유를 찾을 수 없었다. 오랜만에 만나는 친구, 동료, 선배, 후배들의 손을 잡을 때마다 반가움과 아쉬움이 뒤범벅되었다. 예식장은 운집한 하객들로 웅성거리고 시끄러웠다. 손을 잡는 하객들마다 서로 주고받는 인사가

"많이 늙었다. 아직도 정정하다."

는 말이었다. 대농이는 바쁜 분위기 속에서도 결혼식이 인생대사 중 하나라는 사실을 재확인할 수 있었다, 대농이는 조상님들이 만들어 놓은 상부상조相扶相助 정신의 진면목眞面目을 발견하고, 좋은 제도라는 생각도 했다. 대농이는

"남들의 애경사哀慶事에 보다 적극적으로 참가할 걸 그랬다."

는 후회도 했다. 오늘 결혼식이라도 최선을 다해야겠다는 다짐을 했다. 대농이 옆에 서있는 아내와 아들도 흔들림 없이 제 몫을 잘 해내고 있었다.

예식 시작 이십 분전이었다. 하객들이 무리지어 몰려왔다. 접수장이나 접견장이나 하객들로 가득했다. 예상했던 일이었다. 대농이가 친구들의 예식에 참석했을 때도 동일한 현상이 일어났었다. 눈 코 뜰 사이도 없이, 악수하고 인사하는 환영인파 속에서도, 대농이 머릿속 한 구석에서는

"예식장이 모자라 5층 예비예식장도 사용하게 되었구나."

하는 생각이 스쳐갔다. 그 생각을 하니 더욱 용기와 힘이 생겼다. 예식 시작시간이 되었는데, 꼭 와야 할 친구와 동료들이 보이지 않아 궁금했다.

반면 처갓집 식구들이 대거 동원되었고, 학교동창, ROTC 장교 동기생들이 많이 보였다. 주례를 맡을 육군 장교 임관 동기생 박 장군도, 언제 왔는지 인사도 없이 주례좌석에 앉아 있었다. 대농이 부부가 바쁜 것을 보고, 인사도 없이 입장한 것 같았다.

몇 시나 되었을까! 시간 감각도 없이 손님맞이에만 정신을 빼앗긴 대농이에게 예식장 여직원들이 다가와

"이제 예식장 안으로 들어 가셔야할 시간이 되었다."

고 안내했다. 시계를 보니 벌써 오 분이나 자났다. 대농이 부부는 몰려드는 하객들을 뒤로하고 예식장으로 들어갔다. 미리 좌석에 자리 잡고 앉아 있는 하객들과 마주쳤다. 대농이 부부는 가벼운 목례로 인사하며 걸었다, 단상 밑 신랑 측 혼주석에 앉았다. 곧 이어 사회자의 개회선언이 있었다.

"지금으로부터 신랑과 신부의 결혼식을 거행하겠습니다."

웅성거리던 장내가 갑자기 조용해졌다. 양가 어머니들이 촛불을 밝히는 '화촉점화'가 있었다. 양가 어머니들은 주례 박 장군의 사전 말씀에 따라, 중앙통로를 이용하지 않고 혼주석에서 단상으로 올랐다. 박 장군의 견해는, 예식장 중앙통로는 주인공인 신랑과 신부가 먼저 이용해야한다는 논리였다. 사회자의 주례소개가 방송되었다.

"오늘 주례를 맡아주실 분은 박 장군님이십니다. 장군님께서는 신랑·신부가 졸업한 명문대학교 동문이시며, ROTC 제4기로 육군소위에 임관하셨습니다. 여단장, 사단장, 3군부사령관 등 요직을 역임하시고, 사십 여 년 간 국방업무에 종사하셨습니다. 월남전 참전용사이시고, 각종 무공훈장에 빛나는 지장智將이요, 덕장德將이라는 평가를 받고 계신 분입니다. 오늘 새 출발하는 신랑·신부와 모든 젊은이들이, 가슴 깊이 간직해야 할 좌우명座右銘을 제시하실 것으로 믿어 의심치 않습니다. 큰 박수 부탁드립니다."

신랑입장 방송이 큰 소리로 장내를 진동시키자, 말끔하게 차린 아들이 씩씩하고 밝은 표정으로, 붉은 카펫을 밟으며 뚜벅뚜벅 걸어 들어왔다. 하객들의 박수가 뒤따랐다. 신랑은 살짝 웃는 표정도 지어 인상이 좋아보였다. '신부입장'은 며늘아기가 아버지와 손잡고, 웨딩마치와 하객들의 박수 속에,

조용히 행진하는 내용으로 진행되었다. 신부가 단상에 가까이 오자, 신랑이 빠른 걸음으로 걸어 나가, 장인어른을 포옹하고, 신부를 빼앗듯이 인계 받아 주례 앞으로 안내했다. 좌중 여기저기서 폭소가 터졌고 웅성거리는 분위기가 한동안 계속되었다. 주례도 웃었다. 대농이가 속으로 걱정하였던 것처럼, 신랑·신부들이 당황하거나 불안해하는 모습이 전혀 없었다. 미리 예행연습을 한 것 같았다.

이어 주례님의 진행에 따라 신랑신부가 맞절을 했다. 주례님의 혼인서약, 성혼선언문 낭독이 있었다. 주례사 내용에 대하여는 대농이도 관심이 많았다.

"무슨 내용을 어떻게 말할 것인가."

하는 궁금증이 몇 달간 머릿속을 사로잡았었다. 주례는 대농이와 육군 장교 임관 동기생이라는 사실과, 주례를 맡게 된 배경을 소상하게 알리고, 신랑신부에게 당부하는 말을 했다. 예식장이 보기 드물게 조용했다. 하객들은 장군將軍 이 하는 주례사 내용을 관심 있게 들어보려는 동향이었다. 목소리가 크고 거침없는 말솜씨였다. 주례사가 끝나자 우레와 같은 박수가 쏟아졌다. 대농이 머릿속에는

"잘했구나! 성공이다!"

하는 생각이 스쳐갔다. 하객들은 한동안 웅성거리는 동향을 보였다. 여기저기 하객들이 옆 사람들과 귓속말을 하고 있었다.

축주祝酒는 신랑·신부가 선정한 것인데 피아노삼중주 같았다. 길지도 않고 짧지도 않은 내용이었다. 신랑신부가 양가 부모 및 내빈들께 드리는 인사는 반절半拜로 정중하게 했다. 마루바닥 양탄자 위에 손바닥을 대고, 큰절을 올리는 방법은 선택하지 않았다. 주례 박장군의 사전 지시에 의거 실시된 것이다. 박 장군은, 성스럽게 결혼식을 올리는 주인공들에게, 마룻바닥에 엎드려 절하라고 할 수는 없는 노릇이라는 논리를 폈다. 그래도 신랑신부가 가족들에게 공손히 반절 할 때, 하객들은 많은 박수를 주었다. 사회자는 '신랑신부행진' 을 방송했다. 행진은 내빈들의 박수와 피아노의 '외딩마치' 리듬 속에, 신랑신부가 손잡고 인생항로를 출발하는 내용으로 진행되었다. 친구들의 폭죽이 하객들의 가슴을 울렸다. 오색 테이프 조각들이 예식장 천정에

가득했다. 사회자는 결혼식 마지막 순서인 폐회선언을 했다. 시계를 보니 오후 한시였다. 하객들이 웅성거리는 분위기 속에 주례, 신랑, 신부, 가족, 친구들이 참석하는 사진촬영이 있었다. 하객 대상 점심식사도 시작되었다. 대농이 부부가 예식장 예약 시 선정한 '안심스테이크' 코스의 양식이었다. 떡, 포도주, 국수, 음료수, 맥주, 소주 같은 주류도 식사와 함께 제공되었다. 모든 게 성공적으로 끝났다. 지난 몇 달 간 얼마나 기다렸던 결혼식이었나! 대농이 부부와 신랑·신부는 물론, 신부 가족들도 동일한 심정이었을 것이다. 그래서 신랑신부 양가 여섯 사람이, 온종일 웃고 맑은 표정을 유지할 수 있었던 것 같았다. 대농이는 혼인서약서와 성혼선언문을 딸에게 주고, 축의금 가방도 철저히 챙기라고 당부했다. 그리고 아내와 신랑을 대동하고 하객인사를 시작했다. 식사하는 하객들을 돌아보며 인사를 드리는 시간이었다. 하객들은 대농이 가족들에게 박수를 보냈고, 대농이 가족들은 하객들에게 감사하다며 허리 굽혀 인사했다.

사진촬영이 끝나자 신랑신부 부모들은 예식장 여직원들의 안내로 오층에 마련된 '예비예식장'으로 내려갔다. 또 식탁을 돌며 식사 중인 하객들에게 인사를 했다. 십팔 층 예식장의 식탁이 부족하여, 이곳에서 화면으로 예식 광경을 시청하고, 식사를 하는 하객들이었다. 모두 반갑고 보고 싶은 얼굴들이었다. 대농이는 인사를 하고 손도 잡아보면서 많은 하객들에게 감사를 드렸다. 대농이는

"이렇게 많은 사람들에게 감사를 드려보는 것은 처음이다. 아들 때문에 평생 풀지 못할 것 같았던 소원을 풀었다."

라고 말했다. 대농이 부부는 나이가 고희古稀에 가까워지며, 지식들의 결혼을 기다렸고 노력했지만, 무엇 하나 제대로 일이 풀리지 않았었다. 대농이는 오늘 너무 오랫동안 기다렸던 감사인사를 많은 하객들에게 드렸다. 대농이 가족 일행은 다시 예식장으로 올라갔다. 하객들의 점심식사가 한창 진행되고 있었다.

곧이어 피로연이 시작되었다. 사회자의 안내에 따라 한복으로 갈아입은 신랑·신부가 입장했다. 단상으로 올라가 촛불점화, 축하케이크커팅, 샴페인

연출, 축배제의 등으로 피로연 분위기가 무르익었다.

"신랑신부의 영원한 행복과 건강을 기원하자."

는 건배제의도 있었다. 그런 분위기 속에서 양가 혼주 네 명은, 계속 식탁을 돌며 하객들에게 감사인사를 드렸다. 고향손님, 학교동창, 직장선후배, 등 모두 고마운 하객이 대농이 일행을 맞이했다. 감사인사를 드리는 대농이 일행에게 하객들은 박수를 치며 축하했다. 나중에는 신랑신부도 대농일행과 동행했다. 여섯 명 함께 예식장을 돌았다. 식탁에서 더 뜨거운 박수가 터졌다.

"신랑·신부가 너무 잘생겼다."

는 칭찬이 여기저기서 쏟아졌다.

예식장을 한 바퀴 돈 대농이 일행 육 명은, 하객들을 뒤로하고 오층 폐백실로 이동했다. 폐백실에는 이미 젊은 여직원이 기다리고 있고, 신부 측에서 마련한 음식도 진설珍說되어 있었다. 밤, 대추, 육포, 한과, 통닭, 법주 등이었다. 대농이 부부가 제일먼저 신부의 절을 받았다. 한복과 족두리로 치장한 신부가, 도우미의 부축을 받아 유교식으로 절을 했다. 대농이 부부는 많이 본 경험으로, 숙달된 자세로 절을 받고, 금일봉과 대추를 신부 앞치마에 던졌다.

대추가 신부 앞치마로 많이 들어가지는 않았다. 대농이는 신랑신부에게

"너희 부부의 무병장수와 행복, 그리고 부귀영화를 부처님께 축원 드린다."

며 복福을 빌었다. 어느새 양가 친인척들도 내려와, 밖에서 폐백 순서를 기다리고 있었다. 복도가 친인척 인파로 뒤덮혔다. 대농이는 또 한 번 혈육의 중요성을 깨달으면서, 이층에 있는 소강당으로 옮겼다. 신랑신부 양가 전 가족들이 아직까지도 점심식사를 못했기 때문이었다. 삼십분 후 폐백이 끝났다. 식당에 모인 양가兩家 가족들은 늦은 점심식사를 했다. 그래도 모두의 얼굴에서는 피로감을 읽을 수 없었다. 웃음과 밝은 표정, 그리고 행복감이 넘쳐흘렀다. 결혼식을 성공적으로 끝냈다는, 성취감과 승리감에서 나오는 표정이었다. 대농이 가족들도 모처럼 기분 좋고 맛있는 점심식사를 했다.

양가 혼주들은 오후 네 시, 일층 예식장 사무실에 모였다. 예식비용을 지

불하기 위한 마지막 업무였다. 양가는 불평불만 없이 시원하게 예식비용을 분담했다. 대농이 가족들은 오후 다섯 시에 승용차 편으로 귀가했다. 아들은 신부와 함께 아파트로 가 일박하고, 내일아침 신혼여행을 '뉴칼레도니아'로 출국 예정이었다. 가족 세 명의 귀갓길은 이런저런 자랑스러웠던 일들에 대한 평가였다. 정말 평생 간직해야 할, 기분 좋은 하루였다. 축의금으로 가득 찬 가방을 두 개나 들고 귀가하는, 대농이 가족들은 그 어느 때 보다도 행복해 보였다.

2. 과정

박대농이 아들과 며늘아기의 결혼은, 길고 길었던 세월 속에 얻은 결실이었다. 그 세월이란 3년 5개월이라는 기간이었다. 기다림 속에서 얻는 진실한 결실이기도했다. 대농이는 2005 10월 어느 날 청소차 아들 방에 들어갔다. 대농이는 쉽게 침대와 컴퓨터 부근에 아무렇게나 방치된 편지 한 장을 발견할 수 있었다. 색종이 편지지에 정성스럽게 쓴 내용은, 며늘아기가 아들에게 보낸 편지였다. 대농이는 즉시 아들과 며늘아기의 관계를 확인할 수 있었다. 대농이는 집사람도 읽어 보게 했다. 집사람도 대농이 처럼 소스라치게 놀랐지만 곧 평온을 되찾았다.

"잘되었다,"

는 한마디 평가를 내렸다. 자식들의 결혼이 계속 늦어지고 있는 상황에서 잘 된 것이라는 의견이었다.

대농이는, 아들이 자신들이 관계를 자연스럽게 부모들에게 알리기 위한 방법으로, 편지를 놓고 출근한 것이라고 생각했다. 그리고 이제 가능하면 결혼을 시켜야겠다는 생각을 했다. 그러나 결혼은, 저 멀리서 신기루처럼 아롱거릴 뿐, 쉽게 곁으로 닥아 오지 않았다. 아들이 다니던 직장을 퇴사하였는가 하면, 며늘아기도 감정사고시 때문에 쉽게 결혼을 할 수 없는 형편이었다. 대농이는 아들의 결혼이라는 아련한 꿈을 가슴에 안고, 동해바다의 해돋이 처럼 황홀하게 동경하며 기다렸다. 무료無聊한 일상이 계속되었지만, 그래도 결혼은 한 발짝, 또 한 발짝씩 대농이 쪽으로 걸어왔다. 가장 어려웠던 기간은 아들이 회사를 퇴직하고 재취업활동을 하고 있을 때였다. 새로운 회사에 입사하기까지 팔 개월이 가장 어려웠다. 아들이나 가족들 모두가 같은 심정이었다. 이런 여건 속에서도 대농이는, 아들에게 중고 아반떼 승용차를 사 줘 운전을 시키며, 자립능력自立能力을 향상시켰다.

무심한 세월이 기약 없이 흐르던 2008.2.6이었다. 며늘아기와 대농이 가족들은 음식점에서 상면하고 오찬을 함께했다. 며늘아기는 명랑하고 맑은 개성에 똑똑해 보이는 언행을 했다. 그 날 며늘아기는 우리 아파트에 초청되어 집 구경도 했다. 대농이 가족들은 그해 구월, 감정사고시에 응시하고 결과를 기다리던 며늘아기를 초청해, 한식뷔페에서 오찬을 함께했다. 시월에는 신림동에서 삼차 오찬을 함께했다. 며늘아기와 대농이 가족들과의 관계도 이제 많이 가까워졌다.

직장생활이 몸에 밴 아들은 2008.10.1 대리로 승진했다. 그토록 기다리던 승진을 했다. 이제 아들은 직장 상관들로 부터도 능력을 인정받고 신뢰도 구축한 상태로 성장했다.

2008.9.6 금융위기가 지구촌을 뒤흔들었다. 미국의 저명한 투자은행 '리먼부라더스',가 파산을 선고한 것을 계기로, 전 세계의 기업들이 붕괴되는가 하면, 자본주의 경제제도 자체가 크게 흔들렸다. 이런 와중에서 며늘아기 쪽에서 결혼식에 관한 의사타진이 간접적으로 제기되었다. 대농이는 크게 놀라고 자극받았다. 대농이는 우선 자신의 능력으로, 결혼식 날짜를 2009.3.28토 12:00로 확정했다. 밤늦도록 책을 보며 택일擇日하고, 아들과 며늘아기가 천지天地의 생동적인 기氣를 받을 수 있는 화창한 날로 결혼 날을 결정했다.

택일을 끝낸 대농이는 예식장을 물색했다. 특급호텔들은 예약이 밀려 대농이가 원하는 날짜와 시간이 없었다. 대농이는 시골버스들의 종착역이고,

지하철 이용도 가능한 서울남부터미널 부근 예식장을 예약할 수 있었다. 서울시 반포터미널에 있는 유명 호텔과 비등한 고급예식장이었다. 예식장을 마련하고 나니, 쫓기던 마음이 일순간에 편해졌다. 아들 결혼식을 위한 오개월 작전이 시작된 것이다. 이제 차곡차곡 계획하면서 진행하면 되는 것이라는, 안도감과 즐거움이 함께 찾아왔다. 한편 호사다마好事多魔라며 경사慶事 때 마다 조심하던 조상님들의 말씀이 생각났다. 대농이도 매사를 조심하고 꼼꼼하게 진행하겠다고 다짐했다. 몰론 신부 쪽 가족들에게도 당부했다.

아들과 며늘아기는 2008.11.2 서울 삼성역 주변 음식점에서 양가가족 상견례相見禮를 주선했다. 부모들이 손 놓고 있는 사이, 저희들이 웨딩숍에 의뢰하여 음식점을 정하고 예약 했다. 이제 제법 어린애들이 아니라는 생각이 들었다. 처음 보는 며늘아기 부모는 서민적이고 착해 보였다. 할 말만 골라하는 주의력도 돋보이고 심신心身이 안정되어 있었다. 며늘아기 언니를 이미 결혼시킨 경력이 있어, 그럴 것이라는 생각도 들었다. 한식 오찬으로 상견례를 마친 사돈査頓들은, 아들의 안내로 예식장을 둘러보고 인천으로 귀가했다. 매우 훌륭한 예식장이라는 평가를 했단다.

그 후 대농이는 예기치도 못했던 '쌀소득보전직불금' 수령이라는 전국적인 파동에 휘말렸다. 대농이는 심신이 편치 못한 일과를 연말까지 계속했다. 이 문제는 정치적인 사건으로 발전되어, 수령액을 자진해 구청에 반납하면서 일단락되었다. 우리나라의 후진적인 농업정책의 일면을 볼 수 있었던 사건이었다. 이런 분위기 속에서도 대농이의 결혼식 추진은 계속되었다. 11월10일 부터 일주일 동안 청첩장 발송 대상자명단 초안을 작성했다. 가장 중요한 작업을 끝낸 것이었다. 마음이 한없이 편해졌다. 11.20에는 송파구 지역을 방문하고, 아들이 결혼 후 거주할 집을 물색했다. 작은 아파트 전세를 구했다. 대농이는 공인중개사 몇 곳과 약속해 놓고 돌아왔다.

집사람과 며늘아기는 함께 12.8 종로 금은방에서 다이어목걸이와 반지들을 맞추었다. 날씨가 겨울답게 추웠다. 대농이 가족들은 12.14 인천 사돈 초청으로, 인천시 송도구 소재 일식집에서 오찬을 함께했다. 바닷가에 위치한 고급 음식점이었다. 대농이는 그 날을 약혼식으로 생각하고, 아들과 며늘아기가 양가 부모님들 앞에서 반지를 교환토록 했다. 대농이는 약혼식이 별게 아니고, 부모들 앞에서 결혼을 약속하면 되는 것이라고 말했다. 아들은 전형적으로 검소한 약혼식을 한 것이었다.

ROTC제4기 송년회가 국방회관에서 열렸다. 대농이는 그 자리에서 동기생 박 장군에게 주례를 부탁했다. 박 장군도 대농이의 제의를 쾌히 승낙했다. 몇 달 전부터 관심을 같고 물색하였던 주례 선정문제는, 이렇게 전격적으로 해결되었다. 신랑·신부가 모두 명문대학교 출신이고, 주례도 선배라서, 여러모로 공감대가 형성되었다. 대농이가 예상 하였던 대로, 박 장군의 주례 선정은 결혼식을 한층 빛내고 업그레이드,up grade시키는 요인으로 작용했다. 신랑신부는 물론, 시골서 상경하신 친척들까지 좋아했다.

연말연시 정국은 혼미하고 민심도 흉흉했다. 여야정쟁이 민주당 의원들의 국회 본회의장 점거농성으로 발전한 상태에서 새해를 맞았다. 국회의장은 경호권 발동여부로 부심했다. 대농이 아들은 연말에 사일 간 인도네시아에 출장하여, 자신이 몸담고 있는 회사의 생산현장을 방문하고 왔다. 이천구년 연초에, 아들이 근무시간 중 집으로 전화를 했다. 자신이 신혼방을 꾸미려는 지역의 전세 값이, 많이 올랐다고 하니 빨리 알아봐 달라는 것이었다. 대농이는 급하게 공인중개사들에게 알아보았다. 사실이었다. 전세 값이 천정부지로 치솟아 있었다. 정부의 '제이롯데월드' 신축허가 조치가 아파트 값을 상승시켰다. 지난겨울 두 달 간, 집값이 벼락 상승한 것이었다.

대농이는 다음날 아파트단지를 방문하고 급하게 전세를 얻으러 돌아다녔다. 그러나 물건 자체가 없었다. 대농이는 당황하지 않을 수 없었다. 의기意氣가 소침해지니, 한강 바람도 더욱 춥게 느껴졌다. 대농이 부부는 저녁무렵 힘들게, 방향도 좋지 않은 아파트를 겨우 계약했다. 며칠 후 대농이는 정식계약서를 작성했고, 마음의 평온을 되찾을 수 있었다. 대농이 아들은 잔금을 지불하여 결혼 후 거처할 집 문제를 해결했다. 그날 대농이 아들은 동사무소를 방문하고 주소지를 옮기는 한편, 확정일자도 받아놓았다

대농이 부부는 연초에 찬바람을 가르며 다시 아들 부부가 살 아파트단지를 방문했다. 새살림 준비를 했다. 폭설이 내렸던 추운 대한 날, 신부 집에

서 예단을 보내왔다. 아들이 승용차로 가져왔는데 현금, 이불, 베개, 은수저 쎝, 칠첩반상기, 며늘아기 편지 등이 들어 있었다. 새해 설날 연휴가 시작되는 날로 예정되었던 예단은, 적국적인 폭설로 연기되었다. 우리 아파트 주변도 승용차 운행이 중단되어 며칠간 차량출입이 불가능했다. 대농이는 모처럼 예단을 보고, 대농이기 어렸을 때 보다, 세상이 너무 변했다는 생각을 했다.

연초 국제적인 관심사는, 미국 제44대 대통령에 흑인 오바마Brack Hussain Obama후보가 취임한 사건이었다. 온 세계가 떠들썩한 가운데도 대농이 가족들은 결혼준비로 분주했다. 국내적으로는 2000.1.20 용산철거민 화재사건이 발생하여, 철거민 오명과 경찰관 일명이 사망했고, 문제단체들과 좌익단체들은 야당과 합세하여 정부여당을 공격했다. 또한 칠년간 여자 일곱 명을 살해하여 암매장하였던, 살인마 강순호도 일월 말에 검거되어 한겨울 추위를 단번에 녹여버렸다.

명절이 지나고 이월이 되니 결혼식이 더욱 가까이 느껴졌다. 대농이 부부는 종로오가에 있는 역술인 최 도사를 십여 년 만에 찾아갔다. 최 도사는 대농이를 알아보고 반가워했다. 대농이는 아들 사주四柱를 작성해, 함函 속에 넣어 신부 댁에 보낼 준비를 하러 간 것이다. 대농이 부부는 종로 오가 노변식당에서 점심을 먹고 귀가했다.

대농이는 이월 초에 청첩장 인쇄를 의뢰했다. 대농이는 다니던 화사를 방문하여, 청첩장에 붙이는 라벨Laval 서비스를 받았다. 전직 직원들의 성명, 주소, 우편번호 등이 기재된 라벨 삼백여장을 선택하여 집으로 가져왔다. 많은 시간과 노력이 절약될 것 같아 무척 고마웠다. 나머지 청첩 대상자 이백 여명에 대한 라벨 제작은 인쇄소에 부탁했다. 이제 팔백여명의 라벨이 작성된 것이며, 여타 대상자들의 라벨은 대농이가 수기手記로 했다.

라벨Label의 오탈자를 검색하고, 수기 라벨을 제작하는 작업은 생각처럼 쉬운 일이 아니었다. 청첩장을 봉투에 넣고 봉한 후, 분류하여 오십 매씩 묶어 놓는 일도 쉽지가 않았다. 피곤하면 종종 어지럽거나, 눈이 피로해 지기도 했다. 한 달이 넘도록 청첩장과 싸우자니, 피곤하기도 하고 지치기도

했다. 청첩장이 중복되어, 한사람에게 두 장의 청첩장이 만들어 진 것을 발견할 때는, 웃음밖에 나오지 않았다. 금년 이월과 삼월은 오직 청첩장에 매달려 세월을 보냈다.

결혼식을 꼭 한 달 남겨 둔 2009.2.27! 집사람 막내작은아버지께서 타계하셨다. 예상했던 호사다마好事多魔 찾아온 것이다. 집사람은 매우 슬퍼하는 기색이었으나, 전화도 하지 않고 잘 참고 견디어 냈다. 우리 가족들은 예식을 앞두고 상가에는 가지 않는다는 풍습에 따라 문상하지 못했다. 대농이는 3월.5일, 드디어 청첩장을 발송했다. 나흘 뒤에도 32매를 발송하는 등 총 724매의 청첩장을 발송했다.

대농이는 한숨을 돌리는가 하였더니 4일 후 부터, 반송되어오는 청첩장 때문에 골머리를 썩혀야했다. 대농이는 매일매일 반송된 청첩장의 원인을 찾아낸 후 교정하여, 재발송하는 일을 계속했다. 반송된 이유도 가지가지였다. 청첩장 반송은 결혼식 후에까지도 계속되어, 많은 교훈을 얻었다. 너무도 힘들었던 청첩장 처리작업이었다. 청첩장 처리에는 누구도 자유롭지 못할 것 같은 생각이 들었다.

대농이 부부는 논현동에 있는 한복집을 찾아 함函을 포장했다. 집사람은 오개월 간 준비하였던 예물로 함을 가득 채웠다. 원앙새 한 쌍도 구입하여 포장했다. 함은 아들이 승용차로 신부 댁에 전달했다. 대농이 부부는 새마을금고에서 아들명의로 일억 원을 대출받았다. 그 날은 매우 바빴던 하루였으며, 할 일도 많았던 날이었다.

신랑신부 가족들의 숨 막히는 활동 속에, 결혼식 날이 눈앞에 닥아 왔다. 어느새 산수유, 개나리, 진달래꽃이 피더니 복숭아꽃, 살구꽃, 배꽃 벚꽃도 탐스러운 꽃봉오리를 내밀고 있었다. 따사로운 봄 날씨가 계속되고 있었다. 대농이가 기다리고 선택한 그 꽃피는 봄이 온 것이다! 대농이는 지난겨울 내내 봄꽃만을 생각하며 결혼식 준비에 매달려있었다. 이제 대농이는 가슴속에서 뛰고 있는 맥박을 뚜렷하게 느낄 수 있었다. 삼월 말경, 신부 측은 아들 부부의 집에 냉장고, TV등 가구들을 들여 놓았다.

결혼식을 앞두고 아들은 전세로 얻은 아파트에서 거주하기 시작했다. 대농이 부부도 그날 밤 승용차로 아들 살림살이는 옮겨 주었다. 이제 아들이 자기 집으로 이사 한 것이다. 오늘 이사는 결혼식 다음날, 아들 부부가 '뉴칼레도니아'로 신혼여행을 떠나야하는 일정에 대비한 것이다. 아들은 이렇게 소문 없이 자연스럽게 가족들과 살림을 달리했다. 어쩌면 아들의 성격처럼 소리 없이 주소지를 옮기고 이사도 간 것인지 모른다.

아들 부부는 3.29.10:30 불란서항공편으로, 인천국제공항을 출발하여 신혼여행 길에 올랐다. 22:00에 '뉴칼레도니아'에 도착했다. 6박7일 후인 4월 4일 귀국했다. 며칠 후 아들부부가 대농이네 집을 방문하고 인사를 했다. 대농이 가족들은 아들 부부가 주는 선물도 받았으며, 사돈댁에서 보낸 이바지음식도 받았다. 소갈비, 엿, 찰떡, 한과, 전복, 육포, 한라봉 등이었다. 생소하고 관심이 많은 뉴칼레도니아 여행 이야기도 들을 수 있었다. 아들 부부는 엄마 생일날인 5.2, 집으로 대농이 부부를 초청했다. 아들의 결혼이 더욱 실감 있게 느껴지는 순간이었다.

대농이는 삼월 말 결혼식에 참가하고, 축의금까지 제공하여 감사하다는 내용의, 인사편지 제작을 인쇄소에 의뢰했다. 며칠 후 발송했다. 우편환이나 통장을 통해 축의금을 전달 한 하객들도 많아, 발송 편지 매수 가 줄어들었다. 이미 청첩장 작업을 격은 대농이 에게 인사편지 발송은 별게 아니었다. 반송되는 편지도 없었다. 대농이 부부가 결혼식이라는 꿈에서 깨어나자, 북한은 장거리로켓을 발사하여 세상을 시끄럽게 했다. 노무현 전 대통령은 고향 봉화마을 뒷산 부엉이바위에서 투신자살했다. 온 나라가 시끄럽고 사회 각계각층이 뒤엉켜 이전투구泥田鬪狗만 일삼고 있었다.

3. 평가

아들 결혼식은 행사준비, 참가인원, 축의금규모, 참석자 반응 등 모든 면에서 성공적인 행사였다. 행사준비는, 오 개월에 걸쳐 준비가 진행되었다. 양가 혼주상면, 예물준비, 주례선정, 예단, 함 전달, 아파트임대, 초청장 제작 및 발송, 신혼여행 준비 등 제반 업무가 순조롭게 진행되었다. 예식장 선정은 특급호텔 수준의 환경과 음식이 제공되어, 축하객들로 부터 좋은 평가를 받을 수 있었다. 결혼 시기 또한 봄이 무루 익어 만물이 소생하고, 꽃이 피는 시점에 살殺도이 없는 날을 택일擇日했다. 신랑·신부가 음양(月日), 오행(金木水火土)의 기(氣), 즉 천지(天地)의 기氣를 흠뻑 받고, 밝은 미래를 설계 할 수 있었다.

주례선정은, 신랑·신부와 같은 대학교 출신의 육군 장성을 선택하여 축하객들로부터

"특이하다. 잘했다."

는 관심과 호평을 받을 수 있었다. 혼주상면, 예물준비, 예단 및 함전달은 혼사 경험이 없는 신랑 측의 관망이 있었지만, 전체일정에 영향을 주지는 않았다. 초청장 준비 와 발송은, 매사에 신중하고 기록을 생활화 하고 있는 대농이의 자세 때문에, 혼자 해낼 수 있었다. 그러나 예상외로 힘들었으며 많은 교훈도 얻었다. 조상님들이 만들어 놓으신 상부상조 정신의 필요성도, 이번에 다시 한 번 절실히 느낄 수 있었다.

'참석축하객파악'은 신랑·신부 양쪽이 각각 했다. 식권을 배포하며 철저하게 통제하지 않았기 때문에, 약간의 오차는 발생하였을 것으로 생각된다. 그러나 신랑 측의 초청장 발송이 724명이었고, 축의금을 제공한 축하객이 597명인 사실을 감안하면, 참가율이 80% 정도였다는 분석이 가능하다. 대농이 부부의 신분이 공직을 떠난 상태인데, 만약 현직신분으로 결혼식을 하였다면, 모든 것이 두 배 이상으로 상승했을 것이라는 아쉬움도 남았다.

한편 꼭 올 것으로 생각되던 친구 및 지인知人이, 대농이 결혼식을 외면하였는가 하면, 기대하지도 않았던 인물이 예식장에 나타나 푸짐한 축하를 해준 사례도 많아, 대농이를 어리둥절하게 만들었다. 대농이에게 신세를 졌던 사람들은 대농이를 외면하고, 대농이가 별로 도움을 주지 못했던 사람들이 진심으로 대농이를 축하해 주었다. 이런 현상은 조상님들이 가르쳤던 "인간人間 상심常心의 실체實體"와도 맞아 떨어지는 진리였다. 커다란 교훈이었다.

대농이는 이번 경험으로,

"이제 자신도 타인들에게 제공하는 부조금의 규모를 높이고 남들의 애경사哀慶事에 보다 적극적으로 참여해야겠다."

는 결심도 했다. 축의금 액수 면에서도,

"대농이가 여러 번 많은 금액을 제공한 사람은 적은 액수를 대농이 에게 부조했고, 생각 밖의 하객들이 고액을 보조한 사례가 많았다."

그래서 대농이는 지금도 그 생각만하면 어리둥절하다.

하객들의 반응은 대부분 좋았다.

"신랑이 잘생겼다"

는 반응이 지배적으로 많았고,

"신랑·신부가 모두 잘생겼다. 장군이 주례를 하는 건 처음 보았다. 결혼식 한 번 멋지게 하더라. 꽃값이 얼마인가. 예식비가 얼마 나왔나. 박대농 보통이 아니더라. 식사가 맛있었다. 얼마짜리 식사였나."

등의 반응들이 많았다. 이런 반응들을 보면 특급호텔에서 호화스럽게 결혼식을 하였다는 비판은 없었던 것으로 생각된다. 대농이 부부의 신분이 이미 공직을 떠난 상태이고, 개혼開婚 이었던 사실을 감안한다면, 예상보다 잘 진행된 결혼식 이었다. 그러나 이글을 쓰고 있는 대농이의 심정心情은 또 다른 큰 잔치를 치룰 생각이 없다는 점이다. 힘이 들어서가 아니라 많은 지인知人들을 모시고 크게 한번 멋진 음식과 주류를 제공하는 행사는 일생에 한번으로 족한 것 아닐까?

한편 주례 박 장군은, 이번 결혼식을 통해 두 가지 통상적인 혼례관행를 금지시키고, 새로운 방법을 제시했다. 첫째는 어머님들의 '화촉점화' 방법이다. 현재 서울에 있는 예식장들은 화촉점화 때 양가 어머니들이, 카펫이나 하얀 천으로 깨끗하고 정성스럽게 장식된 중앙통로를 밟고 들어와, 혼례식단 위에서 촛불을 키고 있는 실정이다. 그러나 박 장군은, 중앙통로는 결혼을 하는 주인공인 신랑과 신부가 가장먼저 밟아야한다고 주장했다. 어머니들은 예식 전에 홀 앞자리에 있는 혼주 석에 앉아 있기 때문에, 혼주 석에서 직접 단상으로 올라오면 더 편리하다는 것이다. 어머니들이 의도적으로 뒤로 돌아 가서 중앙통로를 이용할 필요가 없다는 것이다. 박 장군은 옛날부터 내려오는 우리나라 혼례풍속도 신랑신부를 주인공으로 모셨다고 강조했다.

두 번째로 오늘 주례가 시정한 내용은 신랑신부가 양가 부모님께 올리는 절(인사)의 동작이었다. 현재 대부문분 예식장에선, 신랑은 두 무릎과 두 손을 예식장 바닥에 대고 큰절을 올리고, 신부는 손을 모아 허리만 조금 구부리는 반배半拜 만 올리고 있다. 신부는 옷 드레스가 거창해 신랑 같이 큰절을 할 수 없는 상태다. 주례 박 장군은 오늘 신랑에게도 반배를 하라고 지시했고, 신랑도 수긍하고 반배를 했다. 이에 관한 주례의 주장은 한결같았다.

"신부의 손이나 신랑의 손이나, 세균이 많은 예식장 바닥을 손바닥으로 짚는 행동 자체가 상식에 어긋나는 일이다. 굳이 큰절을 하려면 행사요원이 바닥에 깨끗한 수건이라도 깔아주어야 하지 않을까? 화려하고 깨끗하게 꾸민 중앙통로는 조건 없이 결혼식 주인공인 신랑과 신부가 먼저 통과해야 한다. 우리 조상들도 그랬고, 지금 외국에서도 주인공 위주로 모든 예식을 진행 한다"

는 주장이었다.

벌써 아들이 결혼한 지도 이년이 넘었다. 대농이는 요즈음도 집안 청소할 때 마다, 주인 없는 아들 방도 잘 닦는다. 가족들이 아침식사를 마친 후 설거지를 하다 보면, 수저가 세벌 밖에 없다. 아들 수저가 빠진 것이다. 하루를 집에서 살다보면 몇 번이고 몇 번이고 아들 빈자리가 눈에 보이고 가슴이 허전하다. 그럴 때 마다 대농이는 어미 제비가 아기 제비에게 먹이 잡는 방법을 가르치는 광경을 생각했다.

제 4부 : 부록 사건별연대표

사건별 연대표 목차

*참고자료 → 동아세계대백과사전, 국사대사전, KBS-1TV 방송내용, 조선일보 기사.

1. 한국전쟁.6.25전쟁 연대표

○ 1939.9.1 - 1945.8.15 : 제2차세계대전

* **제2차세계대전** - 연합국인 미국, 영국, 프랑스, 소련 등 26개 국가와, 추축국(동맹국) 인 독일, 일본 이탈리아 간에 5년 11개월 12일 간 벌어졌던 전쟁이다. 전장戰場이 '유럽' 모든 나라와 아시아, 아프리카는 몰론, 태평양 국가植民地에 까지 확산되었다. 1939.9.1 독일의 '폴란드' 침공으로 시작되었다. 미국이 일본'히로시마'廣島와'나가사끼'長崎에 원자폭탄을 투항하자, 일본 천황이 1945.8.15 무조건 행복하여 전쟁이 끝났다. 미군은 8.30 일본 본토를 점령하였으며, 9.2 항공모함'미주리호'에서 일본으로부터 항복문서를 조인 받았다. 넓고 길었던 전쟁에서 4,700만 여명이 희생되고, 동원병력은 1,044개 사단에 일억 여명이 넘는다는 비공식 통계도 나오고 있다. 제2차새계대전의 기본적인 충돌원인은, 연합국 측은 민주주주의 이념을, 추축국들은'파시즘 이념'을 확산시키려는 욕심 때문이었다. '파시즘'Fascism은 독재적인 전체주의로서, 제1차세계대전 이후 '이탈리아'의'무솔리니'정권에서 시작되었다. 일본이 1941.12.8 미국 하와이 진주만을 기습 공격하여, 발발한'태평양전쟁'도 제2차세계대전의 일부였다. 제2차세계대전은 우리민족에게, 일본 식민지통치에서 해방되는 기쁨과, 국토분단이라는 슬픔을 동시에 안겨준 전쟁이었다.

○ 1941.12.8 - 1945.8.15 : 태평양전쟁.

* **태평양전쟁** - 제2차세계대전 중이었던 1941.12.8, 일본이 미국'하와이'진주만을 기습 공격하여 벌어진 전쟁이었다. 일본은, 프랑스 영토인'인도차이나'' 를 비롯하여, 비율빈, 인도네시아, 싱가폴, 미얀마, 괌, 사이판, 오키나와, 이오지마 등 여러 지역을 점령했다. 영국 군함과 네덜란드 함대도 격파했다. 그

러나 동맹국인 독일은, 1943년'스탈린그라드'에서 소련군에 패배하여 전세戰勢가 기울었다. 1944.6 연합군의 '노르망디' 상륙작전과 1945.5 히틀러의 자살은, 제2차세계대전의 사실상 종말을 예고했었다. 그러나 일본은 1945.8.15 미국의 원자탄 세례 후(히로시마, 나가사키) 무조건 항복했다.

○ 1945.8. 9 : 소련, 제2차세계대전 참전 - 일본 관동군 격파

○ 1945.8.13 : 소련군 북한 청진항 상륙. 제25군단 병력 일부를 상륙시킴.

○ 1945.8.15 : 제2차세계대전 종료. 일본 천황 무조건 항복.
미국 원자탄 투하(2발)
- 연합군 : 미국, 영국, 소련, 중국 등 26개국
- 추축국 : 일본, 독일 이태리

○ 1945.8.22 : 소련군 평양 진주. 남북한 왕래 불허와 통신연락 단절 조치 단행. 공산화 통일 보장되지 않는 통일정부수립 불허

○ 1945.9.8 : 미국 육군 제24사단 인천항 상륙.

○ 1945.9.9 : 미군 제24사단 서울 진주 .
일본군 무장해제와 전후 처리 목적

○ 1945.9.11 : 미군'하지'중장, 미국 육군 제7사단장'아놀드'(Archbold. B.Arnold) 소장을 군정장관에 임명. 공식적인 미군군정이 시작 됨. 군정은 11948. 8.15 대한 민국정부가 수립될 때까지 3년간 계속되었음.

○ 1945년 - 1950년 : 김일성 주석, 장개석 군대와 싸우는 중국 모택동毛澤東 주석에게 무기 십만 정과 탄약을 지원. 김일성 주석 중국 임표林彪장군 부대에 포병지원과 수풍발전소 전기를 중국으로 보냈음
(본 내용은'북한과학백과사전출판사'가 2008년12월 발행한 책자 '중국동북해방전쟁을 도와'내용의 일부임. 월간조선 2010.7월호 보도)

○ 1946.2월 : 북한, 평양학원 수립, 군 장교양성 시작

○ 1946.8월 : 북한, 보안간부훈련대대 창설 인민군 강화

○ 1947.1월 : UN총회에서 한국 총선거 실시계획 의결. UN한국임시위원단 구성 결의

○ 1947.7월 : 북한, 헌법위원회 구성(위원장 김일성)

○ 1947.11월 : 북한, 헌법위원회 결성, 인민군 창설. 북한 정무원 주석 김일성, 외무부장관 박헌영

○ 1948.1월 : 소련, 한반도 전체 총선거 실시 거절. UN한국임시위원단 입국 거절.

○ 1948.2월 : 북한, 조선인민군 창설.

○ 1948.2.26 : UN총회 개최 - UN감시가 가능한 남한만 총선거 실시하기로 의결.

○ 1948.4.3 : 제주도 4.3폭동사건 발생

○ 1948.5.10 : UN 감시 하에, 한국 38선 이남지역 자유총선거실시. 국회의원 198명 선출. 북한지역 국회의원 100명은 공석 상태.

○ 1948.5.31 : 남한, 제헌국회 개원.

○ 1948.7.17 : 남한, 헌법공포

○ 1948.7.20 : 국회, 대통령 이승만李承晩, 부통령 이시영李始榮을 선출

○ 1948.8.15 : 대한민국 정부수립. 3권 분리제도 도입(입법, 사법, 행정)

*정부기구 : 11개부, 4처, 3원, 1특별시, 9개도

○1948.9.9 : 북한, 흑백선거를 통한'조선민주주의인민공화국'수립 발표

○1948.10월 : 소련군, 북한에서 완전 철수

○1049.3월 : 북한 김일성 주석, 소련'스탈린'에게 남한 무력통일 허락 요청.

○ 1949.6월 : 미국군, 한국에서 완전철수(군사고문단 잔류)

○ 1949.7월 : 중국 모택동 주석, 조선인들로 편성된 육군 2개 사단을 북한에 지원.

○ 1949.8월 : 소련, 핵실험 성공.

○ 1949.9월 : 북한 김일성 주석, 스탈린에게 남한 무력통일을 재요청(거절당함).

○ 1949.10.1 : 중국 모택동 주석, 전쟁에서 승리하고'중화인인공화국'수립

○ 1049.12월 - 1950.5월 : 북한, 기동훈련하며 전쟁훈련 강화.

○ 1950.1월 : 미국 국무부장관'애치슨', 미국 방위선에서 한반도 제외 연설 ('애치슨 라인'설치). 소련'스탈린'이 북한 무력통일을 지원하 는 동기로 작용.

○1950.1.3 : 소련'스탈린', 김일성 주석에게 무력통일 구상에 동의. 중국과 협의 후 처리를 당부함. 중국·소련 간 우호협력조약체결.

○ 1950.4월 : 김일성 주석과 박헌영 장관, 소련'스탈린'방문. 남한 무력통일 승인을 요청'(스탈린'은 최종 승인하고, 무기와 군수물자 지원을 약속)

○ 1950.5월 : 북한 김일성 주석, 중국 모택동 주석을 방문. 전쟁발발 시 중공군 파병 가능 여부를 확인

○ 1950.6.25.04:00 : 한국전쟁 발발. 북한, 한국 기습남침. 미국정부 - UN안전보장회의 소집(14:00), 적대행위 중지, 군대 삼팔선 이북으로 철수요청

*북한병력 : 185,000여명. 북한군 10개 사단. 기갑사단(1). 특수독립연대. T-34전차(소련제).

*인민군 5사단과 64사단은 중국에서 전투경험이 있는 조선인들로 편성 된 부대. 6.25전쟁 시 인민군 주력부대로 활동.

○ 1950.6.28.02:30 : 한강인도교 폭파. 500여명 사망. 육군참모총장 지시. TNT 3,600파운드 사용. 정부는 6.27 기차 편으로 대전으로 피난.

○ 1950.6.27 : UN, 안전보장이사회 개최. UN주재 미국대사'W.R.오스틴'은 북한의 한국침략은, UN에 대한 공격이라고 언급. 강력한 북한 제재는 UN의 임무라고 천명. 결의-회원국들은 한국에 원조제공.

○ 1950.6.29 : UN사무총장, 회원국에 원조제공 형식 보고요망

○ 1950.7.7 : UN, 안보리 개최. 미국지휘 통합사령부에 집결을 결의. 맥아더 원수를 UN군 사령관에 임명. 16개회원국이 병력과 장비를 제공.

○ 1950.7.14 : 이승만 대통령, 국군 지휘권, UN군사령관에게 이양

○ 1950.8.4 - 1950.9.16 : 낙동강 방어전투(43일간)

* **낙동강 방어전투** – 한국전쟁의 전장戰場은 공산군이 남한의 90%를 점령한 긴박한 상황이었다. 전쟁 발발 한달 후였던 1950.7월 말, 공산군은 영덕, 안동, 상주, 진주까지 점령했다. 이제 대구, 포항, 부산, 마산만 남아있는 상태였다. '맥아더'원수의 지시를 받은 미국 제8군사령관'워커'중장은, 8.4 낙동강에 방어선 구축을 끝냈다. 부산을 중심으로 남해와 동해를 배수진으로 하고, 서쪽에 있는 낙동강과, 동북쪽에 있는 산악지대와 천연장애물을 이용하는, 사각형 모양의 방어선이었다. 아군은 8.1부터 낙동강 철교, 인도교를 비롯 모든 교량을 폭파했다. 공산군의 남하를 막고, 반격의 교두보를 확보하려는 전술이었다. 방어선은 부산을 중심으로 낙동강을 따라 남북 150Km와, 왜관, 다부동, 포항에 이르는 동서 90Km였다. 총 240Km였다. 남북방어선에는 미군 5개 사단 (2사단, 24사단, 25사단, 해병사단, 제1기병사단)이 배치되었다. 동서방어선엔 국군 5개 사단(1사단, 3사단, 6사단, 8사단, 수도사단)이 배치되었다. 북한군은 수안보에 전선사령부를 설치하고, 김일성 장군의 지휘를 받으며, 8.4-8.25과 9.1-9.15 두 차례 대공세를 펼쳤다. 그러나 공산군의 전차는 이미 80% 파괴되고, 전투병력은 55% 수준이었으며, 300Km의 병참선은 제 기능을 발휘하지 못했다. 한편 UN군은'워커'장군의 사 수명령이 하달 된 가운데, 완전한 제공권과 제해권을 활용하며 엄청난 화력으로 적을 괴멸시켰다. 다부동전투, 대구방어전투, 영천전투, 동해안지구 전투 등 많은 전선에서 공방전을 펼쳤다. 특히 미국공군은 1950.8.16, B-29폭격기 98대를 동원하여 왜관에 진을 친 적군에게 960톤의 폭탄을 투하해 섬멸시켰다. 피아彼我는 8월과 9월에 걸쳐 장장 43일 간 혈투를 계속했다. 상처투성이가 된 공산군들에게, 맥아더 장군은 1950.9.15 세계전쟁사에 빛나는'인천상륙작전'을 선물했

다. 적군들은 9.16부터 철수 했다. 허리를 뚫린 공산군들의 눈물어린 철수작전이 시작된 것이다. 반면 UN군의 북진 행보는 파죽지세破竹之勢같았다.

○ 1950.8.1 : '워커' 주한미군사령관 부임. 낙동강 전투, 마산전투 등 계속.

* **다부동 전투** – 다부동은 경북 칠곡에 있는 낙동강 인접지역이다. 낙동강방어선 총 240Km 중 중간지역인 왜관 부근이다. 북서쪽엔 유학산(839m)이, 동쪽에는 가산(90m), 남쪽 10Km에는 도덕산이 있어, 대구를 사정권에 넣을 수도 있다. 낙동강방어전투 관련 지역들 중 가장 중요한 지역이었다. 북한군은 8월 대공세에서 3개 사단을 동원, 왜관과 다부동 지역을 공격했다. 국군 제1사단은 1950.8.12 대구 방어를 위해 다부동 유학산 일대에 방어선을 구축했다. 사단 장병은 물론 학도병, 경찰, 노무자들도 합세하여 구국의 일념으로 공산군과 혈투를 했다. 특히 다부동 328고지 탈환을 위해 피아는 공방을 계속했고, 하루에도 주인이 16회나 바뀌는 유례없는 전투를 했다. 8.17에는 국군 제10연대, 미군 제23연대, 미군 제국27연대를 증원 받아 공산군 3개 사단을 격멸시켰다. 1950.9.16 인천상륙작전 직후 반격 명령이 하달되자, 국군 제1사단 장병들은 공산군을 배후에서 공격했다. 미국 제1기병사단과 합류하며 적을 섬멸시키고 계속 북진했다. 다부동 전투에서 UN군 측은 10,000여명이 희생되었고, 공산군의 희생은 17,000여명에 달했다.

○ 1950.9.6 : 인민군이 영천을 점령함.
○ 1950.9.15 : 맥아더(Douglas MacArthur) 인천상륙작전 성공

* **인천상륙작전** : ' 맥아더'미국극동군사령관은, 1950.6.29 한강방어선을 시찰하며 인천 상륙작전을 구상했다. 공산군의 후방을 상륙작전으로 차단하고, 낙동강 전선에서 반격해 적을 괴멸시키겠다는 계획이었다. 그러나 미국합동참모본부와 해군은'맥아더'의 계획'을 반대했다. 이유는 인천항 간만의 차이가 7m에 불과하고, 월미도가 상륙을 방해할 것이며, 비좁은 접안지역, 시가전

불가피 등 많았다. 성공비율도 5000/1이라며 반대했다. '맥아더'는 이런 난점이 오히려 적의 허점을 찌를 수 있다고 주장하여 8.28 승인을 받아냈다. '맥아더'는 상륙부대로 미국제10군단을 편성하고, 미국극동군 참모장 '알몬드'소장을 군단장에 임명했다. 10군단은 미국제1해병사단, 미국제7보병사단, 국군제1해병연대, 국군제17보병연대, 미국제2특수공병여단, 미국제5해병연대 등으로 편성되었다. 총 병력은 75,000여명이었다. 작전은 10군단 이외에도, 미국해군에서 수송선단, 화력지원함대, 지휘함 등 총 261척의 함정이 동원되었다. 9.15.02:00 D-Day가 다가오자 UN군은, 공산군에 대한 기만작전을 시작했다. 해군은 서해안을 봉쇄하는 한편, 북한군 방어선과 교통시설을 맹폭했다. 인천을 중심으로 반경 50Km이내 도로, 교량도 폭격했다. 9.4부터는 해병 자체 항공기와 항공모함 함재기들의 출격으로 월미도를 집중 폭격했다. 9.13부터는 북한군 능력 분쇄를 위한 함포사격을 계속했다.

9.15.02:00 작전을 개시한 상륙작전은 2단계로 진행되었다. 제1단계는 월미도 점령이고, 제2단계는 인천 해두보 확보였다. 당일 상육부대는 별스러운 저항을 받지 않았다. 치밀한 포격 때문이었다. 미국제5해병연대 3대대가 전차 9대를 앞세우고 두 시간 만에 월미도에 상륙했다. 미군 부상 7명, 인민군은 사망 108명, 포로 106명이었다. 제2단계로 본격적인 상륙작전이 시작되었다. 사전 준비된 미국제10군단 산하 상륙부대들은 성공적으로 인천에 상륙했다. UN군은 시가지 소탕전에 돌입했다. 서울을 향해 진격하며 수도 서울수복을 위한 전투를 계속했다. 전사자는 총 1,400명이었다. 세계 전쟁사에서도 빛나는'맥아더'장군의'인천상륙작전'은, 3개월 간 계속되고 있는 한국전쟁의 전세戰勢를 역전시켰다. UN군의 평양 점령과 압록강 진격을 예측가능하게 만들기도 했다.

○ 1950.9.28 : 서울 수복. 북한은 인민군 10만 명을 동원하여 방어.
○ 1950.9.29 : 맥아더 사령관 서울 도착, 중앙청 광장에서 이승만 대통령과 서울수복 군중대회에 참석하고 공동연설 했음.
○ 1950.10.1 : 북한 김일성 주석, 스탈린에게 병력 지원을 요청 - 소련은

전쟁 개입 불가를 통보하며, 중국에 요청하라고 답변. 중국 모택동도 지원 불가 통보. 그러나 중국은 10.13 중공군 참전을 결정. 소련은 북한에 군사장비 지원을 약속. 소련은 전투기 조종사 등 70,000여명의 기술인력을 지원.

○ 1950.10.3 : 한국군 제3사단, 38선 돌파 북진개시(10월3일, 국군의 날로 정해짐)

○ 1950.10.4 : UN군도 38선 돌파 북진

○ 1950.10.5 : 중국 모택동, 소련 스탈린의 요청으로 북한지원 파병을 결정. 정치국 회의를 거쳐 의용군인 중국인민지원군을 편성(사령관:팽덕회)

○ 1950.10.9 : '맥아더'사령관, 김일성 주석에게 항복 연설(방송),

○ 1950.10.9 : 미국제 10사단, 원상 앞바다에 정박 대기. 기뢰제거 작전전개.

○ 1950.10.10 : 한국군 제3사단, 원산 점령.

○ 1950.10.16 : 이승만 대통령, 국군 평양입성 군중대회 참석

○ 1950.10.18 : 한국군 제1사단, 평양입성, 북진 계속. UN군, 평양 점령을 발표.

○ 1950.10.19 : 모택동 주석, 출병결정문 하달(중국공산당 중앙군사위원회 명의).

○ 1950.10.19 : 중공군, 한국전쟁에 개입. 국군 및 UN군 후퇴. 중공군 병력은 130 만여 명까지 증가. 정전까지 총 5회의 대공세를 펼침.

○ 1950.10.20 : 인민군이 대전을 점령함.

○ 1950.10.25 : 중공군 , 국군 제1사단과 교전 - 일차 대공세 감행.

○1950.11.21 : 미군 제7사단, 압록강 도착

○1950.11.25 : 중국 모택동 주석의 아들 모안영(毛岸英), 미군 폭격으로 전사 (북한에 매장). 중공군, 30개 사단으로 증가.

○1950.12.4 : 북한 김일성 주석, 북한군 작전지휘권을 중공군사령관 팽덕회에

이양

○19560.12.6 : 미8군, 중공군 대공세로 평양에서 38선까지 후퇴.

○1950.12.12- 1950.12.24 : UN군, 흥남철수작전 전개展開

* **흥남철수작전** - 낙동강 방어전투를 마치고, 인천상륙작전에 성공한 UN군은 연일 북진했다. 서울수복(9.28), 평양탄환(10.16)에 이어'장진호전투'도 영웅적으로 끝냈다. 그러나 예기치 못했던 중공군 개입으로 후퇴를 거듭하고 있었다. 중공군 2차 대공세로 미국 제8군은 1950.12.6 평양에서 38선까지 후퇴했다. 함흥 일대에 머물렀던 미국 제 10군단과 국군1사단은 순식간에 고립되었다. 북한 서부지역은 공산군에 점령되었다.

'맥아더'미국태평양사령관은 12.8 해상철수를 명령했다. '알몬드'미국 제10군단장은 퇴조항-함흥-동천리를 연결하는 반경 12Km에 교두보를 설치했다. 아군의 흥남철수작전을 위한 중공군 공격을 차단하려는 방어전투였다. 흥남앞바다에는 항공모함(7척), 전함(1척), 순양함(2척), 구축함(7척), 로켓포함(3척)이 배치되어, 엄청남 함포사격으로 중공군 방어작전을 지원했다. 흥남에서 철수할 총 병력은 105,000여명, 차량 18,422대, 전투물자 35,000여톤 등 어마어마한 규모였다. 12.12 영웅적으로 '장전호전투' 를 끝낸 미국 해병제1사단 병력이 먼저 철수했다. 연포비행장을 통한 항공철수도 병행되었다. 미국해군은 125척의 수송선을 동원해 철수를 계속했다. 하루 2회 이상 운항하는 선박들도 많았다. 병력철수가 종료되니 또 다른 문제가 생겼다. 피난민 철수가 문제였다. 엄청나게 많은 피난민들이 모여들었다. 공산군 학정을 떠나려는 피난민들이었다. '알몬드'군단장은 국군 제1군단장 김백일金白一장군의 건의를 수용해 98,000만 여명의 피난민들을 모두 철수시켰다. 전 세계 전쟁사에서도 찾아 볼 수 없는 작전이었다. 더욱이 인도적인 측면에서 세계인들을 감동시켰다. 13일 작전기간 내내 엄청난 함포사격이 계속되었다. 미국 제7함대에서 발사한 5인치 함포만도 18,637발이었다. 인천상륙적전 때 보다 70% 많은 분량이었다. 12.24 마지막 엄호부대와 폭파요원들이 떠나며, 흥남항구는 굉음과 화염에 휩싸였다. 적의 추적을 차단하려는 전술이었다. 그 날은 X-Mas

Eve였다. 흥남부두는 추웠다. 매서운 동장군이 계속 눈보라와 진눈깨비를 몰아쳤다.

○ 1950.12.14 : UN총회, 전투 확대 방지를 위해'정전3인단'을 설치
- 카나다, 이란, 인도. 만족할만한 정전의 기초를 총회에 보고토록 권고.

○ 1950.12.23 : 워커(W.H. Walker) 주한 미국 8군 사령관 교통사고로 사망. 서울 도봉구 지역 순찰 중 한국인 트럭이 사고를 냈음.

○ 1950. 12. 24 :'리지웨이'(Matthew B. Ridgway)장군, 주한미국8군 사령관으로 부임, 지평리 전투에서 중공군 대공격 격파. 낙동강에서 반격 서울 수복.

○ 1950. 12. 31 : 중공군, 3차대공세(신정공세). 9개 군단 30만여명 투입. 중공군은 1953년 전쟁 후반부에 17개 군단 120만 여명으로 증강 투입됨.

○ 1951. 1. 1 : 인민군 및 중공군 대규모 공격. 1.4 후퇴. 1.4 - 한국정부 서울에서 철수

○ 1951. 1. 6 : '리지웨이'미8군사령관, 중공군 대공세로'평택-안성 방어선' 구축

○ 1951.2.1 : UN총회, 중국을 침략자로 지명

○ 1951.3.11 : 중공군 제4차 대공세 - 지평리 전투에서 미군제23연대에 대패.
- 중공군 4,946명 전사

○ 1951.4.12 : **미국 '트루먼'**(Harry S. Truman)대통령, '맥아더'태평양지역 사령관을 해임(한국전선을 17회 방문). 아버지'아서 맥아더'장군 은 1905.8.26 조선 고종황제를 알현하고 청동화로를 기증 받았음.

○ 1951.4.14 :**'밴플리트'**(Tames Alward Venplett) 대장, 주한미군 제8군 사령관에 부임. 1953.1월 광화문에서 이임 환송식 거행. 중공군 대 공세 방어. 이승만 대통령이 1965.7.19 하와이에서

사망하자 유해를 모시고 방한했었음.

○ 1951.4.22 : 중공군 5차 대공세 - 4일 만에'설마리 전투'에서 미군 3사단에 대패 - 수만명 전사 - 사령관 팽덕회는 중국 모택동 주석에게 대 공세 실패를 보고.

○ 1951.5.16 : 중공군 6차 대공세 - 미군3사단의 역공으로 4일 만에 처참하게 패배.

○ 1951.5.18 : UN총회, 회원국들은 중국, 북한에 전쟁물자 재공 금지를 의결.

○ 1951.5.27 : 중공군 사령관 팽덕회는 8개 군단을 투입, 전 전선에 방위선을 구축

○ 1951.6.23 : UN주재 소련대사'말리크', 전투행위 중지성명 발표(휴전제의)

○ 1951.6.30 : UN군'리지웨이'장군이 라디오 방송을 통해, 북한 원산항에 있는'네델란드'병원선에서 정전회담을 개최하자고 제의.

○ 1951.7.8 : 개성에서 정전회담을 위한 연락장교회담 개최.

○ 1951.7.10 : 정전회담 장소를 판문점으로 변경

○ 1951.12.1 - 1951.12.14 : 공비토벌 적전

* **공비토벌작전** - 전쟁이 계속되자 공비(게릴라)들의 비정규전이 문제점으로 떠올랐다. 공비는 기존의 남노당원 이외 패잔병, 낙오병들이 합세하여 규모가 커졌다. 공비들은 밤에 약탈, 방화 살인을 일삼았다. "낮에는 대한민국, 밤에는 인민공화국" 이라는 말이 나돌았다. 국군은 육군 제8사단 과'수도사단'으로 백야전투사령부(사령관: 백선엽 육군제1군단장)를 창설하고, 북한'게릴라'들을 소탕했다. 작전결과는 살상 6,000여명, 생포 6,000여명이었다.

○ 1951.8.13 : 중국 모택동, UN군 측 제시 정전협정안 수용을 제안.

* 1951년 기간 중 소련은 중국에 16개 사단 규모의 장비만을 지원.

○ 1952.8.20 : 북한 김일성 주석, 중국 주은래를 통해 스탈린에게 정전停戰을 요청

* **고지쟁탈전** - 정전협상이 계속되는 1951.7.10-1953.7.27 기간 중, 고지, 평야, 교통요지 등 전술·전략 상 중요한 지역을 점령하기 위한 전투가 계속되었다. 주로 중동부 전선에서 있었다. 서부전선은 피아가 전쟁확대나 세계대전으로 확산을 우려해 회피했다. 펀치볼 전투 (1951.8.31-9.20). 피의능선 전투(1951.8월-9월). 단장의능선 전투
(1951.9.13-10.13). 저격능선전투(1952.10.14-11.24)등 여러 지역이었다.

○ 1951.8.31-1951.9.20 : '펀치볼'전투

* **'펀치볼'전투** - '펀치볼(Punch Bow)'은'화체그릇'이라는 미국말이다. 어떤 모양의 화채그릇일까! 강원도 해안면 마대리는 해발 450m의 원형분지에 있다. 분지 크기는 4.47㎢로 여의도 면적보다 6배 크다. 분지 사방은 가칠봉(1,242m), 대우산, 도솔산, 대암산 등 해발 1,100m 이상의 높은 산들로 둘러싸여 있다. 따라서 높은 산봉우리에서 멀 리 있는 마을을 내려다보면, 분지와 산의 조화가 마치 화채그릇처럼 보인다. 그래서'펀치볼'이다. 한국전쟁 때 여기서 큰 전투가 있었다. 1951.8월! 한국전쟁 전투상황은 교착상태였다. 한 달 전부터 판문점에서 정전협상이 계속되고 있었기 때문이다. 그래도 아군과 적군은 정전협상이 끝나기 전에 좋은 지역을 차지하려고 전투를 계속했다. 전략적 요충지인'펀치볼'입구, 능선, 고지에도 인민군 제1사단이 견고한 방어진을 구축하고 주둔해 있었다. UN군 산하 미국 제1해병사단과 배속된 국군 제1해병연대는, 8.31 '감재고지'점령을 목적으로 선제공격을 했다. 인민군의 저항이 매서웠다. 한미 해병들은 전투기 폭격과 해군 함포사격을 지원 받으며 치열하게 공격했다. 9.20 '펀치볼'분 지와 주변 고지들을 모두 점령했다. 인민군의 피해는 전사 3,739명, 포로 767명이었다. UN군의 피해는 전사 506명, 부상 1,602명, 실종 11명이었다. 그 때'펀치볼'에서 발휘 된 미국 해병대의 용맹이, 전설로 변하여 지금도 주민들에게 회자膾炙되고 있다.

○ 1951.9.13 - 1951.10.13 : 단장의능선 전투

* **단장의능선 전투** – UN군 산하 미군 제2사단과 프랑스군 및'네덜란드군'이, 1951.9.13 – 1951.10.13 간 북한 인민군 3개 사단(6사단, 12사단, 13사단) 및 중공군 제204사단과 치열한 전투 끝에'단장의능선'을 점령한 전투다. 강원도 양구군 사태리 소재 단장의 능선 고지(931m)는 남북으로 길게 뻗은 또 다른 고지들과 연결되었다. 험준한 산악지대다. 868고지, 850고지, 841고지, 894고지, 890고지, 905고지, 1,220고지 등 태백산맥의 지류 같았다. UN군의 공격을 받은 적군의 저항은 완강했다. UN군은 예상외로 많은 피해를 입었다. UN군은 부대 재편성을 끝내고 포병 5개 대대 (37,38,96,503,780)의 화력지원을 받았다. 30만 발의 포탄을 퍼부었고, 소총탄 697,000발을 소모했다. 전투기도 847회 출격하여 750톤의 폭탄을 퍼부었다. '스터만' 특수부대가 적의 후방을 공격하여 적들을 교란시켰다. 적은 흔들리기 시작했다. 단장의 능선 고지(913m)는 전투개시 한 달 후인 10.13 점령되었다. 그날'네덜란드군'장병들은 서쪽에 있는 1,220m 고지도 점령했다. 미국 연합통신 종군기자'스텐카트'는 전투 상황 취재를 위해 전방구호소를 방문했다. 한 부상병이 벌벌 떨며"가슴이 찢어지는 것 같다. Heart Break1"고 고통을 호소했다. 기자는'단장의능선 전투'라는 제목을 달 아 기사를 미국 본사로 송고했다.

○ 1952.10월 : 전쟁포로 교환 관련, 자유의사 존중 여부로 정전회담 중지
○ 1952.10.14 – 1952.11.24 :저격능선 전투

* **저격능선 전투** – 자격능선은 강원도 철원군 학사리(쉬리마을)에 있다. 김화(금화) 북방 7Km지점이고, 해발 590m의 장방형 능선이다. 한국전쟁 시 서부전선에서 최대 요충지로 평가 받던 지역이다. 철의삼각지대(철원, 김화, 평강) 중심부인 오성산(1,062m) 우측이다. 김화를 향해 뻗어 내린 능선 중 남대천 근처 능선이다. 판문점에서 정전협상이 시작된 지 세달 만인 1951.10월, 미군 제25사단은 저격능선에 주둔해 있었다. 중공군 저격병들이 능선에 노출된 미군 장병들을 조준 사격하여 많은 희생을 당했다. 미군들은 이 능선에 저격능선(Snier.Ridge)이라는 이름을 붙였다. 본격적인 저격능선 전투는

일년 후인 1952.10.14 - 11.24(6주)간 계속되었다. 국군 제2사단은 10.14 저격능선을 점령하고 있는 중공군 4개 사단(12군, 15군 산하)을 선제공격했다. 주간전투 후 국군은 야간에 중공군과 백병전을 하고 능선을 점령했다. 그러나 다음날 중공군은 인해전술로 공격하여 고지를 빼앗았다. 국군은 능선을 내주고 철수했다. 국군은 다음날 공격하여 다시 능선을 점령했다. 이렇게 밤낮으로 주인이 바뀌는 전투를 한 달도 넘게 했다. 반전에 반전을 계속하던 저격능선 전투는, 11.24 국군17연대 5중대가 538고지(독바위)를 점령함으로서, 국군이 저격능선을 손에 쥘 수 있었다. 국군과 중공군은 하루에 한 번씩 백병전을 벌이는 전투를 42일 간 했다. 힘들고 지루한 전투였다. 중공군 31사단과 45사단은 오성산 후방으로 철수했다. 국군은 소총탄 416만발, 포탄 17만발을 소모했다. 국군 전사자는 485명, 중공군은 7,600여명이 전사했다. 그러나 저격능선은 지금 우리들이 볼 수 없다. 비무장지대 북쪽에 위치하고 있기 때문이다. 중공군은 정전협정이 조인되기 전날인 1953.7.26 저격능선을 기습 공격해 점령했다.

○ 1952.10.6 - 1952.10.15 : 백마고지 전투

* **백마고지 전투** - 강원도 철원군 묘장면 산명리 소재 높이 395m의 백마고지를 점령하기 위해 1952.10.6-10.15 벌렸던 전투였다. 백마고지는 평강, 김화와 함께'철의 삼각지대'를 이루는 철원평야의 중심지다. 병참선과 주요도로 확보를 위한 요충지 이기도 하다. 국군제9사단 2만명과 중공군 제38군 산하 제114사단 45,000여명은 1952.10.6 - 10.15간 치열한 전투를 했다. 국군 전사자는 3,500여명이었고, 중공군 전자는 만여 명을 넘었다. 피아가 총 30여만 발의 포탄을 퍼부었고, 고지 주인이 7회나 바뀐 혈투였다. 국군은 이 전투에서 승리하여 철원평야를 확보했다. 이승만 대통령과'밴플리트' 미국8 군 사령관이 국군 제9사단을 방문하고 눈물을 흘렸다는 일화도 있다. 우측 고암산은 북한 김일성이 전투를 지휘했던 고지로'김일성고지'라고도 불린다. 이 전투로 국군은 정전협정 조인을 앞두고, 평강, 김화(금화)와 함께'철의삼각지

대'의 한 축인, 철원과 평야를 확보했다.

○ 1952.12.3 : UN총회, 자유의사에 따른 포로교환 결의안 채택.
'드와이트 아이젠하워'미국 제34대 대통령 당선자 방한

*'**드와이트 아이젠하워**'(Dwigh David Eisehower) – 미국 제34대 대통령 당선자 방한. 선거 때 한국전쟁 정전을 공약했음. 한국전쟁에 대대장으로 참전 중인 아들'아이젠하워'를 전방에서 상면함. 제2차세계대전시 유럽지역 연합군 사령관 역임.' 노르망디 상륙작전'을 지휘하고 프랑스를 탈환하여, 전쟁영웅으로 부각됨.

○ 1953.1.15 : 미국'트루먼'대통령 퇴임.' 아이제하워'대통령 취임.
'밴플리트'주한미군 제8군사령관 이임.

○ 1953.3. 5 : 소련'스탈린'사망. 스탈린은, 중국 주은래와 북한 김일성 주석의 정전 요청 을 거절 해왔음.

○ 1953.6. 8 : 포로송환협정 최종안 서명. UN군측 대표와 공산군 측 대표 참석.

○ 1953.6.17 : 이승만 대통령, '아이젠하워'미국 대통령에게 '한미상호방위조 약'체결 촉구 서한발송

○ 1953.6.18 : 이승만 대통령, 반공포로 석방(27,000여명) - 한미관계 악화로 미국은 이승만 대통령 제거를 위한'구테타'도 계획. 세계여론도 이승만 대통령을 규탄했음.

* **포로교환** – 1953.9.4 – 1954.1 기간 중 3회에 걸쳐 포로가 교환되었음. UN군이 통보 한 공산군 포로는 13만 2,474명이었다. 남한출신 의용군은 제외했다. 1951.6월 북한군 총사령부가 발표했던 국군과 유엔군 포로는 10만 8,000명이었다. 그러나 공산군 측은 국군포로들을 북한군에 입대시키거나 주민으로 편입시켰다. 유엔군에 통보한 숫자는 11,559명 에 불과했다. 공산군

포로 중에는 송환을 거부하는 포로가 20,000명에 달했다. 남한 잔류나 대만으로 가기를 희망하는 포로들이었다. 이들은'인디아, 스위스 등 5개국 군으로 편성된 '중립국송환위원회'로 이송했다. 이들은 중립군들의 보호아래 비무장지대에서 재심사를 받았다. 인민군 포로 7,900명이 북한으로 귀환했다. 임진강 '자유의 다리'를 건너갔고, 중공군 포로는 13,700명 중 440명이 중국으로 갔다. 대만 으로 간 보포로가 많았다. 1994.10 귀환 한 국군포로 조창호 소위와 1998.4월 귀순한 양순용 등의 언급에 의하면, 많은 국군포로가 광산에서 부역대로 일하거나 인민군에 입대하였다 한다. 2006년 현재 545명의 국군포로가 생존해 있는 것으로 확인되고 있다.

○ 1953.6.25 : 미국'아이제하워'대통령 특사'로버트손'방한 - 이승만 대통령은 정전협상 동의 대가로 한미상호방위조약을 요청, 한국군 근대화를 위한 10억$ 지원도 약속받았음.

○ 1953.7.13-7.20 : 금성지역 전투

* **금성지역 전투** - 판문점'정전협상 조인'을 7일 남긴 시점에서, 중공군 4개 군단 (24,60,67,68) 산하 12개 사단을 동원하여, 국군 5개 사단(5,6,8,11,수도)이 방어하는 금성지역을 공격했다. 정전을 앞둔 시점에서 중국 모택동이 한국군 1만 명을 섬멸하라는 지시를 하여, 7.13 대공세를 감행한 것이었다. 이 전투로 국군은 금성지역 좌우 돌출부에서 철수하였고, 후방지휘소도 기습을 당했다. 국군은 백암산, 주파령, 적근산 주변으로 후퇴했다. 국군은 7.16 반격작전을 개시했다. 간진현, 금성천, 562고지까지 진격 했다. 중공군은 전쟁 개시 때 보다 4Km 남쪽 지역인, 금성천 북안까지 후퇴했다. 그 상태에서 정전협정이 조인되었다. 이 전투에서 발생한 피아의 희생자는 15만여 명에 달했다. 그러나 중공군의'화천수력발전소'점령 야욕은 좌절되었다. UN군 전투기들은 '네이팜탄' 1,300여개를 투하하며 중공군의 남하를 저지했다.

○ 1953.7.20 : 판문점 정전협상 계속. 유엔군과 공산군 양측에서 영관급

대표들 참석

* **협의안건** : 군사분계선, 비무장지대, 중립국보호 포로송환, 휴전회담 수석 대표들이 서명 후, 양측 군사지휘관들이 서명하기로 절차 타결.

○ 1953.7.27 : **정전회담 조인.** 전쟁 종료됨. 10:00 - 판문점에서 UN군측 회담 수석대표'해리슨'중장과, 공산군 측 회담수석대표 남일 대장이 각각 서명함. 전투는 12시간 후인 22:00시에 종료되었음. 72시간 후에는 양측 군대가'군사분계선'에서 각각 2㎞ 씩 후퇴했음(남방한계선, 북방한계선 까지)

* **군사지휘관 최종서명**(3명) UN군 사령관'크락크'(문산야전집무실), 북한 김일성 주석(평양사무실), 중공군 팽덕회 사령관(개성사무실). 군사분계선 설정. 비무장지대 설정. 군사정전위원회 설치(스위스, 스웨덴, 폴란드, 체코슬로바키아). 중립국감시위원회 설치.
* **군사분계선** : 248㎞(165마일)

○ 1953.8.5 : 중공군 보호 UN군 포로 귀환(판문점)
○ 1953.8.8 : 한미상호방위조약 가조인(서울). 1
○ 1953.9.4 : 제1차 포로교환, 미국 제24사단장'윌리엄 딘'소장이 먼저 귀환.
○ 1953.10.1 : 한미상호방위조약 최종조인(워싱턴) - 한반도 전쟁 재발방지와 국가안보를 위한 초석으로 작용.

* **'윌리엄 딘 William F. Dean'소장** - 해방 후 미군 제24사단장으로 한국에 와서 1947.10 - 1948.8.15(10개월)간 미국군정청 장관을 역임한 인물이다. 미국제24사단은 한국전쟁 때, '스미스' 특별정찰대대 파병으로 1950.7.5 오산 죽미령에서 인민군과 교전하여 대패했다. 미국제24사단은 대전에 방어선을 설치하고 작전 중, 7.19 인민군 제3사단에게 대패했다. 병력 16,000명 중 8,660명만 생존했다. 야간에 옥천 방향으로 퇴각하다 '딘' 사단장은 길을 잃

어 홀로 산중에서 36일을 숨어살았다 8.15 전북 진안에서 인민군에게 체포되었다. 북한은 일 년간 '딘' 소장의 포로사실을 숨기다, 1953.9.4 포로교환시 귀환시켰다. 미국은 제24사단을 재편성하기 위해 딘 장군을 영웅 대접했다. 적을 얕잡아 보다 패배한 사례로 기록되고 있다.

○ 1953.11월 : 미국 부통령'닉슨'방한. 이승만 대통령 회담.

○ 한국전쟁(6.25전쟁) 피해규모 및 내용

* **인명피해 : 한국군 및 UN군** - 776,000명. 중공군과 북한군 - 2,00만 여명
* **주민피해** : 한국 - 100만 여명, 북한 - 150만 여명
* **한국주민 납치 및 행방불명** : 38만 7,000여명. 납북인사 85,000여명
* **UN군측 피해** : 사망자 - 약 40,000여명.
* **포로 및 실종자(한국군 + UN군)** - 40,000여명
* **공산군측** : 북한군 사망자 52만 여명, 중공군 사망자 90만 여명, 전쟁 직전에 300만 여명이 자유를 찾아 자진 월남했음(당시 북한 인구는 약 1,200만여 명이었음).

○ 1954.4 - 1956.6월 : 한국문제 정치적 해결을 위한 **제네바회담** 개최

* **참가자** : UN측(17개 국가) : 한국, 한국전 참전 16개국 공산군 측 : 북한, 소련, 중국
* **의제** : 한반도 전체에서 인구비례로 자유총선거를 실시하고, 민주적 정부를 수립하여 인계한다. 목표 달성 시 까지 UN군이 한국을 보호한다.
* **결과** : 회담 결렬. 한반도 양분됨.

○ 1955.12.5 : 북한 박헌영 외무장관, 반당, 간첩방조 등 죄명으로 처형됨

○ 한국전쟁 참전 16개 국가 및 피해내용

1. 미국 : 참전인원 5,720,000명 전사자 54,246명 부상자 103,284명
2. 영국 : 참전인원 57,000명 전사자 792명 부상자 2,583명
3. 캐나다 : 참전인원 25,579명 전사자 312명 부상자 1,212명
4. 터키 : 참전인원 14,936명 전사자 741명 부상자 2,068명

5. 태국 : 참전인원 12,845명 전사자 129명 부상자 1,139명
6. 그리스 : 참전인원 10,581명 전사자 196명 부상자 543명
7. 호주 : 참전인원 8,047명 전사자 304명 부상자 1,040명
8. 필리핀 : 참전인원 7,420명 전사자 112명 부상자 299명
9. 콜롬비아 : 참전인원 5,314명 전사자 131명 부상자 448명
10. 네덜란드 : 참전인원 5,322명 전사자 120명 부상자 645명
11. 뉴질란드 : 참전인원 5,144명 전사자 23명 부상자 79명
12. 프랑스: 참전인원 3,421명 전사자 262명 부상자 1,008명
13. 이디오피아 : 참전인원 3,518명 전사자 121명 부상자 536명
14. 벨기에 : 참전인원 3,498명 전사자 101명 부상자 349명
15. 남아프리카공화국 : 참전인원 826명 전사자 34명
16. 룩셈부르크 : 참전인원 89명 전사자 2명 부상자 13명

* 병원선·의료지원 국가 (5개국) : 노르웨이(623명), 덴마크(630명), 스웨덴(160명), 이탈리아(128명), 인도(675명).

2. 일본 식민지 통치시대 연대표

○ 일본 식민지통치 (일제 강점기) 시대구분
- 제1기(1910-1919) : 무단정치 시대
- 제2기(1919-1931) : 문화정치 표방 시대
- 제3기(1931-1945) : 한국 병참기지화 시대 및 전시동원체제화 시대

○ 1866.9월 - 1866.11.18 : 병인양요 발생

* **병인양요(丙寅洋擾)** - 서기 1866년, 병인년에 발생한 서양오랑캐들의 소란행위라는 의미다. 그 해 9월에, '프랑스 극동함대'사령관'로오즈'Rose 제독이 지휘하는 군함들이 서울 마포 서강西江에 출현하여, 조선병사와 전투를 하고 병기, 양식, 서적들을 약탈했다. 조선왕조 철종12년이었던 서기1961년에, 천주

교 신도가 23,00여명으로 증가했다. 고종의 아버지 대원군은 1966.1월, 천주교 탄압령을 하달하고 신도 8,000여명을 처형했다. 조선은 유교儒敎국가였다. 이 소식은 청나라 수도 북경北京에 주재하고 있 는 '프랑스'대리공사'벨로네'Bellonet에게 보고되었고, '벨로네'는 프랑스 극동함대사령관'로오즈'Rose 제독과 대응책을 숙의했다. '로오즈'제독은 9월에 군함3척을 이끌고 양화진楊花津과 서강 앞바다에 진출해 정찰활동만 한 후 퇴각했다. '로오즈'제독은 10.16에 군함7척을 동원하여, 강화도 갑곶에 상육, 조선 병사들의 병기, 양식, 서적들을 약탈했다. 11.18까지 문수산성, 경기수영, 정족산성 등지에서 조선군과 치열한 전투를 벌였다. 장령전長寧展등 많은 관청도 불 지르는 만행을 자행하고 퇴각했다. 이 사건으로 유럽열강들은 조선왕조의 국제적 지위를 재검토하게 되었다.

○ 1866년 - 1871.4.24 : 신미양요 발생

* **신미양요(辛未洋擾)** - 서기 1866년 고종3년, 미국 상선'셔어먼'Sherman 호가 평양 부중府中까지 들어와, 조선왕조 병사들과 전투를 하여, 배가 불타고 침몰한 사건이 있었다. 청나라 수도 북경에 주재하고 있던 미국공사'로오'Law는, 미국 아시아함대 사령관'로저스'Rodgeos에게, 사건내용 확인을 요청했다. '로저스' 제독은 콜로라도 Cororado호 등 함정 5척을 이끌고, 1871.4.10 남양 앞바다에 도착하여 조선정부에 통상通商을 요구했다. 병인양요 사건을 경험한 조선정부는 거절했다. 미군함정 4척은 재차 광성진廣城津에 도착하여, 조선병사들과 전투를 했다. 미군들은 4.23에 초지진에 상륙하여, 혈전 끝에 광성진, 초지진을 함락시켰다. 아군 피해는 전사 5명, 미군 피해는 사망2명, 부상10명이었다. 미군은 다음날 아군의 야간 기습으로 퇴각했다. 대원군은 양이洋夷들에 대한 적개심으로, 전국 각지에 척화비斥和碑를 세우고 쇄국정책을 더욱 강화했다.

○ 1875.8.2 : 일본 군함 운양호(運揚號) 사건 발생

* **운양호 사건** - 1875.8.2(고종12년), 일본 군함 운양호雲揚號와 조선 강화도

포대砲臺병사들 간에 벌어졌던 전투사건이다. '강화도 사건'이라고도 부른다. 일본은 쇄국주의鎖國主義정책을 계속하고 있는 조선에서, 통상이라는 구실로 아시아 대륙 진출의 발판을 마련하려는 야심을 품고, 1875.8.2 군함 3척을 파견시켰다. 일본군함은 강화도 부근 난지도 해상에 운양호를 정박시키고, 수십 명의 병사들이'보우트'로 초지진草芝津포대까지 다가왔다. 조선 수병守兵들이 총격을 가하자'보오트'는 철수했다. 운양호는 함포사격으로 초지진을 파괴하고, 영종진永宗鎭도 맹폭하여 파괴했다. 운양호는 군대를 상륙시켜 살인, 방화, 약탈행위를 감행했다. 조선 수병 450여명은 분산되었고 많은 피해를 입었다. 전사자 35명, 포로 16명이 발생하고, 대포 36문, 화승총 130여정 및 많은 군기軍器와 총탄을 약탈당했다. 일본군 측 피해는 단 경상자 2명뿐이었다. 비교도 되지 않는 전과였다. 최신 병기로 무장한 일본군과, 구식병기 뿐이었던 조선수병 과는 상대가 되지 않는 전투였다. 운양호 사건은, 조선조정이 불평등한 통상조약을 일본과 체결해야하는 빌미로 작용했다. 일본은 강제적인 자세로 통상을 요구했고, 조선은'울며 겨자 먹기 식'자세였다. 아무런 준비도 없이 조선이 근대 자본주의 열강 국가들에게 문호를 개방하게 만들었다. 운양호 사건발생 7개월 후인 1876.2.26, 한일 양국은 한일수호조약(병자수호조약)을 체결했다. 그 후 양국은 제1차한일협약1904.8에 이어 제2차한일협약을사보호조약,1905.11이 체결되었다. 35년 후인 1910.8.22에는'한일합병조약'이 체결되었다. 결국 우리나라는 일본제국주의 국가의, 식민지植民地로 전락하고 말았다.

○ 1876.2.26 : 한국·일본 강화도조약 체결. 대원군 하야. 개국정책 시작.
강화도에서 회담하고 한일수호조약(병자수호조약) 체결.

○ 1882.6 : 임오군란(壬午軍亂) 발생 - 대원군 입궐활동 재개

○ 1884.10 : 갑신정변(甲申政變) 발생. 개화파, 신정부 수립.

○ 1894. 1 : 동학혁명(東學革命) 발발. 전봉준 주도. 일본 및 청나라 세력을 퇴치함. 김옥균 암살됨.

○ 1894. 6 : 갑오경장(甲午更張) 발생 : 개혁파, 조선의 정치제도를 개혁함.

○ 1895. 8 : 을미사변乙未事變발생(황후 민비 시해사건) - 일본공사'미우라'및 대원군세력 합세

○ 1904.2.8 - 1905.9.5 : 러시아·일본 전쟁(약 7개월)

* **러일전쟁** - 일본은 운양호雲揚號사건을 빌미로 1876년 한일수호조약(강화도조약, 병자수호조약)을 체결하고, 합법적으로 한국에 진출할 수 있는 발판을 만들었다. 19세기 말 세계적으로 횡횡했던, 열강列强들의 식민지 정책 마수가 여지없이 발휘된 것이다. 그 후 일본은 임오군란1882 갑신정변1884, 동학혁명1894, 갑오경장1894등, 계속되는 일련의 사건들 마다 조선朝鮮내정에 간섭하며 활동범위를 넓혔다. 급기야 1895.8 을미사변乙未事變을 일으켜'미우라'주한공사가 황후 민비를 살해하는 범행마저 저질렀다. 러일전쟁은 일본의 한반도 지배와 만주지역 지배를 통한 아시아지역 점령야욕을 노골화 했던 전쟁이었다. 일본함대가 1904.2.8 소련 여순旅順군항을 기습하여 시작된 전쟁이었다. 전쟁의 뒷면에는 영국·일본 동맹과, 러시아·프랑스 동맹이 있었다. 이 동맹들은 제1차세계대전의 기초로 연결되었다. 전투는 여순군항에서 중국 요동반도의 난산南山과 대련大連으로 옮겨졌다. 연전연승을 거듭하는 일본군은, 1904.6월 15개 군단을 동원하여'만주군일본사령부'를 설치했다. 일본군은'랴오양'遼揚전투(8월), '사허회'沙河會전투(10월), '히꼬우라이'黑溝臺전투1901.1등 치열한 전투들을 계속하며 중국본토 를 점령해 나갔다. 또한 일본군은 1905.3월 25만 여명의 병력을 동원, 봉천奉天에서 '러시아군'과 회전會戰했다. 일본군은 승리했지만 7만 여명의 병사들이 전사했다. 바다에서 양국 간 해전海戰은 1905.5.27 대한해협에서 있었다. 회심의 해전이었다. '러시아'해군은, '헤이하치로'재독이 지휘하는 일본연합함대에 패배했다. 결국 이 전쟁에서 패배한'러시아'는 혁명운동이 시작되었다. 승리한 일본은 한반도 지배권을 확보했고, 만주지역 진출권도 따냈다. 1905.9월 조인된'포츠머스강화조약'에 따라, 일본은 러시아로부터 한반도의 독자적인 지배를 확인 받았다. 1904.2.10 체결되었던 제1차 한일협약(한일의정서)는, 1905.11월 체

결된 제2차한일협약(을사보호조약)과 연결되면서, 1910.8.22. '한일합병조약'으로 발전하였다. 한반도가 일본의 식민지植民地로 변해버린 것이다. 일본이 아시아 대륙점령을 위해, 우선적으로 달성하려던 한반도 지배야욕은, 차질 없이 달성되었다.

○ 1904.2.10 : 한일의정서 체결 - 일본이 한국 내정간섭의 발판을 만들었음.

* **제1차한일협약 체결(8월)** - 한국은 일본인 고문을 채용한다는 내용의 협약임.일본이 고문정치의 발판을 마련 한 것임.

○ 1905.11 : 을사보호조약(제2차한일협약)체결

○ 1906.2 : 일본 통감부 한국에 설치. 외교권 박탈. 초대통감'이또오히로부미'(伊藤博文) 부임

○ 1907.1 : 순종 결혼(1.24). 국채보상운동 전국적 전개. '헤이그 만국평화회의'밀사사건 관련 고종황제 퇴위(6월). 정미7조약(丁未7條約)체결 - 입법, 사법, 행정 모두 일본통감부가 개입하기 시작함.

○ 1908.1 : 각 지역에서 의병들 궐기(1월) - 전명운 스티븐슨 사살, 최남선 잡지'소년'발행(3월), 동양척식(주)설립(12월).

○ 1909.10.26 : 안중근 의사'이또히로부미'사살. 만주'하르빈'역서 권총으로 저격. 만철이사(滿鐵理事) '다나까'와 비서관'모리'는 중상을 입음.

○ 1910.8.22 : 한국·일본합병조약 체결(국치일)

* **원인** : 한국 위정자들의 무능 - 친일각료들의 동조. 매국노들의 반역행위 - 일진회 간부 등 미국, 영국 등 열강 대국들의 - 일본 야욕 묵인
* **통치방법(기술)**
  - 차관정치 : 한국인 대신(장관) 밑에 실세 일본인 차관을 임명함.
  - 한국사법 및 감옥사무 위탁에 관한 각서체결 - 사법권 탈취 목적임.
  - 한국 군대해산 및 한일경찰관을 통합함(일본 관헌이 지휘를 시작함).

* **일본의 조선총독부 설치(1910.10.1)** : 통감부 폐지. 식민지 통치 시작.
- 초대 총독(總督) 부임 : ' 데라우치 마사타케'(寺內正毅) 육군대장.
- 총독부의 식민지정책(3대)
* 효율적인 식민지 지배를 위한 탄압
* 영구 예속화를 위한 고유성 말살 및 우민화정책(愚民化政策)
* 철저한 경제적 수탈
- 통치방법 : 강력한 헌병경찰 체제로 통치(일본군 : 보병사단 2개. 병력 : 4만명).
* 안중근 의사 사형집행(3.29, 여순감옥)
* 안명근 의사,' 데라우치'총독 암살기도 실패(12월).
* 제1기 총독부 주요 탄압정책 내역
- 토지조사사업 추진 - 소요예산 2,456만원 투입
- 전국에서 토지 수탈 - 전 국토의 40% 약탈함. 동양척식(東洋拓植,株) 활용
- 미곡 징수 : 280만 섬(총생산량 1,270만 섬 중 22%)
- 수탈행위 : 농민의 50%가 춘궁기에 초근목피로 연명, 간도 연해주로 이주함.

○ 1911 : 압록강 철교 완성

○ 1912.6 : 105인사건 발생 - 일본이 민족지도자들의 집결체인'신민회'를 말살시키기 위해 조작한 사건. 안명근의'데라우치'총독 암살미수 사건으로 시작 됨. 유동열(柳東悅), 양기택(梁起鐸) 등 105명의 민족지도자들을 투옥시켰음.

○ 1913 : 미국에서 흥사단조직

○ 1914.7.28 - 1918.11.11 : 제1차세계대전 발발

* **제1차세계대전** - 연합국인 영국, 프랑스, 러시아, 일본 등 국가들이, 추축국(동맹국)인 독일, 오스트리아와 3년 3개월 13일 간 벌였던 전쟁이다. 오스트리아 황태자 부부가 '보스니아''사라에보'에서 암살된 사건이 전쟁으로 확대되었다. 오스트리아가 1914.7.28 '세르비아'에 선전포고를 하여 전쟁이 시작되었다. 연합국과 추축국 간 충돌의 본질은, 자본주의 경제력과 제국주의帝

國主義의 팽창이었다. 연합국들은 20세기초부터 지본주의 경제가 도입되어, 경제력이 대형화 되었고, 배출구로 대외식민지 통치를 선택했다. 연합국 열강국가들은 경쟁적으로 자국의 세력을 넓혀 나갔다. 이런 팽 창주의는, 추축국인 제국주의 국가들이 군사력으로 영토와 권력을 넓히려는 점령정책과의 충돌을 가져왔다. 전쟁은 수천만 여명의 희생자를 내고, 1918.11.11 독일이 '콩피에뉴'에서 휴전조약에 서명하고 항복했다.

* **동원병력** : 연합군 42,188,810명 추축국 22,850,000명 합계 65,038,810명
* **피해내용** : 공식 발표내용이 아닌 추정치임
  - 사망자 : 연합국 5,157,315명 추축국 3,386,200명 합계 8,543,515명
  - 부상자 : 연합국 12,831,004명 추축국 8,338,448명 합계 21,219,542명
  - 포 로 : 연합국 4,121,090명 추축국 3,629,829명 합계 7,750,919명
  - 손상자 : 연합국 22,109,409명 추축국 15,404,477명 합계 37,513,886명
  - 총 계 : 연합국 44,218,818명 추축국 30,758,954명 총계 74,977,772명

○ 1914 : 철도 호남선 개통
○ 1916.7 : 제2대 일본 총독'하세가와'(長谷川好道) 부임
○ 1917 : 한강인도교량 준공. 이광수 - 소설'무정'을 매일신보에 게재
○ 1919.3.1 : 기미독립운동 발발(3.1만세사건). 손병희 등 33인

* 3.1독립운동 여파 : 총독부의 문화정치 표방(기만적인 정치기술 연출). 민족분렬 유도. 한글신문 발행허용. 만주침략 전초기지로 활용
* 8월 : 제3대 총독'사이또 마코트'齋藤實해군대장 부임
- 통치구호 : 일선융화(日鮮融化) 일시동인(一視同人) 발표
- 총독의 문관개방. 한국인 차별철폐. 지방문인주의 실현. 재래문화 존중.
- 언어, 집회, 출판 허용. 경찰관 정비. 인재등용문호 개방. 헌병경찰제도 폐지
* 고종 승하(1월). 동경유학생 600명 2.28 독립선언 - 3.1운동의 모체가 됨.
- 대한민국임시정부수립(3월). 이승만 국무총리 취임.(5월). 김규식 파리평화

회담 참석. 김좌진 軍政府수립(8월). 강의규 의사 신임 사이또 총독에 폭탄 투척(9월)

○ 1920.10 : 이범석 장군 청산리 전투에서 대승(10월). 이시영-신흥문관학교 설립(5월). 조선일보 창간(3월). 동아일보 창간(4월). 만주에서 독립군 조직. 홍범도 장군, 만주 봉오동(鳳梧洞)에서 일본군 격파 (6월). 김좌진 및 이청춘 장군이 독립군을 통합하여 러시아 지역으로 이동(12월)

○ 1921.9 : 김익상 의사, 조선총독부에 폭탄 투척

○ 1922 : 백조 창간(2월). 손병희 사망(5월). 조선호적령 공포. 잡지 신천지, 신생회,조선지강 등 발간. 일본 니이가다(新潟)에서 한국 근로자 100명 학살사건 발생(7월).

○ 1923 : 김상옥 의사, 종로경찰서에 폭탄 투척. 일본 관동(關東)대지진 발생 - 교포 피해발생

○ 1924. 1 : 김지섭, 도오교오(東京) 궁성'나쥬우바'(二重橋)에 투탄(1월)

○ 1925 : 김좌진 장군 - 신민부 조직(3월). 조선사편수회 설치(6월)

○ 1926.2 : 도량형령 발표 - 미터법 전용. 융희황제 승하. 6.10만세사건 발생(6.10). 총독부 청사 준공(10월). 경성방송국설립(11월). 김구- 상해임시정부 국무령 취임.

* **나석주 의사** - 식산은행, 동양척칙주식회사에 투탄

* 1926 - 1931 간 발생한 영세민 현황 : 걸식자 1만명→16만 3,000명, 춘궁기 난민 29 만명→105만명, 영세민 186만명 → 420만명으로 증가했음.

○ 1927.2 : 신간회 조직 - 민족진영의 정신적 구심체 역할로 항일운동 기능이 강화됨. 제5대 총독'야마나시 한조'山梨半造부임(12월).

○ 1928 : 김구 및 이시영 - 한국독립당 조직. 제3차공산당 사건 발생(11월).

○ 1929 : 여의도비행장, 울산비행장 개설(4월). 광주학생운동 발생(11월). '사이또' 제6대 총독 부임. 김좌진 장군-공산당원에게 피살

○ 1930 : 함남 장풍탄광에서 폭동발생 - 200여명(6월)

○ 1931.6 : 제7대 총독'우가키 가즈시게'(宇桓一成) 부임. 만주사변 발발(9]
월). 경성대학생 - 반제(反帝)동맹 사건으로 다수 검거됨(11월)

○ 1931.9.18 - 1932.3.1 : 만주사변 발발(5개월 13일)

* **만주사변** - 일본 관동군關東軍이 1931.9.18 '류자오코우사건'候溝事件을 빌미로 , 중국 동북부 지역인 만주滿洲를 침략 점령한 전쟁이다. 일본은 러시아와의 전쟁1904.2-1905.9에서 승리하여, '포츠머스강화조약'에 의거 만주지역 진출권을 확인 받은 상태였다. 그러나 관동군은 전 만주지역 점령을 사전모의하고 1931.9.18 북만주로 진격하여 기습 점령했다. 중국의 국권회복운동이 점점 거세지고, 러시아도 경제개발5개년계획을 추진하여 향후 전망이 불안해졌기 때문이었다. 관동군은 중국의 봉천奉天지역, 지금의 심양瀋陽주변지역인 '유자오코오'를 통과하는 만주철도滿鐵선로線路를 자신들이 폭파시키고, 중국측 소행이라고 트집 잡아, 북만주로 진격하는 군사행동을 거행했다. 사변이 아니라 기습 공격한 전쟁이었다. 일본군은 1932.1월에 만주 전역을 점령했다. 1932.3.1에는 만주에 일본의 꼭두각시 나라, '만주국'이라는 괴뢰정부傀儡政府를 수립하여 선포했다. 아시아대륙 전체를 점령하겠다는 일본제국주 야욕을 달성하기 위해, 한반도처럼 만주도 식민지로 만든 것이다. 중국은 이 사건을 국제연맹에 제소提訴했다. 국제연맹國際聯盟은 '리튼조사단'을 파견하여 진상을 파악하는 한편, 일본군에게 철수를 권고했다. 그러나 일본은 철수를 거부하고 열하성熱河省마저 점령한 다음, 1933.3월 국제연맹을 탈퇴했다. 이 전쟁을 계기로 일본은 완전히 제국주의, '파시즘체제'로 전환되었다. 또한 일본의 이 침략행위는 중일전쟁1937과 태평양전쟁1941으로 연결되었다.

○ 1932.4.29 : 윤봉길 의사 - 상해 천장절 기념식에서 물병 폭탄 투척 - 일본군 사령관'시라까와'대장, 상해 거류민단장 '가와바따'등 즉사. 일본 제3함대사령관'노무라' 등 3명 중상.

* **이봉창 의사** 일본천왕에 수루탄 투척 : 1932.10.26 동경(東京) 연병장에서'히

로히토'국 왕에게 수류탄을 투척하였음. 국왕은 무사하고, 기수와 근위병만 부상을 입었음. 10.10 '이찌가야' 형무소에서 사형이 집행되었음(33세).

○ 1936.6 : 일본 제8대 총독'미나미지로'(南次郞) 부임. 장항제련소 준공. 한강인 도교 준공. 손기정 선수 베른린 올림픽에서 마라톤 금메달. 일장기 말살 사건 발생(8월)

○ 1937.7.7 - 1945.8.15 : 중일전쟁(中日戰爭)

* **중일전쟁** – 중일전쟁은 한반도와 만주지방을 손에 쥔 일본이, 중국영토 전부를 점령할 목적으로 야기한 전쟁이었다. 일본은, 을사보호조약1905 과 한일합병조약1910을 통해 한반도를 식민지로 만들었다. 이어 러일전쟁1904을 통해 러시아도 물리쳤다. 만주사변 1931도 야기하여'만주국'이라는 꼭두각시 정부를 만들었다. 그 다음으로 점령야욕을 들어낸 게 중일전쟁이었다. 일본은 1937.7.7' 베이징'北京교외'루꼬오차오'盧滿溝橋에 서 군사행동을 일으켰다. 만주사변 때와 마찬가지 방법으로, 선전포고 없이 침략행위를 했다. 전쟁이라는 단어를 사용하지 않고'지나사변'또는'루꼬오차오 사변'이라는 표현을 썼다. 그래도 중국과 일본의 충돌은 전쟁으로 변했고, 전투는 중국 전역으로 확산 되었다. '베이징'과'텐진'天津을 점령한 일본은, '상하이'上海, '난징'南京으로 전장을 확대시켰다. 1937.12월까지 수십만 여명의 중국인들을 학살했다. 그 이후에도 일본은 '후우한'武漢,' 꽝뚱'廣東,' 산시'山西등 남북지역 12개 성省과 주요 도시들을 점령했다. 한편 중국은 제2국공합작國共合作으로'항일抗日민족통일전선'을 형성하여 항전抗戰을 계속했다. 일본인들의 점령행위는 1,200만 여명의 중국인들이 희생되는 상태에까지 이르렀다. 그러나 최신식 병기로 무장한 수백만 여명의 일본군들도, 중국이라는 넓은 땅에서 8년이 넘도록 계속되는, 장기전쟁의 수렁에서 헤어나지 못했다. 중국인들의 반발도 점점 강해졌고, 병참지원에 문제점들이 발생하는가 하면, 장병들의 사기마저 저하되었다. 이 시점에서 일본은 탈출방법으로 1941.12.8 태평양전쟁을 선택했다. 중일전쟁은 태평양전쟁과 함께 제2차세계대전 속으로 빨려 들어갔다. 일본군 105만 여명은

세계대전 속에서, 제구실도 못하다 1945.8.15 미국의 원자폭탄 세례로 무릎을 굴었다. 일본군은'포츠담선언'과 함께 중국 국민정부에 항복했다.

○ 1937. 9 : 한국어사용금지령 하달. 각급 학교 조선어학과 폐지. (주)압록강수력발 발전 설립

○ 1938 : 국민정신총동원운동 전개

- 중·일전쟁 준비 목적. 국가총동원법 제정 - 조선연맹결성

○ 1939.9.1 - 1945.8.15 : 제2차세계대전. 연합국인 미국, 영국, 소련이, 동맹국인 독일, 일본, 아탈리아 사이에 벌린 전쟁. 독일 항복으로 연합국이 승리. '베르사이유 조약'에 의거 강화했음. .

○ 1939. 3 : 한국임시정부 사천성(四川省)으로 이전.

○ 1940 : 창씨개명(創氏改名)제도 시행. 한국청년 강제징용(탄광). 조선일보. 동 일보 폐간. 조선어학회. 진단확회 해산. 민족자본 성장억제. 광물, 어장 등 강제 약탈로 경재수탈 행위 만연. 교통, 운수, 학교, 등 일본화 시책강화. 토지조사 사업으로 일본화에 박차. 한국임시정부 건국강령 제정(3월).

* **선만일체화**(鮮滿一體化) 사업 추진 - 교통협정 체결, 문화협정 체결, 압록 강교량 가설, 두만강 교량 가설, 수력발전소 건설.

○ 1941.12.8 - 1945.8.15 : 태평양전쟁 발발. 태평양 전쟁 직전에'사상범 예방구금령'으로 지식인, 지도자들을 대거 구금 조치함. 한국임시정부 중국 중경(重慶)으로 이전. 광복군 사령부 설립(9월). 총독부-황국식민화운동 강화. 미국 루즈벨트 대통령 - 영국 처칠 선언에 대한 성명 발표.

○ 1942.5 : 제9대 총독 '고이소 구니아끼'(小礒國昭) 부임. 대동아전쟁 장기화 준비를 위해 한국인 동원을 위한'국민총력운동'을 전개함. 전략물자 증산. 근로자 징용. 전쟁 비상조치로 학교동원

체제, 국민근무체제를 확립하였음. 국민동원계획을 수정하여, 근로보국대 명의로 한국인들을 강제로 연행하여, 탄광, 광산, 군수공장, 비행장 등지에서 사역케했음.

○ 1943.8 : 의무병역제 징병실시 - 적령 국민을 모두 동원했음.

○ 1944.1 : 학병제 실시 - 대학생 강제 소집함.

○ 1944.7 : 제10대 총독'아베 노부유키'부임. 국민의용대 편성 - 경비태세 강화. 여자정신대근로령 발표 - 12세-40세 미혼여성들을 군수공장, 위안부로 연행 차출. 애국단, 경방단(警防團) 조직에 한국인들을 포함시 켜 생필품 등 주요물자들을 통제하였음. 배급제 실시 - 놋그릇, 소나 무 뿌리도 공출함. 독립운동, 사회운동, 학술운동 탄압이 극치에 달하였음. 독립운동은 중국, 미국, 만주지역 등 외국에서 진행됨(이봉창, 윤봉길).

○ 1945.8.15 : 미국이 일본에 원자폭탄을 투하(2발). 히로시마(廣島)와 나가사키 (長崎, 8.8투하) 두 도시에 투하.' 히로히토'일본 천왕 항복방송. 제2차세 계대전 종료. 소련군 →제2차세계대전에 뒤늦게 참전(8월9일)하여 관동군을 격파함. 소련군 제25군단 북한 청진항 상륙(8.13). 북한지역 평양진주 및 군정 시작(8.22). 미국육군 제24군단(하지 중장) 한국 인천상육(9.8), 서울 진주 및 일본군으로부터 항복문 서를 받음(9.9).

3. 미국군정 통치시대 연대표

○ 1876.2.26 : 한일수호조약(병자수호조약) 체결

○ 1904.1월 : 동학혁명 발발. 갑신정변 발생(10월).

○ 1904.2.8 - 1905.9.5 : 러·일전쟁 - 만주와 한국 지배권을 놓고 일본함대가 뤼순 군항(旅順軍港)은 공격하여 발발

○ 1905.11월 : 을사보호조약. 광무9년, 외교권 박탈, 조선통감부 설치, 행정권 회수, 한국인보호 명분, 러시아, 영국, 미국 등이 승인함.

일본은 통감에 이또오히로부미(伊藤博文)을 임명.

○ 1907년 : 만국평화회의, 네델란드 헤이그에서 개최. 고종은 이준, 이상설, 이 위종 등 밀사들을 파견. 고종황제 퇴위, 사법권 박탈, 군대해산.

○ 1909.10월 : 이또오히로부미(伊藤博文), 초대 통감 취임 - 조선통감부

○ 1910.8.22 : 한일합방(국치일)-한일합방조약체결(통치권 박탈당함).

* 조선왕조 몰락 : 27대왕 516년 간 이씨조선 계속

○ 1939.9.1 - 1945.8.15 : 제2차세계대전 발발. 일본, 독일, 이태리 - 영국 , 미국, 러시아

○ 1943.11.27 : 연합군 측 카이로선언(이집트), 한국 독립 약속조항 포함

○ 1945.7월 : 연합국 측 포츠탐선언(Potsdam)에서 카이로선언 재확인

○ 1945.8.15 : 일본항복, 식민지 종식, 일본천황 무조건항복선언, 미국 원자탄 투하, 제2차세계대전 종식

○ 1945.8.22 : 소련군, 한반도 38선 이북지역에 진주. 군정 시작.

○ 1945.9.8 : 미국 제24군단 서울 진주. 군단장 하지 중장John R.Hodge

○ 1945.9.9 : 하지 중장, 중앙청에서 주한 일본군에게 항복문서 받음.

○ 1945.9.11 : 하지 중장, 미국 육군 제7사단장 아놀드(Archbold. B.Arnold) 소장을 군정장관에 임명 - 공식적인 미국군정이 시작됨. 군정은 1948.8.15 대한민국정부가 수립 시까지 3년간 계속되었음.

○ 1945.9월 : 한국민주당 창당 - 민족진영 정당임.

○ 1945.9.24 : 국민당 창당

○ 1945.10.6 : 이승만(李承晩), 미국이서 귀국하여 좌익세력에 대항. 서북청년회 등 우익 청년단체 활동이 활발해짐.

○ 1945.11월 : 김구(金九) 주석, 중국에서 귀국하여 한국독립당 창당

○ 1945.12.15-12.27 : 모스크바3상회담(미국,영국,소련 외상참석), 한국독립을 구체적으로 합의. 한국에 민주주의 임시정부를 수립하여, 최장 5년간 미국, 영국, 소련, 중국이 신탁통치를 한다.

회담종료 후 2주일 내에 '미·소공동위원회'를 개최한다.

○ 1946.2.16 : 미국 군정청은, 한국인 지도자 28명으로 민주의원(民主議院)을 구성하여 자문 대상기구로 활용함.

○ 1946.2.20-5.6 :'제1차 미·소공동위원회'개최. 서울 덕수궁. 소련은 신탁통치 반대 정당과 사회단체 동참을 거부함. 미국은 신탁통치 반대 및 찬성 단체 모두 동참을 주장했음.

○ 1946.11.23 : 남조선노동당 창당(공산당+ 인민당+ 신민당)

○ 1946.12.12 : 미국군정청, 한국인 90명으로'남조선과도입법의원'을 구성하여, 긴급하고 당면한 법률을 제정토록 함.

○ 1947.2.5 : 미국군정청, 미군군정장관 밑에 한국인 민정장관 안재홍(安在鴻)을 임명.

○ 1947.5.20 : '제2차미·소공동위원회'개최 - 서울 덕수궁. 참가단체 범위 문제로 무기 휴회를 선언

○ 1947.6.3 : 미국군정청, 한국 정부명칭을'남조선과도정부'라고 호칭함.

○ 1947.7.1 : 서재필, 미국에서 귀국하여, 최고의정관(最高議政官)에 취임함.

○ 1947.7.19 : 여운형(呂運亨) 근로인미당수 피살됨.

○ 1947.10월 : 미국이 한국독립문제를 UN에 상정함. 미소공동위원회는 자동 해체

○ 1947.11.14 : UN총회가 한국독립정부 수립을 위한'UN임시한국위원단' 설치를 가결

○ 1948.1.8 : 'UN임시한국위원단'서울 도착. 소련은 자신들의 점령지역인 북 위38도선 이북지역에'UN임시한국위원단'입국을 거부함.

○ 1948.2월 : 'UN총회'는 한반도 선거가능지역 총선거 실시를 가결함. 소련은 거부함.

○ 1948.5.10 : 한반도 38선 이남지역 총선거 실시-국회의원 198명 선출. 이북 지역 의원 100명은 보류했음.

○ 1948.5.31 : 제헌국회 개회

○ 1948.7.17 : 헌법 공포(제헌절). 국회의장 이승만.

○ 1948.7.20 : 국회는 대통령에 이승만(李承晩), 부통령 이시영(李始榮)을 선출함.

○ 1948.7.24 : 대통령 부통령 취임식 거행

○ 1948.8.15 : 대한민국 건국 선언문 발표 - 삼권분리제도 도입(입법,사법,행정).

* **정부기구** : 11개부, 4처, 3원, 1특별시, 9개도

○ 1948.12.9 : UN총회가 한국정부수립을 승인(국가승인)- 찬성 46개국, 반대 6개국.

○ 1949년 : 봄부터 주한미군철수 시작. 6월에 완전철수.

* 주한미군 고문단만 잔류 : 단장 - 로버츠 준장(W.L.Roberts)

* 국방경비대는 국방군으로 편성됨.

○ 1949.6.24 : 김구(金九) 한독당 당수, 중경 한국임시정부 주석 경교장에서 피살됨.

○ 1950.6.25 : 한국전쟁 발발. 북한 남침. 6.25전쟁.

4. 한일합방 연대표

○ 1904.2.8 - 1905.9.5 러일전쟁. 발발. 만주와 한국 지배권을 놓고, 일본함대가 뤼순군항(旅順軍港)을 기습 공격하여 발발.

○ 1905.11월 : 을사보호조약 체결. 광무9년, 외교권 박탈, 조선통감부 설치, 행정권 회수, 한국인보호 명분, 러시아, 영국, 미국 등이 승인함.

'이또오히로부미'(伊藤博文) 파견.

○ 1907 : 만국평화회의, 네덜란드'헤이그'에서 개최.

* 조선 정부는 이준, 이위종 등 밀사파견,

* 일본의 조치 : 고종황제 퇴위, 사법권 박탈, 군대해산.

○ 1909.10 : 이또오히로부미(伊藤博文) 초대 통감 취임 - 조선통감부

○ 1910.8.22 : 한일합방(국치일), 한일합방조약체결(일본이 한국의 통치권을 박탈).

* **조선왕조 몰락** : 27대왕 516년 간 계속된 이씨조선 몰락
* **원인** : 한국 위정자들의 무능 - 친일각료들의 동조. 매국노들의 반역행위
  - 일진회 간부 등 열강 대국들의 일본 야욕 묵인 : 미국, 영국
* **통치방법(기술)**
  - 차관정치 : 한국인 대신(장관) 밑에 실세 일본인 차관을 임명함.
  - 한국사법 및 감옥사무 위탁에 관한 각서체결 - 사법권 탈취 목적임.
  - 한국 군대해산 및 한일경찰관을 통합함(일본 관헌이 지휘를 시작함).
* **일본의 조선총독부 설치(1910.10.1)** : 통감부 폐지. 식민지 통치 시작.
  - 초대 총독(總督) 부임 : '데라우치 마사타케'(寺內正毅) 육군대장.
  - 총독부의 식민지정책(3대)
* 효율적인 식민지 지배를 위한 탄압
* 영구 예속화를 위한 고유성 말살 및 우민화정책(愚民化政策)
* 철저한 경제적 수탈
  - 통치방법 : 강력한 헌병경찰 체제로 통치(일본군 : 보병사단 2개. 병력 : 4만 명).
* 안중근 의사 사형집행(3.29, 여순감옥)
* 안명근 의사,' 데라우치'총독 암살기도 실패(12월).
* 제1기 총독부 주요 탄압정책 내역
  - 토지조사사업 추진 - 소요예산 2,456만원 투입
  - 전국에서 토지 수탈 - 전 국토의 40% 약탈함. 동양척식(東洋拓植,株) 활용
  - 미곡 징수 : 280만 섬(총생산량 1,270만 섬 중 22%)
  - 수탈행위 : 농민의 50%가 춘궁기에 초근목피로 연명, 간도 연해주로 이주함.

○ 1939.9.1 - 1945.8.15 : 제2차세계대전 발발. 추축국(일본, 독일, 이태리) - 연합국(영국,미국, 러시아)

○ 1945.8.15 : 일본 식민지통치 종료(해방). 제2차세계대전 종료(미국이 일본에 원자폭탄 투하).

○ 1948.8.15 : 대한민국정부수립.

○ 1950.6.25 : 6.25 전쟁발발 끝.

5. 5.16군사혁명 연대표

○ 1960년 : 한국·일본회담 재개(1월). 대구고등학교학생 데모 - 민주당 선거 강연회 관련 일요일 등교반대(2.28). 제4대 대통령, 부통령 선거일(3.15) - 이승만 대통령, 이기붕 부통령 당선. 고려대학교 학생, 국회의사당 앞 연좌시위(4.18). 4.19학생 의거사건 발발(서울 및 대도시). 장면 부통령 사임(4.23). 이승만, 대통령 사의표명, 이기붕, 부통령 사의표명(4.26). 이기붕 부통령 가족, 경무대에서 자살(4.28). 이승만 대통령, 미국 하와이로 망명(4.29). 허정許政과도내각 탄생(4월). 내각책임제 개헌안 국회통과(6월). '아이젠하워'미국 대통령 방한(6월). 총선거 실시- 민주당 압승(7월). 민의원 및 참의원 개원(8월). 윤보선尹潽善대통령 당선(8월). 장면張勉내각출발(11월). 제 4차 개헌안 국회통과(11월)

○ 1961년 : 한국·미국 경제원조협정 조인(2월). 정부, 반공법 공포-혁신세력, 악법반대극한투쟁 횃불데모(3.22). 남·북학생회담 호응 군중대회, 서울운동장에서 개최(5월). 5.16 군사혁명 발발(5.16). - 군사혁명위원회 설치. 장면 내각 총사퇴(5.18). 혁명위→ 국가재건최고회의로 개칭(5.19). 장도영張都英중장, 최고회의 의장 및 내각수반에 취임. 국가재건비상조치법 공포(6월). 박정희朴正熙소장, 최고회의 의장에 취임(7월). 내각수반에

송요찬宋堯贊취임. 반혁명 세력44명 피포 (7월). 경제기획원 설치-경제개발5개년계획 추진(7월), '러스크' 미국 국무부 장관 방한(11월). 박정희 의장, 미국 워싱턴에서 케네디 대통령과 회담(11월). 3.15부정선거 관련자등 사형수 사형집행(12월).

○ **1962년** : 한국, 독일 및 이태리와 경제협력 체결(1월). 울산공업센터기공(2월). 중앙정보부장 김종필, 동남아 친선방문(2월). 농촌진흥청 신설(3월). 정치활동정화법 최고회의 통과(3월). 윤보선尹潽善대통령 사임 - 박정희 의장이 권한 대행(3월).' 라오스'부수상'노사반'방한 (5월). 고대생, 미국대사관 앞에서 한국·미국 행정협정 체결 촉구시위(6월). 내각수반에 김현철金顯哲취임(7월). 국민투표 실시, 개헌 안 통과(12월).

○ **1963년** : 한국·미국영사협정체결(1월). 민주공화당 발기(1월). 중앙정보부, 군 일부 음모 사건 발표(20명, 3월). 민정당 창당, 대통령 후보 윤보선 지명(5월). 한국·일본 예비회담 일본 측 대표, 김종필·오히라 메모 발표(6월). 민주당 창당, 총재 박순천(여, 7월). 김활란 이화여대 명예총장, 필리핀'막사 이사이'상 수상(8월). 제5대 대통령 선거, 박정희 후보 당선(10월). 영친왕 이은李垠, 일본에서 환국(56년만, 11월). 제3공화국 탄생(12월).

○ **1964년** : 대법원장에 조진만 선출(1월). '러스크' 미국국무장관 방한. 국무총리에 정일권 임명(5월). 대 일본 청구권 관련, 한일외교 반대 대학생 데모 고조. 서울시 일원에 비상계엄령 선포(6월). 김종필 공화당의장 사퇴(6월). 윤치영 국무총리 서리 취임(6월). 국군 월남 파병 관련 한국·월남협정체결. 박정희 대통령 서독일 방문(한국인 광부, 간호원 접견(12월). 육군일부 장교들의 반정부 음모 쿠데타 적발. 원충연元忠淵 대령 등 8명 체포(5월).

○ **1965년** : 제2한강교 개통(1월). '시이나' 일본외상 방한(2월). 한국·이태리 무역 문화협정체결(3월). 박정희 대통령 미국방문, 존슨 대통령과 회담(5월). **한일협정** 도쿄에서조인(6월)

이승만 전 대통령 하와이에서 사망(7월).국회 월남파병 동의안 의결(8월). 대학생들의 대 일본 굴욕외교 반대 데모를 저지하기 위해, 서울시 일원에 위수령 발동(8월). 월남(베트남)수상 '쿠엠 카오 키' 방한(11월). 한국·프랑스 문화협정 조인(11월).

○ **1966년** : 박정희 대통령 동남아 순방(2월). 국군 파월 증파안 국회통과(3월). **한국·일본 무역협정 조인**(3월). '터어키' 수상, 한국 주둔 터키군 철수 발표(5월). 아시아·태평양지역 각료회의 개막(6월). 한국·미국 행행협정 조인(7월). 정부, 제2차 경제개발5개년계획 발표(7월).

인구센서스, 남한인구 2,919만 4379명.

○ **1967년** : 북한, 동해에서 어로 중이던 한국어선 56함 포격 격침. 서독 '뤼프케' 대통령 방한(3월). 북한 중앙통신 부사장 이수근李穗根 판문접에서 귀순(3월). 제6대 대통령 선거, 민주공화당 박정희 당선(5월). 중앙정보부, 동베를린을 거점으로 한 북한 대남적화공작단 사건 전모발표(5월). 삼성 이병철 휘장, (주)한국비료 국가헌납 공포(10월).

○ **1968년** : 북한, 미국 해군 정보함(푸에플로함) 원산 앞 바다에서 납포. 승무원 감금(1월). 반공법 개정 박정희 대통령 250만 재향군인 무장화 선언(2월). 향토예비군법 시행령 공포(2월). 향토예비군창설(4월). 이디오피아 '셀라시에' 황제 방한(5월). 정부, 중학교 입학제 추첨제 채택(7월). 한·일제2차 각료회의 개최(8월, 서울). 박정희 대통령, 호주, 뉴질랜드 방문(9월). '홀리옫크' 뉴질랜드 수상 방한(10월). 한일협력 위원회 발족(11월). 국민교육헌장 공포(12월). 북한, 미국 '푸에블르호' 승무원 판문점에서 석방(12월)

○ 1969년 : 서독 특별사절단 내한(1월). 국토통일원 발족(3월). 미국 정찰기, 동해상에서 북한에 피격 추락. 승무원 43명 사망(3월). 위장간첩 이수근 사형 선고(5월). 월남 대통령 '구엔 반 티우' 방한(5월). 서울 - 인천 간 고속도로 개통(7월). 박정희 대통령 미국 방문 정상회의 개최(8월). 개헌안 국민투표 실시, 찬성 65.1% 로 통과(10월). 북한, 강릉 발 서울행 대한항공 여객기 납치(12월, 승무원 4명, 승객 47명)

* 5.16군사혁명 진행일지

○ 1960.2월 : 자유당의 3.15부정선거 지령내용에 접한, 중령 등 젊은 장교들은, 군사혁명을 계획했음. .

○ 1960.3월 : 허정許政과도정부 내각이 출범하자, 이들 중령급 장교들은 군 내부 정군운동整軍運動을 전개. 이들의 행동은 항명파동抗命波動으 로 귀결되었으며, 책임자는 예편 조치되었음.

○ 1960.5.8 : 일단一團의 장교들은, 부산지구 군수기지사령관 박정희朴正熙 육군소장(육사2기생)을 중심인물로 추대하고, 5.8을 혁명거사일로 택일. 그러나 4.19학생의거가 발발하고, 자유당 정권이 몰락하자 거사 연기.

○ 1961.4.19 : 혁명기도 장교들은 4.19의거 일주년 기념일을 거사일로 결정. 4.19기념식을 마친 군중들이 데모를 하면, 데모군중 진압작전 명분으로 병력을 출동할 계획이었으나 무산되었음.

○ 1961.5.12 : 일단의 장교들은 5.12을 거사일로 택일하고, 행정반, 작전반으로 부서를 배치하였으나 비밀이 누설되어 취소함.

○ 1961.5.15 : 5.16 새벽을 거사일로 택일함. 5.15 제1군 창설기념식에 장면 국무총리가 참석할 예정이었던 일정을 이용할 예정이었음.

○ 1961. 5. 15. 20:40 : 혁명 거사 몇 시간 전에, 육군참모총장에게 비밀이 누설되었음. 참모총장은 혁명주동자 체포명령을 하달하고, 한강대교에 진압병력 100명을 배치했음.

○ 1961. 5. 15. 23:00 : 참모총장 명령을 받은 진압병력70여명은, 제6관구사령부에 도착했으나, 협상 끝에 혁명세력에 합류했음.

○ 1961. 5. 16. 03:00 : 혁명군 병력인 해병대, 공수단, 육군제23사단은 한강어구에 도착 50여명의 헌병들과 교전하였으나, 한 시간 후 한강대교를 통과하고 서울을 점령했음. 사전 계획된 주요시설들을 점령했음.

○ 1961. 5. 16. 05:00 : 군사혁명 사실을 첫 방송 했음. 내용은 혁명의 불가피성, 혁명공약(6개항목)등이었음. 09:00에는 군사혁명위원회 명의로 전국에 비상계엄령을 선포했음. 이후 계엄사령관 명의 포고령들이 방송되었음. 당일 주한유엔군사령관'매구루더' 대장은 혁명을 반대했고, 윤보선 대통령은'매구 루'에게 혁명지지를 요구했음.

○ 1961. 5. 18. 14:30 : 장면張勉국무총리는 중앙청에서 각의를 소집하고, 계엄령 선포 사실을 추인했음. 내각 총사퇴, 혁명위원회에 정권이양 등을 의결했음. 윤보선 대통령도 당일 각의 결정사실을 재가했음.

* 자료출처 : 동아세계대백과사전.

6. 4.19학생의거 연대표

○ 1948.8.15 : 정부수립. 대통령 이승만(李承晩). 부통령 이시영(李始榮). 국무 총리 이범석(李範奭). 국회의장 신익희(申翼熙). 대법원장 이병노 (李炳魯). 미군, 군정폐지 발표

○ 1949.6 : 김구 주석 피살. 이승만 대통령 - 장개석 주석 회담(8월). UN총회 한국가입 가결(10월)

○ 1950.6.25 : 한국전쟁 발발. 정부 대전으로 이전(6월). 대구로 이전(7월). 부산으로 이전(8월). 인천상육작전(9.16). 국군 38선 돌파 및 평양 탄 환(10.16). 서울 수복(9.28) 정부 서울로 환도(10

월). 중공군 참전 (11월). 북한 피난민 남하(12월)

○ 1951.1 : 정부 부산으로 다시 옮김(1월). 중공군 서울 점령(1월). 서울 재 탄환(3월). 맥아더 UN군 사령관 해임(4월) -' 리지웨이'중장 임명. 이시영 부통령 사임하고, 김성주(金性珠) 부통령 피선. 개성에서 정전회담(7월). 남원에 공비출현 - 200여명 납치(10월). 자유당 발족(12월).

○ 1952 : 이승만 평화선 선포(1월). 지방선거실시(4월). 대통령 직선제 개헌을 위한 계엄령 선포 및 부산정치파동 야기 - 국회의원 체포 및 연금(軟禁). 백골단 및 민족자결단 동원을 통한 국회의원 협박. 정치테러. 발췌개헌안(拔萃改憲案) 통과(7월). 제2대 정부통령선거 실시(국회) - 대통령 이승만, 부 통령 함태영咸台永당선.

○ 1953.7.27 : 정저협정 조인. 반공포로 석방(6.18, 27,000여명). 한미상호방위조약조인(10.1).

○ 1954.11 : 사사오입개헌안(四捨五入改憲案) 국회통과 - 헌법의 중임제한조항삭제 - 국회의원 수 총 203명 중 가결정족수(2/3)인 136표가 안 되는 135명이 동의(135.333을 반올림함).

○ 1956.3.15 : 제3대 정부통령 선거 실시. 민주당 신익희(申翼熙) 후보 사망 (20%획득). 대통령 이승만. 부통령 장면(張勉) 당선. 국회의장 이기붕 당선.

○ 1958.12 : 2.4보안법파동 발생 - 언론 규제하여 야당 탄압 법적근거마련. 자유당 - 국회의사당에 무장경관 배치하여 야당 국회일원 입장을 저지.

○ 1959 : 야당신문인 경향신문 폐간 - 언론탄압 강화. 필화사건(筆禍事件) 발생.

○ 1960. 2. 28 : 대구고등학교와 경북고등학교 학생들의 시위사건 발생 - 일요일이었던 2.28, 자유당은, 민주당이 대구에서 하는 조병옥 후보 지지 선거유세를 방해하기 위해, 초.중.고등학교 학생들을 등교시켰음. 이후 학생시위는 서울, 수원, 대전, 마산 등 대도

시로 확산되었음.

* **3.15** : 재4대 정부통령선거 - 자유당 대통령 이승만, 부통령 이기붕 당선
* 5.15 예정된 선거를 민주당 후보 조병욱 입원 계기로 조기선거를 실시했음.
* 민주당 후보 조병옥趙炳玉은 미국육군'월터리드'병원에 입원 치료 중 사망.
* 내무부 중심'부정선거 지령서'를 하달하였으나, 말단 경찰관이 민주당에 제공하여 만천하에 폭로됨.

○ 1960.3.15 : 선거일. 민주당은 정부통령 선거를 포기하고 학생들과 거리 시위. 마산상업고등학교 학생들 시가지 시위. 경찰과 자유당 폭력 배들이 시위대들을 타격함. 마산상고생 김주열(金朱列)은 시위 후 행방불명됨. 4.11 마산 앞바다에서 최루탄이 눈에 박힌 상태로 발견되었음.

○ 1960.4.18 : 서울 고려대학교 학생 3,000여명이, 국회의사당 앞에서 연좌시 위하고 선언문 발표. 귀교 시 청치폭력배들이 타격하여 한명 사망하고 많은 부상자 발생

* **4.19** : 서울시내 많은 대학생들이 총출동하여 시위하고 선언문 발표 - 더 이상 현실을 좌시할 수 없고, 정의와 민주수호를 위해 총 궐기하자. 고등학생 합류. 경무대 진출 기도 시, 경찰이 발포하여 사상자 발생. 사망 100여명. 부상자 450여명. 서울신문사, 반공청년단 본부, 자유당 본부, 파출소 등 방화, 파괴됨. 무정부 상태 분위기 조성됨. 시위대는 서대문 이기붕 부통령 자택을 습격.
* **15:00** : 대통령은 서울시 지역 일원에 비상계엄령 선포.
* **구호** : 3.15부정선거 다시 하라. 이승만 하야하라.
* **4.23** : 장면(張勉) 부통령 사임. 이기붕 부통령 사퇴용의 발표. 이승만 대통령 자유당총재직 사퇴용의 발표
* **4.25** : 서울시 지역 각 대학교 교수 259명, 시국선언문 발표 후 시가지 시위
* **요구사항** : 3부요인 즉각 퇴임. 3.15부정선거와 4.19사태 책임지라. 구속 학

생 즉각 석방, 교수들과 학생, 시민들이 합세하여 철야시위 – 자유당 물러 가라

* **4.26** : 철야시위가 다음날 시위로 이어지고, 사태가 급박하게 전개됨. 송요찬 宋堯讚 계엄사령관이 학생 및 시민단체 5명과 이승만, 이기붕 면담을 주선.
  – 이승만 대통령은 국민이 원하면 대통령을 하야한다고 약속. 오후에 하야성명 발표. 4.29 야간에 하와이로 망명했음.
  – 이기붕 부통령은 공직에서 퇴임하고, 내각책임제개헌을 하겠다고 언급. 4.28 전 가족 자살.
* 이후 허정(許政) 과도정권 출범하였음.
* 4.19학생의거 역사적 의의歷史的意義
  – 한국 정치발전사에 획기적 전기轉機를 마련했음.
  – 민주주의는 많은 투쟁과 고비를 넘어야 발전할 수 있다는 교훈을 주었음.
  – 주권재민主權在民이라는 민주주위 원리 확인 – 국민의 지지를 받지 못하는 정권은 존립할 수 없다는 사실을 최초로 확인시켜 준 사건.
  – 20세기 초부터 나타난 한국사회
  – 20세기 초부터 나타난 한국사회의 '학생의 힘'을 재확인 시켜준 사건이었음.
* 3.1독립운동(1919). 6.10만세사건(1926). 광주학생사건(1929). 4.19의거(1960)

– 무능하거나 정치, 경제, 사회 기반이 취약한 정권은 존립불가능하다는 교훈.
– 4.19의거는 앞으로도 지향해야 이념과 정의를 제시했다는 사실.

펜 팔 Pan Pal

박원배 소설집

인쇄	2011년 6월 24일
초판1쇄 발행	2011년 6월 25일
지은이	박원배
펴낸이	양상구
편집	김초롱
펴낸곳	도서출판 채운재
주소	서울시 중구 충무로2가 49-8 (서울빌딩 202호)
전화	02-704-3301
팩스	02-2268-3910
핸드폰	010-5466-3911
이메일	ysg8527@naver.com
정가	12,000원